登山で病気に負けない体をつくる

健康トレーニング

齋藤　繁

上毛新聞社

はじめに

医学・医療技術の発展で、かつては致死的とされていた疾患のいくつかが克服可能になって来ました。しかし、薬や医療機器、介護器具が効果を発揮するのはまだまだ一部の病気やケガに限られます。便利で快適な生活環境になれてしまった現代人は、非常事態への対応能力を失いつつあるとも考えられます。

登山では、原始に近い環境に体をさらします。そうした環境を生き抜く知恵や体力は、現代人が忘れかけている動物としての生命力、抵抗力をよみがえらせてくれます。また、広々した環境で、体を動かすことはストレスの蓄積を防止します。混雑のない里山を歩くことは、心肺機能の強化、血栓症防止、糖尿病予防、免疫力強化など、身体機能維持にはいいことずくめです。

山は危ないと言われがちですが、天候の厳しい状況で経験や体力に見合わないルートに突入するのでなければ、山岳遭難はごくまれです。自分の体力や体調に合わせて取り組むことを心がければ、山歩きは決して危険なスポーツではありません。四季の変化に富み、豊かな自然に恵まれた日本の山々の特性を最大限に活用して、日々のストレスで痛んだ心と体を再生させてはいかがでしょう。健康登山の実践で、山登り、山歩きを楽しみながら抵抗力のある体をつくることができ、健康長寿が約束されるでしょう。

雄大な自然の中で体を動かし心と体を再生させる
（湯ノ丸山北峰から南西方向を望む）

もくじ

【表紙の写真】上毛新聞『紙上登山塾』撮影班と沼田　戸神山の山頂で記念撮影
【裏表紙写真】尾瀬沼の日暮れ
【本扉写真】　谷川岳トマの耳から県境の峰々を望む

お読みになる前に

本書は2017年に発行された『登山を楽しむための健康トレーニング』の続編となるものです。私たちは新型コロナウイルスの影響で、日常生活における健康がいかに大切であるかに改めて気付かされました。

登山は楽しみながら健康増進を図ることができ、しかも一生楽しめるスポーツです。続編でも健康維持・増進が図れる適度な登山コースをたくさん紹介しています。

巻末のコース一覧では前著も含めた群馬県内の登山コースをエリアごとに紹介していますので、ご自身の健康状況に合わせたコース選択の一助としてください。

(注意点)

○コースタイムは著者により一般的であると思われる目安の時間です。休憩時間などは含まれていません。個人の年齢、体力あるいは天候などによって増減します。余裕をもって計画を立ててお出かけください。

○本文中のコース地図は国土地理院発行２万５千分の１地形図に基づいています。基本は北が上で、方角記号で示しています。また、距離も図中に表示してあります。

○地図および本文、写真の番号はすべて対応しています。また、地図中のコースは上り、下りで色分けしています。

○本文中のデータは2020年10月時点のものです。

山登りの健康増進法

I. 健康増進につながる登山

健康増進を考えるとき、健康を損なう原因を理解して、そうした原因を避けるのが近道かもしれません。健康を損なう原因には、外因性のものと内因性のものがあります。外因性の主なものは、強い物理的な力、熱、放射線、紫外線などで、ケガや火傷などを起こします。また、寄生虫、細菌、ウイルスなど病原体と呼ばれる外敵も体に入り込んで正常な細胞を壊す外因です。

一方、内因性の原因は、遺伝子異常などの先天的な体質、長年の生活習慣がもたらす動脈硬化や臓器の不調、確率的に発生する異常な細胞の増殖(がんや肉腫)などです。外因性のケガも内因性の骨の脆さや皮膚の異常などで起こりやすさが変わるので、健康を損なう原因が外因と内因のどちらかだけという場合よりは、両者が相互に関係して健康状態を危うくすることがほとんどです(**図-1**)。

健康を危うくする外因は、活動上のさまざまな注意で避けることができます。感染対策の手洗いやうがいはその代表です。皮膚を守るために長袖を着て手袋をすることや、関節を保護するためにサポーターを使うことなども外因を弱めるための工夫です。一方、ケガや病気の原因となる内因性の要素を減らすためには、日頃からの健康管理と鍛錬で体を健全に保つしかありません。登山というスポーツは各人の体力に合わせて無理なく長期間取り組むことが可能なので、健康長寿につながる体の健全性を維持し、内因性の病気の原因を減らすことに大きく貢献します。

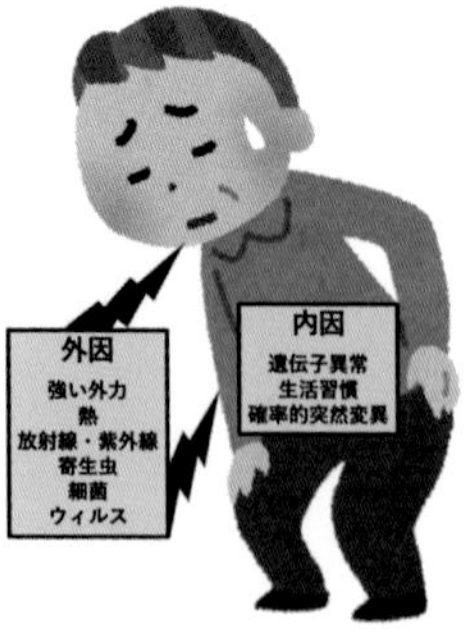

図-1　体の障害は内因と外因で発生する

「健康登山」という概念は、優秀な登山家や山岳耐久レースの成績優秀者を目指すものではなく、普通の中高年者、熟年者が健康長寿を満喫するための登山の形態です。

登山が健康増進に効果的である主たる理由は山登りが持久系の運動であることです。持久系の運動をすることで内臓脂肪を効率よく燃焼させることができ、糖尿病や高血圧などの予防にも役立ちます。生活習慣病にならないためには食生活の改善と運動習慣が重要ですが、「健康増進登山」はこの目的にピッタリです。一生涯継続的に取り組める運動こそ、健康長寿に貢献しますから、その意味で、自分のペースを守りさえすれば、何歳になっても取り組める「登山」は理想的と言えます。心身リラックスのための運動量にとどめることもできれば、段階的に行程の所要時間を縮めながら体を鍛えることもできます。ただし、自分のペースを大切にするといっても、定期性は大切です。天候も体調も絶好の時にしか運動しないのでは健康増進にはなりません。週に３～５回程度の運動、その中で月に何回か山に足を運ぶといったペースで継続的に取り組むことが大切です。

日本の国土はごく一部のみ平野で、ほとんどの自治体は山に囲まれています。著者の出身地群馬県では、学校の校歌に山の名前が登場しないことは稀で、晴れた日に屋外に出れば視野に山が入らないことはまずありません。こうした地の利を生かして、多くの方々が健康増進活動に取り組んでいただけることを期待しています。国全体に「登山を楽しみながらの健康増進」が普及することで、長寿国日本がただの長寿国でなく、真の健康長寿国になれると考えています（**図-2**）。

図-2　赤城・鍋割山から眺める浅間山（手前は榛名山）：群馬県では住宅地のすぐ裏から1000m～2000m級の山並みが始まる

II.「健康登山塾」とはどのようなものか

■ プログラム構成

健康増進につながる登山を実体験していただくために、著者は自身の所属する日本山岳会群馬支部、地元自治体や大学、新聞社などの協力を得て「健康登山塾」を開催してきました。塾といっても、優秀な登山家やトレイルランニングの選手を養成するのが目的ではなく、自分自身の健康管理に役に立つ登山の習慣をつくることが目的です。各年とも、地元の山々を歩きながら健康増進を図り、山登りの実力アップも合わせて図ろうという趣旨で半年間の活動計画を練っています。そして、本書の前作、『登山を楽しむための「健康トレーニング」』(上毛新聞社 2017年発刊)をテキストとしています。

街中の公園歩きでは物足りなくなった人、そもそも運動する習慣がなかった人たちも対象にしているので、１年目の最初の集まりでは、利根川の河川敷から高台の城跡まで広がる前橋公園を利用し、上段公園から利根川河岸まで２周のウオーキングを行いました。２年目の初回は会場を高崎市郊外の大学施設に設定し、運動場脇の水路沿い歩道から校舎の３階までの階段を歩きました。また、学生実習用のトレーニングジムも利用しています。いずれも、市街部の公園や街中のビル、トレーニングジムで、登山に類似の坂道歩行が可能であることを実感してもらっています。(図-３)

図-３　市街地の公園でも坂道歩きの練習はできる

街中での坂道歩行練習以降の回は、赤城山や榛名山など、地元を代表するアクセスのよい山の初心者コースで開催しています。各回の予定日が荒天に見舞われた時は、当初のコースを変更してより安全度の高い登山コースの往復としますが、継続性を重じているので、雨天でも開催することを原則としました。また、

第２回と最終回は全く同一のコースで行い、約半年間の塾での活動が健康増進につながったか評価してもらっています。

各登山は上り下り合わせて２－３時間ですが、各回のコースの特徴に合わせて特別に意識すべき健康管理上の注意事項を設定しています。参加者には課題を意識しながら歩行することで、安全で効果的な歩き方のポイントを理解してもらいます。コース概要ならびに諸注意の説明が終わると、準備体操を全員で行います。そして、活動前後と活動中の数回、心拍数や血圧の測定を行います。また活動の前後で簡易な着地圧（足を地面に着く時の力の強さ）の測定も行います。登山中は医師・看護師を含む運営スタッフが参加者に随時アドバイスを行い、下山後、各自で整理体操をしながら、血圧などの測定値の評価、塾長の総括コメントを聞きます。塾長は毎回、「週に３回程度の日頃の運動」を継続するように強調しています。これは、日々のトレーニングが健康増進には最も重要であり、塾開催時の山での運動は確認作業であることを理解してもらうためです。（図-4・5）

図-4　登山中も血圧や心拍数を測定して、心臓や血管への影響を認識する

図-5　着地する時の圧力を測定して膝や足首への負担を理解する

各年度の最終回は「まとめの会」として行い、個人および参加者全員の集計・解析したデータを成績表として修了証とともに渡しています。意見交換と交流の継続性を目的に、参加者各人の感想やその後の方針なども全員に一言ずつ発言してもらっています。（図-6）

受講修了証

CERTIFICATE
OF ATTENDANCE

殿

あなたは令和元年 第２回健康登山塾を受講され
登山を健康増進に活かすための基礎知識を学ばれました
よってここに受講修了証を授与致します

令和 元年 11 月 23 日

公益社団法人 日本山岳会 群馬支部
「健康登山塾」塾長 齋藤繁

図-6　健康登山塾の修了証

■ 塾で強調する健康管理上のポイント

「健康登山塾」では年間の各開催を通じて、いくつかの健康管理上のポイントを参加者に指導しています。以下、それらを紹介します。

1　山での運動と、週３回以上、１回30分以上の自宅周囲でのトレーニングを組み合わせましょう。

2　準備体操をしっかりして、上り始めは遅いペースから徐々にスピードを上げていきましょう。（図-7）

3　歩きながら時々心拍数をチェックして、上りの傾斜と心肺機能への負荷の関係を理解しましょう。

4　山の上りでは大休止せずに歩き続けられるようにペースを調整しましょう。そのためには、個人ごとの適正心拍数の範囲で運動負荷をかけましょう。

5　山の下りでは、膝や足の関節への負荷を抑え、足の着地で滑ることがないように、一歩一歩確実に足を着地させましょう。

6　膝や足の関節に不安がある場合、着地面が安定しているところでは、ストックなどの補助具を積極的に活用して、バランス保持と、下肢関節への負荷の軽減を図りましょう。

7　転倒防止のため、坂の下りでは膝に余裕を持たせ、重心を低目に保ちましょう。

8　上り下りが交互に登場するコースでは、小まめにペースを調整して、疲労がたまらないようにしましょう。

9　山の事故は下りで多く発生することを理解し、下りでも上りと同程度の時間をかけ、慎重に足を運びましょう。

10　気象条件や地形の特徴に応じて、着衣やカロリー摂取の調整できめ細かい体温・栄養管理、脱水予防を行いましょう。（図-8）

図-7　活動開始は準備体操から

図-8　小まめな栄養・水分補給で低血糖や脱水を予防する

III.「健康登山塾」の成果

■ 学習としての効果

「健康登山塾」の目的は短期間でムキムキの体をつくることでも、高血圧や糖尿病を治すことでもありません。あくまでも登山という活動の特性を生かして、健全な生活習慣を身に付けてもらうことを目指しています。幸い、年度途中に行ったアンケートでは、ほとんどの塾生が週に３回程度、毎回30分程度の運動を心がけていると答えてくれました。各年度のまとめの会でも、全ての参加者から生活習慣の改善に役立ったと高評価を得ています。参加を希望する時点でかなり強い健康志向があったと考えるべきですが、塾でのさらなる動機付けやアドバイスにより、運動習慣確立や生活改善がよりいっそう図られたのではないかと思います。

また、初心者の方々には限られた講習回数の中で、平坦地、木枠階段、岩場、緩傾斜地、急登などさまざまな登山道の形態を経験してもらいました。街中のウオーキングだけでは身に付かない、足元の変化に合わせた歩き方、坂道での歩行スピード調整や体勢保持のコツをある程度習得してもらうことができたと考えています。幸か不幸か、悪天候の中での開催も少なくなかったことから、冷雨の中での雨具を着けての歩行、体温調節も練習できています。こうした経験や知識は、日常生活での転倒防止や体温管理にも確実に役立つと考えられます。

■ 仲間づくりとしての効果

さまざまなデジタルデバイスの普及により、世界中の人々と昼夜を問わず即時的な情報交換ができるようになりました。便利なことはありがたいのですが、生身の人間同士のやりとりが非常に少なくなりつつあることが懸念されています。そんな中、2020年春以降の新型コロナウイルス感染症の感染拡大期には、日本を含め多くの国々で外出自粛やソーシャルディスタンス（フィジカルディスタンス）確保が求められました。デジタルデバイスで映像を含め、リアルタイムの情報交換は十分可能でしたが、少なからぬ人々が寂しさや孤独感を訴え、早期の対面交流の機会を待ち望みました。やはり、多くの人々にとって人と人との生身の交流が快いようです。

「健康登山塾」でも、数人の個人の事情による欠席はあるものの、毎回、非常に高い出席率を得ることができました。そして、回を追うごとに各班の歩行ペースが綺麗に揃うようになり、班と班との歩行時間差も10分程度と予想ができるようになりました。歩行中や休憩時のスタッフを含めた参加者同士の意見交換は活発で、各回ともリラックスした雰囲気で開催することができました。標高差や活動時間、運動負荷量が全ての参加者にとって過度にならないように配慮することで、単独で取り組むストイックなトレーニングとは違った、集団活動の利点を引き出すことができたと考えています。健康増進のための運動では競争や競合ではなく、協調によるストレスのない環境づくりが大切です。何人かのグループで健康登山を行う際には、競争になっていないか確認しつつ取り組むことをお勧めします。(図-9)

図-9　グループメンバーとの交流も健康登山の重要な要素

■ 身体的数値としての効果

人間の身体は遺伝的に受け継いだ素因と年余にわたる生活習慣の結果として今ある形になっています。数カ月間何かに取り組んだだけで大きく変わると想像するのは無理があります。短期間の特殊な食生活やライフスタイルの改変で体型や健康状態が大きく変化したような広告をしばしば目にしますが、短期で得られた変化は、その後短期で元に戻ることがほとんどです。ですので、半年間の「健康登山塾」参加だけで、メキメキ健康度が上がる、病気が治るとは企画者も期待していません。変化のきっかけが得られ、その後の適切な生活習慣の継続性が予想されれば十分満足すべきでしょう。

初年度と2年目に得られたデータを解析したところ、2つの年度ともほぼ同じ傾向で、運動開始早期の血圧上昇や運動終了時の低下が観察されています。こうした傾向は、平地でのランニングや自転車エルゴメーターでの測定で報告されている結果と概ね合致します。参加した皆さんには、運動開始時には収縮期(上の)血圧が上がり、200mmHgを越えることもまれではないことを確認してもらうことができました。血圧が状況により相当な範囲で変動することを数字で確認してもらえたことは成果の一つと考えています。平均値にしてしまうとわかりませんが、個人毎の数値を並べてみると、回を重ねるごとに血圧変動が小さくなる参加者が少なからずいたことも事実です。これは、「健康登山塾」の成果で血管が柔らかくなったり、高血圧症が治ったわけではなく、運動開始時の不安が取れて緊張しなくなった、運動負荷を一定にするコツがつかめたなどが理由と考えています。実際、登山企画の２回目(市中開催も含めた開催回数の第３回目)以降では、測定時の心拍数は毎分100回程度に安定するようになり、運動負荷レベルとしてはほとんどの人にとって余裕を持った有酸素運動レベルとなっていたと考えられます。**(図-10)**

着地時の圧力(約40cmのステップを下る時に発生した圧力を同段差を上る時に発生した圧力で割った値を指標とした)も回を重ねるごとに小さくなる参加者が多く、トレーニングの成果により下りでの着地が丁寧になっていると考えられました。こうした成果が転倒防止につながり、山で事故に遭う危険性が少なくなることを期待しています。

「健康登山塾」では、山中歩行初回の第２回目と最終回で同じコースを歩いてもらいます。半年前と比べて、上りでのつらさが少なくなったか、下りで足腰がふらつかなくなったかなどを主観的に比較してもらうためです。繰り返しの参加でスタッフ側の意図も察していることから、最終回では皆さん初回よりもだいぶ楽だと言ってくれます。実際、最終回の登山中は、参加者の表情は終始非常に明るく、会話も弾むことから、こうしたコメントはお世辞だけではないと解釈しています。個人でトレーニングとして山を歩く場合も、年に何度か同じコースを歩き、自分自身の体調変化を確認することをお勧めしています。

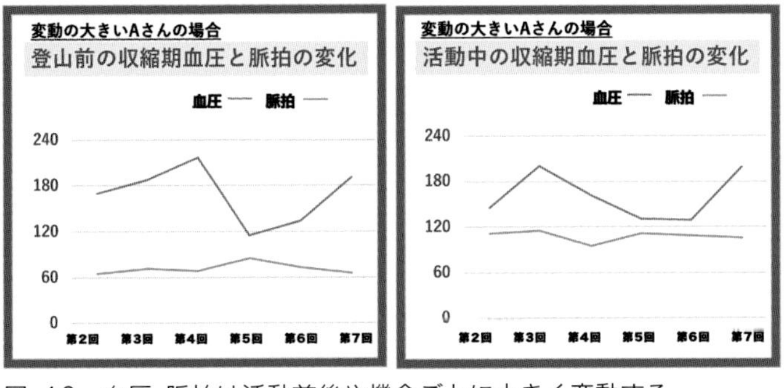

図-10　血圧・脈拍は活動前後や機会ごとに大きく変動する

Ⅳ．感染症やケガに負けない体をつくる

ここからは登山という活動を通じて健康増進を図る場合のポイントをいくつか具体的に紹介したいと思います。前著『登山を楽しくする「健康トレーニング」』に記載した事項は省略するか簡略化しています。

■ 病原体に負けないための免疫力

感染症への防御と免疫力

人類が誕生してこの方、疫病（感染症）は人々の悩みの種です。寄生虫、細菌、ウイルスなど、さまざまな病原体が人の生命を脅かせてきました。感染防御の方策がなく、効果的な薬もない時代、人々にできることは神に祈り、集落の入り口に道祖神を立てるぐらいのことでした。それでも、村が全滅することは滅多になく、犠牲者を出しながらも、種族を存続させてきました。病原体に打ち勝って生きながらえた人は丈夫な体と何らかの賢さ（病人と長時間部屋を共にしないなど）を持っていたと考えられます。病原体が体に侵入しても体の抵抗力によって、その後の展開は大きく変わります。外部から体に侵入した病原体を除くためのさまざまな機能を含む総合的能力が備わっていた人々は、疫病に負けずにすんだと言ってもいいでしょう。医学用語ではありませんが、こうした能力は「免疫力」と呼ばれています。

「免疫力」は総合力なので、サプリメントや薬を飲めば獲得できるというものではありません。生活上のきめ細かい感染対策や、長年にわたる生活習慣で獲得できるものです。感染症に対して抵抗力を付けるには、あるいは、感染症になってしまっても回復できる予備力を備えるためには、自分自身の体の力を充実させておくしかありません。こうした抵抗力はパワーのある筋肉を必要としているわけではありません。むしろ体の奥にある内臓の細胞やそれを取り囲む組織の生きのよさが大切です。登山のような持久系の運動はこうした機能を高め、維持することに効果的です。

各種の広告では、簡単に健康になれる薬やサプリメント、道具があるように宣伝されていますが、そんなことはありません。抗生物質がきかない細菌や効果的な薬が開発されていないウイルス、寄生虫はたくさんあります。

2019年末以降の新型コロナウイルス感染症蔓延では、世界中の人々がこのことを嫌というほど思い知らされました。

免疫のしくみ

体には、ウイルスや細菌の侵入を防ぐ段階と、侵入した敵と戦う段階の２段階の免疫の仕組みが備わっています。第一段階は皮膚や粘膜にあり、異物が粘膜を介して体内に入るのを防ぎ、体外に出してしまう感染防御です。第２段階は、侵入し増殖し始めたウイルスや細菌を免疫細胞が捕らえて排除する仕組みです。この段階の免疫にはさらに２つの仕組みがあります。１つは病原体の侵入後、直ちに働く機構で、「自然免疫」と呼ばれます。白血球の一種である好中球やマクロファージが病原体をのみ込み、リンパ球の一種であるNK細胞が病原体と病原体に侵入された細胞を破壊します。

この「自然免疫」に少し遅れて２つ目の「獲得免疫」機能が働きだします。外敵が侵入したことをあるタイプのリンパ球が察知すると、増殖し活性化された各種の免疫担当細胞は感染巣の病原体を攻撃します。病原体を中和し無効化する「IgA」「IgG」などの抗体も産生します。「獲得」と呼ばれるのは、一度感染した病原体の化学的な性質を体が覚え、免疫担当細胞を素早く活性化させる能力を発育過程で獲得することができるからです。この仕組みにより、同じ病原体が2回目以降に体に入った時は、本格的に病気になる前に素早く攻撃破壊することができます。(図-11)

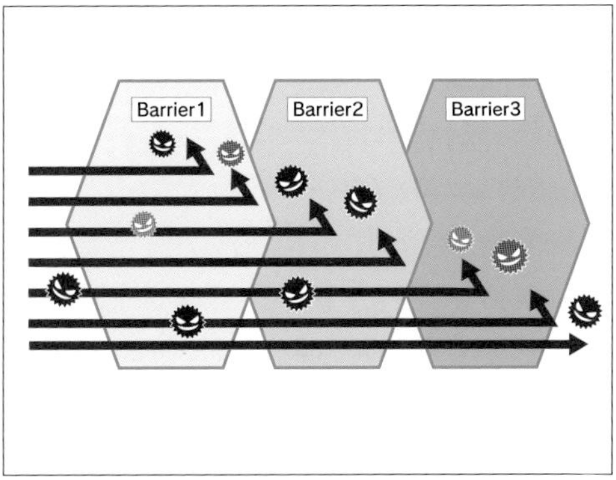

図-11　ウイルスや細菌の侵入を防ぐ体の防御体制

ということは、あまり清潔な環境で育ち過ぎると、抗原となる病原体に触れる機会が少ないので、免疫機能が育たないということにもなります。主要な感染症の獲得免疫を病気にならずに起動させる術がワクチン接種です。ワクチンは毒性の弱い病原体や病原体から毒性を取り除いたもの、毒性と関係ない病原体の一部分などで作製されていて、これらを体に注入して、実際に病原体が体に入った時に素早く「獲得免疫」の機構が働くように体に病原体の性質を覚え込ませています。

免疫力アップにつながる生活習慣

免疫担当細胞は細胞分裂を伴う生体反応で、加齢と共に始動に時間がかかるようになり、産生される細胞数も少なくなります。その結果、免疫細胞の数が減り、個々の免疫細胞自体の機能も若年者より低いため、年を重ねるにつれて免疫力が落ちます。しかし、暦上の年齢に従ってだれでも同じペースで免疫力が落ちるわけではなく、日頃から健康増進に取り組むことで免疫力ダウンのスピードも遅くすることができます。免疫力を落としやすいいくつかの要因を避けることも健康増進のためには欠かせません。重要なチェックポイントを５つ紹介します。(図-12)

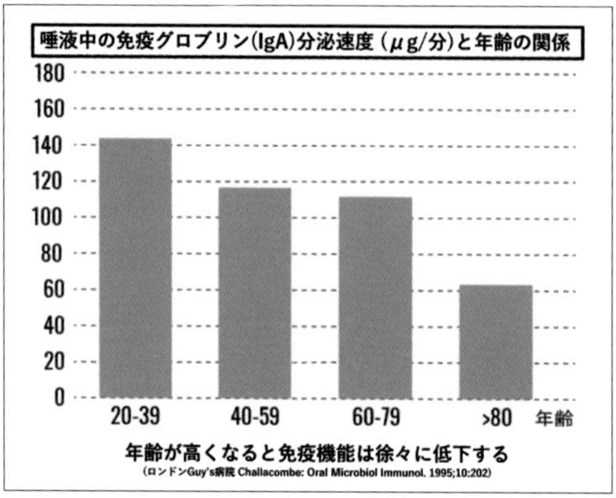

図-12　年齢と共に免疫力は落ちてくる：唾液中の免疫グロブリン分泌の例

(１)強い身体的ストレスを受けると自律神経のバランスが乱れ、免疫力が弱まります。体の代謝が活性化し、全身の血流が促進される程度の適度な運動が免疫力をアップさせます。運動不足も激し過ぎる運動も免疫を落とすことから、汗を軽くかく程度の運動が免疫力強化には有効と考えておきましょう。

(２)適度に運動し、筋肉を動かすことで体の代謝が高まり、末梢循環もよくなり、免疫力が強化されます。十分な睡眠時間の確保も含めた規則正しい生活が免疫力を強化します。

(３)楽観的思考の人は、心理ストレスにさらされても免疫機能が下がりにくいと報告されています。

(４)食生活では、過食にならず、バランスのよい食事をすることが大切です。ビタミン類を多く含む野菜や果物、タンパク質を多く含む豆類などを十分に摂ることで、免疫担当細胞や抗体の材料がそろいます。

(５)解熱剤や下痢止めをやみくもに内服して症状だけを抑えてしまうことは、

病原体の破壊や排出を遅らせ、病状を悪化させたり長引かせたりします。

必要最小限の食糧を持って、壮大な景色を眺め、仲間と楽しく語り合いながら、無理のないペースで山を登ることは、免疫機能活性化にいいことずくめです。日の出前後に活動を開始し、山から下りたら風呂に入り、野菜や魚のあっさりした食事をとって、日が暮れたら床に就くという生活リズムは免疫機能を最大限に引き出すライフスタイルです。(図-13)

図-13　壮大な景色を眺めながら程よく運動することで免疫機能が活性化する

山でもできる衛生管理

病気のない人の体に病原体が侵入するのは口・鼻や尿道、肛門、そして目の角膜・結膜など粘膜面からです。粘膜面は栄養豊富な分泌物や組織液で湿っているので、病原体にとっては取り付きやすい場所です。皮膚は何層にも重なった緻密な繊維からできているので、噛まれたり、尖ったものが刺さったりしなければ早々病原体が侵入することはありません。ですから、感染の予防は粘膜面をきれいにしておくことと、ケガ・虫刺されなどで皮膚が破れないようにすることの２つです。長袖、長ズボン、手袋の着用などで皮膚表面が外部にさらされないようにすることが大切です。

尿道からの感染予防としては尿を溜めないことも有効です。おしっこを我慢して尿が溜まった状態が長く続くと、尿道を通じて外部から膀胱へ侵入した細菌が増えてしまいます。しっかりと脱水補正をして、溜まるたびに小まめに排尿すると細菌が増えることがありません。

図-14　感染症流行期にはマスクをしての登山もありうる

少し特殊な例になりますが、人から人へ伝搬するウイルスが流行している時には、山で他のメンバーと活動を開始する前にも手洗い、うがいをお互いがしておくことが勧められます。そうした時には息苦しくならない程度のマスクあるいはマスク代わりのバンダナや手拭で、口と鼻をカバーするエチケットも欠かせません。これは、ガンガン登っている時に、自分の気道に付着した細菌やウイルスを激しい吐息や咳、くしゃみで周りの人にうつさないためです。人と人との間隔も視界から離れない程度に保ち、必要もなく超接近することは避けましょう。人が集まりやすい山頂や展望台での長時間の滞在は避け、次の人が来たらすぐに先へ進むぐらいの配慮が必要です。(図-14)

■ 登山で培う呼吸機能

運動時の心臓と肺

上りでは自分自身の体重と荷物の重さの双方を、重力に逆らって移動させるので、多くの筋肉がエネルギーを必要とし、筋肉に酸素や栄養を届けるための臓器でもエネルギーの必要量が増えます。このため「つらい」、「きつい」と感じられます。心臓に無理をさせていないかをチェックするには脈拍を気にしながら運動することが勧められています。心臓に問題があると、坂を上る時に胸がムカムカしたり、胸から肩、脇腹の方に痛みを感じたりします。不整脈が起こり、脈が飛ぶこともしばしば見られます。健康状態をチェックしながら山登りをすることは、それ自体が心臓の検査をしているともいえます。齢を重ねていくと、長い人生の間休むことなく働き続けてきた心臓に何らかの異常が起こってきていてもおかしくないだろうと思いつつ、山の上りで心拍数や脈の乱れを気にしてみることは、自分自身で狭心症の健康診断をしていることになるわけです。(図-15)

肺の場合も同じで、山道としては決して急ではない15%の傾斜でも、平地歩行の3倍ぐらい消費カロリーは上がり、それに応じて呼吸が激しくなります。慢性気管支炎や肺気腫などは年齢と共に罹患頻度が急速に高くなる病気ですが、最初の症状は階段が息切れで上れなくなることです。ですから肺の病気が基盤にあると"登山"という運動は極めて大変になります。登山で上りが以前より大変になったと感じたら、呼吸器の病気が始まったのかもしれません。閉塞性

図-15　山登りでは時々脈の乱れをチェックする

呼吸器疾患の予防、あるいは軽症の方の回復促進を目的として、登山の場で気道浄化を図り、合わせて呼吸筋を鍛えることは非常にお勧めです。肺活量を十分に使うことで、肺の奥にたまった痰を出すきっかけにもなり、上りの呼吸筋へのストレス負荷で横隔膜や肋間筋の筋力が強くなります。(図-16)

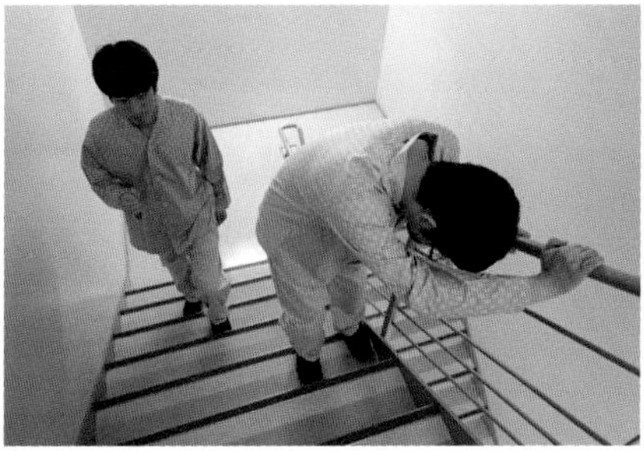

図-16　肺の機能が低下すると坂道や階段が息切れで上れなくなる

呼吸の仕方を意識する

勢いよく流れる水路ではゴミがよどんで溜まることがないのと同じように、空気の通り道にゴミが溜まりにくくするには、時々速い流れがゴミを運び去ることは有利です。山の上りでやや息が上がる程度のスピードを維持できれば、気道表面のクリーニングには大きく寄与します。運動し始めに少し痰がでるかもしれませんが、それこそは気道に詰まりそうなゴミを速い空気の流れで吐き出す瞬間です。もちろん、気道が乾いてしまって、べったり張り付いてしまうと速い気流だけでは吐き出せないかもしれないので、しっかり水分補給をし、加湿機能を持つ鼻を通して呼吸することも大切です。

また、細い気道を潰さないためには、息を吐き切らないで、少し肺に圧力をかけて広がったままにすることが有効です。何度か膨らませた風船を潰れたままにしておいて、その後膨らまそうとするとなかなか膨らまないことを経験した人は多いでしょう。それに比べて、空気が残ったままで萎んだ風船を膨らまし直すことは、それほど大変ではありません。肺の場合も全く同様で、息を吐き切った時にも肺胞の中に空気が残り、押し広げる力が少しかかっている方が次の息が吸い込みやすく、肺胞が潰れたままになってしまうことを防ぎます。息を吐く時に口笛を吹くように口をすぼめ、少し吐きにくくすると、そうし

図-17　山の上りでは腹式呼吸と口すぼめ呼吸が効果的

た効果が期待できます。実際に、気道が狭くなって酸素の取り込みが難しくなってきている肺気腫、慢性気管支炎の患者さんには、日々の生活の中でもそうした呼吸法が勧められています。酸素の圧力の低い高山で重い荷物を運んでくれるヒマラヤのポーターやボッカさんも、誰に教わるともなく、口笛のような音を出しながら歩いています。(図-17)

山の中でも腹式呼吸

特に意識することなく普通に呼吸している時、1回の呼吸で出入りする空気の量は成人男子では0.5Lぐらいです。しかし、本気になって思い切り息を吸い込むと、さらにその上2.7Lほど余分に吸い込むことができます。逆に、普通に呼吸をしていて息を吐いた後、さらに意識して肺の中から1.0Lほど追加で吐き出すことができます。そこまで吐き切っても肺が空っぽになってしまうわけではなく、まだ1.5Lほど肺内に残っているガスがあり、肺胞や気管支が虚脱してペチャンコになってしまわないような構造になっています。

こうした数字から普通の生活動作だけであれば、肺の一部しか使っていないことがわかります。空気の出入りがない、あるいは少ない肺の奥の方は、換気が十分されていない部屋のようなもので、細菌やウイルスが一回入ると、外に洗い出されることなく、そこで増殖していきます。そんなありがたくない環境を体の中につくらないためには、無理をしても大きな呼吸をして、肺の奥もしっかり換気してあげなくてはいけません。

腹式呼吸はまさにそうした大きな呼吸です。普通に息を吸い込むと口·鼻から距離が近く入りやすい胸の上の方の肺に空気が入ります。1回500mLぐらいの呼吸では、この辺りの空気の出入りに終始します。肺の奥にあたる部分はお臍の背中側ぐらいになるので、ここまで空気がしっかり入るとお臍の辺りが前の方に押し出されます。これが腹式呼吸で、横隔膜がしっかり押し下げられるまで吸い込んだ状態です。漢方医学では丹田を意識して呼吸せよと言われますが、丹田はお臍の少し下で、専門家は腹式呼吸との違いを強調されますが、大きな呼吸という意味では基本的に同様です。

酸素の消費が多くなり、二酸化炭素の産生も高まる山の上りでは、自然と大きな呼吸をするようになるので、特別に意識しなくても大きな呼吸のクセがつきます。しかも、吸い込む空気はチリや埃の少ない清涼な空気です。周りに人も滅多にいないので、他人が吐き出した細菌やウイルスを心配する必要もありません。吐き出した空気は、稜線を渡る風ではるか遠くに流されていきます。山を登りながら大きな呼吸の意義を少し意識すると、感覚的にも肺の奥まで掃除しているという爽快感を味わうことができるでしょう。

呼吸のための筋力と肺年齢

呼吸運動の約75％は横隔膜の働きです。空気の出入りを増やさなければならなくなると、補助呼吸筋と呼ばれる肋骨の間の筋肉や胸鎖乳突筋、斜角筋、大胸筋などの胸の筋肉が働きます。それでも足りないと、背中側の僧帽筋や肩甲挙筋も働き、これが肩で息をする状態です。

呼吸筋も運動能力を高めるためには鍛錬が必要で、運動する時に大きな呼吸、速い呼吸を繰り返すことで呼吸に必要な筋肉が鍛えられます。人工呼吸器に長くつながれて、自分の筋肉で呼吸をしていないと、呼吸の筋肉も衰え、人工呼吸器なしで生活できるようにするためには、呼吸筋のリハビリテーションが必要になります。(図-18)

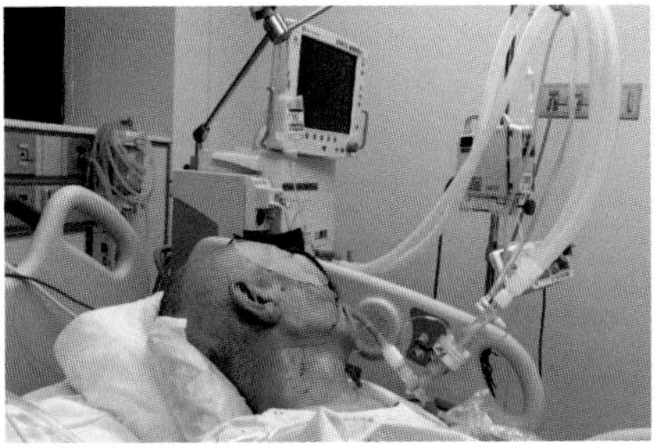

図-18　人工呼吸が長引くと呼吸に必要な筋肉も衰弱する

では、呼吸筋の能力を簡単に鍛える方法はあるでしょうか。もともと、休みなく働く筋肉群なので、ちょっとやって簡単に鍛えられるものではありません。普段から時々大きな呼吸を心がけ、力一杯吐き出したり、逆に大きく吸い込んだりすることで筋肉の能力を維持・強化することができます。低酸素血症になりにくい体にすることは病気に強い体、抵抗力のある体をつくることとイコールですから、坂道をガンガン登れる体にしておくことが健康長寿につながります。

肺の病気の検査として１秒率や１秒量という指標が使われています。最初の１秒で一気に吐き出せる空気の量（１秒量：L）を肺活量で割り、100を掛けた数値が1秒率です。細い気道が狭くなっている人では、この値が小さくなります。標高が高く空気の薄い山の上でたくさん呼吸をしなくてはいけない山登りでは、肺の奥まで空気をスムーズに出し入れできることは大変重要なので、この値が低下しては困ります。１秒率は70％以上が正常で、１秒量が１Lより少ないと、痰を吐き出すことが難しくなり、肺炎になりやすくなります。

年齢と共に1秒量は減少するので、この値から肺の若々しさを評価する、肺年齢という指標が提唱されています。長期に喫煙していると、気管支が弱っていることが多く、この検査の値は下がります。禁煙決断のよいきっかけになるかもしれないので、喫煙者には是非測定してほしい指標です。

《日本呼吸器学会【肺年齢計算式】(18〜95歳)》

男性：肺年齢＝{0.036×身長(cm)-1.178-FEV1(L)}／0.028

女性：肺年齢＝{0.022×身長(cm)-0.005-FEV1(L)}／0.022

例えば、身長160cm、1秒量2Lの女性の場合、{0.022×160(cm)-0.005-2.0}／0.022=68.9歳となります。

■ 健全な体を維持するための栄養摂取

偏った食生活や運動不足が続くと生活習慣病になってしまいます。「食習慣、運動習慣、休養、喫煙、飲酒等の生活習慣が、その発症・進行に関与する疾患群」というのが生活習慣病の定義で、糖尿病、脂質異常症、高血圧、高尿酸血症などのうち、先天的でないものがこの病名でまとめられています。生活習慣病やその前段階のメタボリックシンドロームの予防がしきりに叫ばれるのは、これらの病気自体は生命を直接脅かすことがなくても、放置すれば心筋梗塞、脳梗塞、腎不全など死亡率の高い病気へと進行するからです。

生活習慣病を予防するための食生活では、昔ながらの日本の食生活に戻るのがよいと言われており、諸外国の富裕層で日本食ブームが起こっているのもこのためです。ご飯に納豆、焼き魚、野菜のごった煮など、総カロリーが高くなく、一方、体に必要なタンパク質やビタミン類、繊維質などは十分にとれる献立がお勧めです。ただし、塩分の摂取量過剰が高血圧の危険因子であること、もともと日本人ではカルシウム摂取量が少ないと言われていることなどには配慮する必要があり、日本食でも薄味をよしとし、牛乳やヨーグルトも積極的にとることが勧められます。

図-19　山では食糧調達に制約が多い

動物はもともと飢えに耐えられるように体がつくられていて、高カロリー食品があふれている現代人の環境は生き物の生活空間としては異常なことです。ですから、現代を生きる人々は体に備わった飢えに強い体の欲求を少し意図的に抑える必要があります。幸い、山の中では簡単に食糧が手に入りません。お金があってもお店もないのです。自分で担いで行く以外に調達法がないということは、カロリー制限にとても有利です。(図-19)

■ 体をみずみずしく保つ水分のとり方

登山では脱水に特に注意が必要です。一般的な登山者の登山シーズンは夏場ですが、暑い中で長時間運動するので、汗で多くの水分が失われ、十分な水分（＋電解質）補給が必要となります。しかし、山では飲みたい時に飲みたいだけ飲めるということはまれです。自分で持ち上げた飲み物で済ますことがほとんどなので、たくさん飲もうと思えば、大量に持ち上げなくてはならず、かえってたくさんの水分が汗と吐く息から失われることになってしまいます。暑い季節には、活動開始を早朝にして、全体の活動時間も短くするなどの工夫が必要です。(図-20)

図-20　山では脱水防止に工夫が必要

■ 快適な体温管理法

登山の特徴の一つは、天気や、気温、風などの気象条件、季節変化に大きく影響を受けることです。同じ山でも快晴の時と悪天候の時、夏と冬では体への影響が全く異なります。厳しい環境の中で体調を維持しながら活動するには、環境変化に対応する身体的能力と知識が必要になりますが、日常生活において病気になりにくい抵抗力のある体をつくるのにも、そうした能力、知識は有効です。気温・湿度の高い夏場は熱中症への注意が大切で、小まめな脱水補正が欠かせません。喉の渇きを感じにくくなる高齢者ではのどの渇きを感じなくても水分をとることが勧められています。一方、若年者は体の熱産生が大きいので、運動量を意識的に抑えることが大切です。汗で失われる電解質やエネルギー源も水分と一緒に摂取することが必要です。

温度が低い環境や、気温がそれほど低くなくても、雨や霧による体の濡れと風が合わさった場合、体表からの熱損失が大きくなり、急速に体温が奪われることになります。山中でも市街部でも防寒、防湿、防風を厳密に行うことが必要で、併せて、体の熱産生能を維持するためのカロリー摂取が欠かせません。

屋外ではもっぱら着衣で調節することになりますが、最近はウエアの改良が目覚しく、低温のみであれば防寒具で十分対応可能です。気化熱による体温低下を予防するには、着衣をできるだけ乾いたものに替えることと、ウインドブレーカー機能が欠かせません。重ね着をすると、それぞれの層の間に空気の層が何層にもできるので温度の微調整が容易です。ただし、それぞれの衣類のつなぎ目から冷気が吹き込まないように、服の合わせ目は十分な幅を持って重なり合い、緩みのないように工夫する必要があります。(図-21)

図-21　着衣による体温調節には重ね着が便利

■ 転倒防止のために必要な体の機能

高齢者が寝たきりになる直接的原因の一つは、転倒して骨折し、しばらく安静にしなくてはならなくなることです。安静にしているうちに使われない筋肉の力が急速に衰え、動かないことでよどんだ血液が、各種の血栓症を誘発します。また、勢いのよい呼吸や深呼吸をすることがなくなって、よどんだ空気の中でウイルスや細菌が繁殖し肺炎になります。動けない時間が長くなればなるほど、さらに動けなくなっていきます。また、ケガ自体が治っても、いざ動き始めるにはかなり真剣にリハビリテーションに取り組む必要があり、元の筋力、体力まで回復できるかどうかもわかりません。ですから、動けなくならないためには動き続けることが大切で、そのためには動きながらもケガをしないための慎重さが欠かせません。(図-22)

図-22　転倒によるケガが健康長寿の大敵

転倒によるケガを防止するには、体の位置を正しく認識する平衡感覚と姿勢を維持するための筋力を備えておくことが必要です。小脳や脊髄から転倒を避けるための指示がいくつかの筋肉に発信されたとしても、受け手の筋肉にそれに対応する力がなければ、必要な筋肉が踏ん張って体勢の崩れを止め、素早く姿勢を元に戻す動作に移れないからです。そうした意味で、背骨を取り囲む脊柱支持筋群、腹筋、背筋、重心を低い位置に保つための大腿筋群、足首の曲げ伸ばしで足元の障害物を避ける下腿筋群を鍛えておくことが有効です。また、筋肉群を柔軟に動かすには、ストレッチングなどで体をさまざまな方向にゆっくりと伸ばしたり、ひねったりしておくと効果的です。

■ 動き続けるための筋力維持法

寝たきりにならないために

健康長寿の反対にあるのが寝たきり状態です。寝たきりになってしまう大きな原因のひとつは、筋力低下です。そして、筋力低下を起こすのは、動かないこと（不動化、廃用）なので、動かないことと動けないことは相互に加速する関係にあります。筋力が落ち始めると動くのが面倒になりますが、動くのは面倒だから少しでも動かずに済むようにしようという発想があると、動けなくなるサイクルが一気に加速します。

体を動かさない状態が続くと、初期に約１～３％／日、10～15％／週の割合で筋力が低下し、１カ月経過すると半分になってしまいます。これを回復させるには、真面目にリハビリ運動に取り組んだとしても、動かなかった日数の何倍も必要です。若者でも同様の現象は起こりますが、細胞分裂のスピードの遅い高齢者ではより時間を要することになります。

山歩きの筋力で日常の転倒も防止する

山の上りでは脊柱起立筋、腸腰筋、大殿筋、大腿四頭筋（外側広筋）などが鍛えられます。脊柱起立筋や腸腰筋は体幹の姿勢維持に重要で、姿勢のよいことは効率的な呼吸にも有効なため、これらの筋肉強化は肺炎などの病気の予防にも貢献します。下りでは腹直筋、大腿四頭筋（大腿直筋、外側広筋）が鍛えられ、腹直筋も体幹を支え姿勢を維持するのに大切です。山登りとその準備としての運動習慣を通じてこうした筋力を維持、強化しておくことは、膝痛、腰痛対策にもなり、寝たきり予防、長く歩き続けられる体づくりを約束します。

登山で使用する筋肉群は、坂道や階段の上り下りで使用頻度の高い筋肉ですが、それはそのまま転倒防止のために強化すべき筋肉でもあります。これらの筋肉は平地のウオーキングだけでは強化されないので、坂道や階段の昇降、椅子の着座起立、スクワットなどで強化に取り組む必要があります。登山のためのトレーニングとしてウオーキングを行う人は多いですが、歩行動作で利用される下肢の筋は、大腿部後面、下腿部前面および後面が中心で、登山で使う筋とはかなり異なり、これらだけでは登山のトレーニングにも、転倒防止にも十分ではありません。(図-23)

また、平地歩行と山道歩きで大きく異なるのは、山道は整地されていないということです。転がりやすい石や木の根、岩の段差などをうまくかわしながら長時間歩くので、脚の筋肉への負担は整地された平地の道路や遊歩道を歩くのとは大きく異なります。山道は転倒や転落などの事故を引き起こす要因に満ちているわけですが、そうした場所でバランスを取りながら歩く練習を繰り返し行うと、転倒防止、危険回避のための筋肉群を維持、強化できます。(図-24)

図-23　山の上り下りに必要な筋肉はウオーキングだけでは鍛えられない

図-24　木の根や岩の段差でも転倒しない筋力とバランス感覚が必要

筋肉ごとの働きを理解する

山登りで強化される筋肉群ごとの働きを知ることで、それぞれの筋肉が毎日の生活でどう役立つか、健康管理にどう貢献するかを理解できます。(図-25)

脊柱起立筋群:背骨の周りを取り囲む筋肉で、体を引き起こす、あるいは前傾·後傾姿勢を維持するために使われます。坂道の上りでは前傾姿勢となるので、上りの体勢維持に重要です。

腹直筋:体幹部の姿勢を維持するために使われ、特に体幹を屈曲させるために活動します。坂道歩きでは地面の傾斜に合わせて体の軸の角度を調節する必要があり、特に坂道を下る際に前にも後ろにも体が倒れないように姿勢

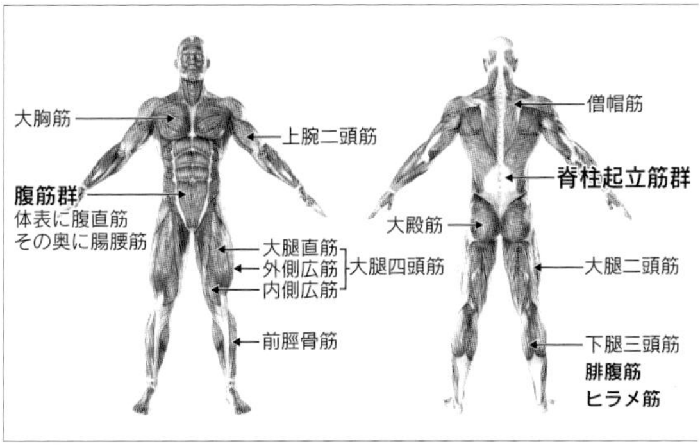

図-25　登山で活躍する主な筋肉

を保持するために大切な筋肉です。

腸腰筋:腰椎の内側から大腿骨の根元までをつなぐ、腰の位置を保ち大腿部を持ち上げる筋肉です。上半身と下半身をつなぎ、立ち姿勢を保つためには欠かせません。腹部内臓の後ろ側にあるので、体表からは見えませんが、よい姿勢の維持や足を高く上げて速く走るための筋肉としても活躍します。加齢に伴い腸腰筋が弱くなってしまうことが多く、70代以降の高齢者の筋力は20代の約40%と言われています。腸腰筋が弱くなってしまうと、アゴを突き出して背中が丸まった猫背姿勢や逆に反り過ぎの不安定な姿勢になり、呼吸にも悪い影響がでます。

大殿筋:平地の歩行ではあまり使われませんが、股関節を伸展しながら体を上に引き上げる時に重要な役割を演じます。つまり、大きく脚全体を振り上げて足を着地させなくてはいけない段差の大きな階段、はしご、急傾斜の上りで大きな負荷がかかります。

大腿四頭筋:膝関節の伸展を行う登山では最も活動する筋肉です。上りの膝運動ばかりでなく、下りでの減速でも重要な役割を演じるため、筋肉痛や障害が起こりやすく、特に年齢と共に筋力低下が起こりやすい筋肉です。登山を長く楽しむためには日頃から鍛えておく必要があります。逆にこの筋肉の筋力低下が原因で膝に痛みが出て活動が思うようにできなくなることも少なくありません。

前脛骨筋:足関節を背屈する(つま先を上げる)動作で使用される筋肉です。障害物につまずかないように足の位置を調整する時に使われます。傾斜が急な斜面でも頻繁に使われる筋肉で、この筋肉に力が入らなくなるとつまずきやすくなり危険です。転倒防止のために強化が必要な筋肉です。

腓腹筋:足関節を底屈する(足の裏側に曲げる)ために使用されます。上りの傾斜が増すにつれ、また、上りの速度が増すにつれて腓腹筋への負荷が高まります。つま先を階段の端などに乗せ、足の後ろ側半分以上が空中に浮いた状態で体の上げ下げをする運動が強化法としてよく取り入れられています。

ヒラメ筋：腓腹筋を補佐する筋肉で、遅い速度で長時間上る時に活動が高まる持久系の筋肉です。歩幅が狭いゆっくりした坂道ではヒラメ筋が、大きな歩幅で膝を伸展させながら速く上る場合は腓腹筋が主に力を発揮すると言われています。

筋肉運動がもたらす副次的な効果

健康長寿のために筋力維持が重要だと言われるのは、転倒防止だけが理由ではありません。筋肉を動かすとその間を走る血管も押されたり緩められたりします。そうした力は血液を進行方向に進めることを助けます。筋肉を動かさないとこのような血液の流れが起こらないので、血液が鬱滞《うったい》して、足がむくんだり、静脈の一部がコブのように膨れたり（静脈瘤）、よどんだ血液が血管の中で固まってエコノミークラス症候群のきっかけをつくったりと、いいことがありません。筋肉を動かすことが血流をよくすることに貢献することがわかります。

また、活動している筋肉からは血管を伸ばすための信号物質が分泌されます。筋肉の量が維持されると、体の基礎代謝（体を維持するために必要な最低限の栄養量）が高く維持されるので、同じ量を食べても太りにくくなります。糖尿病の患者さんには食事の制限と合わせて運動習慣を強く勧めますが、その理由がここにあります。

生活習慣病と診断されると必ず運動が勧められますが、毎日取り組める簡便で有効な運動習慣として「歩く」ことが例に挙げられます。だれでも特別な道具なく始められるという利点があり、毎日、２日に１回などと定期性を確保するにもハードルが高くありません。しかし、毎日歩くだけでは飽きてくるかもしれませんし、実際のところ、増えてしまった体重を減らすには運動量としても多くはありません。あくまでも始めやすい習慣と考えておくのがよいでしょう。もう一段進めるのであれば、例えば、ウイークデーは町内で毎日２から４kmの散歩、週末は郊外の山で５時間程度のハイキング、といったパターンが生活習慣病予防の観点からは理想的です。こうすると、旅行気分で飽きもこないし、カロリー消費量も格段に上げることができます。

Ⅴ．山に出かける前の基本的な筋力トレーニング

健康登山塾の筋肉トレーニング

◎ 高崎健康福祉大学　**大家千枝子** 先生ご推薦

登山における身体的なトラブルの主要なものに、筋力不足による転倒、心肺能力不足による心臓疾患などが挙げられます。そこで安全な登山のために、脚の筋力（大腿四頭筋など）や体幹（腹筋群、背筋群）を中心とした筋力トレーニング（８種目）と、高強度·短時間·間欠的な運動による心肺能力の向上が期待できるタバタトレーニングを紹介します。いずれも特殊な器具は使いません。ちょっとしたスペースとやる気があれば実施できます。ラジオ体操などの全身をくまなく動かす体操と合わせて取り組むことをお勧めします。なお、これらの運動は2020年4月から2021年３月までの12カ月間、上毛新聞「紙上健康登山塾」で紹介した、家庭でできる登山のための筋力トレーニング12種です。

※ １～12の運動の組み合わせメニューとして、１～８は、10回３セット·週３回。

※ ９～12は、４種目をそれぞれ20秒実施＋10秒休憩の２セット·週３回がお勧めです。

※ 各人の体力や時間的余裕に合わせて適宜調整して取り組みましょう。

1 **スクワット** ： 登山で特に重要な筋肉、それは大腿四頭筋です。太ももの前の筋肉で、歩いたり、走ったり、あらゆるスポーツ動作に関わっています。

① 両脚を肩幅くらいに開き、背筋を伸ばして立ちます。手は腰につけ、目線は真っすぐ前に向けます。

② 背筋を伸ばしたまま、お尻を後ろに突き出しながら、膝を曲げていきます。太ももと床が平行になるくらいまで腰を落としましょう。膝が前に出すぎないように注意してください。

2 上体起こし：体をひねったり、背骨を曲げたり、姿勢を保持したりと腹筋群も重要な役割を担っています。バリエーションはたくさんありますが、最も簡単な方法から始めます。

① 膝を立てて、仰向けになります。両手を伸ばして、太ももの前に置くか、胸の前で組みます。
② 息を吐きながら、背骨を床からゆっくりと離していくようにして、上体を起こします。その後、ゆっくりと元の姿勢に戻します。

3 ニートゥチェスト：腹直筋と腸腰筋のトレーニングです。腸腰筋は、股関節を屈曲させる役割をもつ筋肉です。

① 仰向けで膝を立てたまま、肩の真下の位置になるように両肘を地面につきます。
② お腹を縮めながら、両膝を胸に引き寄せます。その後、両脚をゆっくり遠くに伸ばします。これらを繰り返します。

4 フロントランジ：大腿四頭筋、大殿筋、下腿三頭筋、前脛骨筋のトレーニングです。

① 手は腰につけ、真っすぐ立ちます。
② 片方の脚を大きく前に踏み込みます。この時つま先よりも膝が出すぎると膝関節に負担がかかるので注意してください。床をキックしながら、元の姿勢に戻ります。次に逆の脚も行います。

5 腕立て伏せ

5 腕立て伏せ：主に大胸筋のトレーニングです。上腕三頭筋、三角筋なども使われます。腕を広めについて行うと大胸筋、狭めると上腕三頭筋によりきいてきます。できない人は膝つき腕立て伏せから始めましょう。

① 膝をついて腕立て伏せの姿勢をとります。この時、肩の真下に手首がくるように気を付けます。
② 腕を曲げて、体を床にゆっくりと近づけます。次にゆっくりと元に戻します。これを繰り返します。

6 バックエクステンション

6 バックエクステンション：脊柱起立筋のトレーニングです。

① うつ伏せになり、手足を伸ばします。
② 肘と膝を曲げないようにしながら、片方の腕とその対角の脚をゆっくりと上げていきます。逆も同様にして繰り返します。

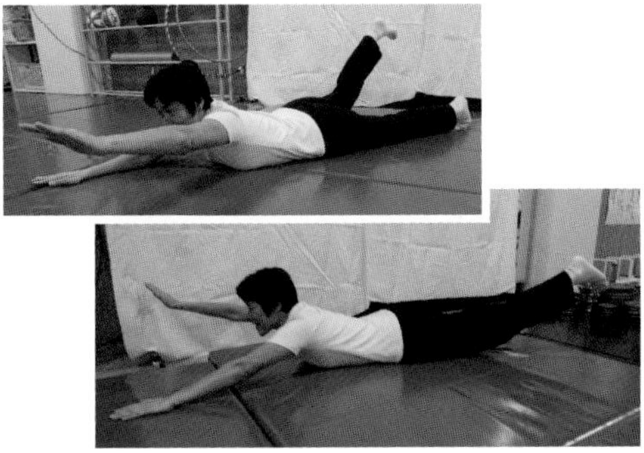

7 ヒールレイズ

7 ヒールレイズ：腓腹筋のトレーニングです。ランニングやジャンプなどのあらゆるスポーツ動作やつま先立ちで歩くときなどに使われます。

① 両脚を肩幅くらいに開き、背筋を伸ばして立ちます。手は腰につけ、目線は真っすぐ前に向けます。
② ゆっくりとつま先立ちになり、ゆっくりと元に戻します。これを繰り返します。

8 シュラッグ：僧帽筋のトレーニングです。登山ではザックを背負うので、肩こりなどが起きやすい人は強化しておきましょう。

① 両脚を肩幅くらいに開き、背筋を伸ばして腕は伸ばしたまま、両手にペットボトルなどの重りをもって立ちます。
② 肩の筋肉をすくめるようにして上げ下げします。これを繰り返します。

9 バービージャンプ：全身を使ったトレーニングです。

① 両脚を肩幅くらいに開き、背筋を伸ばして立ちます。
② 膝と腰を曲げてしゃがみ込み、床に両手をつけます。両手はそのままで、腕立て伏せの姿勢になるように、脚を伸ばします。そこから、しゃがみ込みの姿勢に戻り、今度は真上に両腕を伸ばしながらジャンプします。これを繰り返します。

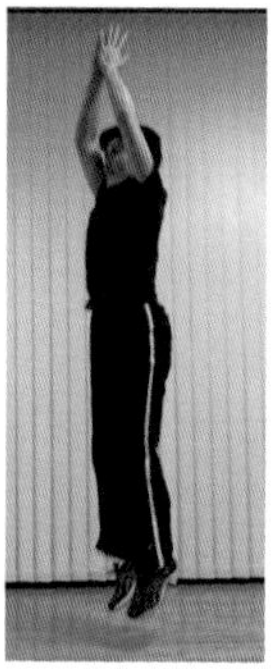

10 仰向けキック：両腕で体を支えながら、脚で空中を蹴る動作の繰り返しです。強度が高めです。

① 体育座りの姿勢から体の後ろ側の床に手をつけます。
② 床からお尻を浮かせて、片脚を上にあげ、逆の脚で踏み切ったと同時に脚を入れ替えてキックを続けます。これを繰り返します。

11 スクワットジャンプ＋回転：スクワット動作にジャンプと半回転が加わります。大腿四頭筋、下腿三頭筋、大殿筋などを使います。

① 両脚を肩幅より少し広げて立ち、そのまま腰を落とします。スクワットの姿勢から指先を床につけ、勢いよく上へジャンプしながら、90度回転させて着地します。
② 20秒間、この動きをできる限り繰り返します。

12 ケンケン&ラン：少し強度が低めの動きになります。

① ケンケンを交互に合計4回行います。
② その後、その場で8歩、太ももを高く上げながら走ります。その後、ケンケンに戻って、繰り返します。

Column … ❶　山麓の名物料理

「運動」とともに健康増進に欠かせないのが「食事」です。昔から医食同源という言葉があるように、食事の内容は健康状態の維持や病気からの回復に大きく関係します。かつては栄養摂取不足が問題だったので、病人には栄養素の補給が強調されました。病人に卵を食べさせるなどは、その典型と言えます。現在は過剰な栄養摂取が問題であることも多く、むしろ、過量摂取の防止が強調されるようになりました。また、バランスの取れた多品目の食品を摂ることが大切です。多種類の成分を摂取すると、体がその中から必要なものを取捨選択して吸収することができます。山麓の食堂では、地場の特産品料理がしばしば提供されますが、こうした名物も香りや味を楽しむ程度に、多品種・少量で体験するのが正解でしょう。

ぐんまの健康登山増補コース

谷川雲海

群馬県の身近な健康トレーニングコースを紹介します。前著『登山を楽しむための「健康トレーニング」』(上毛新聞社 2017年発刊)で紹介しきれなかったコースを追加取材しています。前著と合わせて参照していただき、季節と体調に合わせてコースを選択してください。

近郊のトレーニングでも野生動物に遭遇することは少なくない(小野子山のニホンカモシカ)

県央部のお手軽エリア

群馬県中央部の人口集積地から至近距離のお手軽コースをいくつか紹介します。近隣にお住まいの方であれば、毎朝の運動にも利用可能です。

郊外の丘陵を歴史探訪を兼ねて歩く

1. 橘 山【たちばなやま】

赤城山の裾野が利根川で削られた崖の上に位置し、約20万年前の赤城山の大噴火の際の岩屑雪崩が堆積した地形です。日本武尊が東征のおり、この場所で休憩し、弟橘姫《おとたちばなひめ》をしのんだという歴史的な山名の由来が山頂の社に記されています。一帯は深い森になっているため展望は期待できませんが、森林浴効果は期待できます。

北関東循環器病院裏駐車スペースから周回	体への影響度	
	心肺機能：	✚（傾斜）
	筋骨格系：	✚（傾斜）
	バランス：	✚（足場の不安定さ）

- コースデータ … 標高差 40-70m、距離 周回1.3km、標準タイム 片道40分
- アプローチ … 北関東循環器病院裏未舗装 駐車スペース

コースの特徴

橘山は前橋市の北に位置する丘陵のピークで、赤城山の裾野の利根川側先端を形成しています。標高は228mありますが、現在は丘陵の頂上付近まで道路が伸びているため、ハイキングコース入り口の駐車スペースから頂上までの標高差はわずかです。しかし、頂上を中心とした散策路が整備されていて、入り口地図にあるポイントナンバーを結んで、いくつかのルートを組み合わせることで効果的な上り下りのトレーニングができます。

北関東循環器病院裏駐車スペースⒶ …5～10分…▶ 橘山頂上Ⓑ …10～15分…▶ 北橘町側コース北端Ⓒ …10～15分…▶ 田口町側コース南西端Ⓓ… 5～10分…▶ 北関東循環器病院裏駐車スペースⒶ

国道17号から群馬県立小児医療センター、埋蔵文化財センター方面に入るとすぐに道路は右に折れ、水路を渡って橘山の斜面を上り始めます。上り始めて50mほど進むと折り返すように舗装林道が急坂で分かれており、この林道に入ると橘山周回コースのⒸに到達できます。しかし、通常は舗装道路を県立小児医療センター方向に道なりに進み、カーブの途中から北関東循環器病院方向に進みましょう。道路の分岐点に「橘山」の道標も出ています。さらに北関東循環器病院の方向に進み、病院を通り過ぎた地点から病院敷地に

沿って西に進むと住宅地と畑地帯の境目付近に未舗装の駐車スペースが準備されています。

登山口🅐を少し上ると1－10のポイントとポイント間の距離を記した親切な説明板❶が設置されています。ポイントの位置を確認して、本日のトレーニングコースを計画しましょう。コンパクトなエリアなので、時間のある時は数周するとよいでしょう。駐車スペースから橘山山頂までの180mはほぼコンクリートで固められていて、傾斜はあるものの足元に不安定さはありません。最初に頂上🅑❷に行き、橘山の解説を読んでおいて、歩きながらこの場所の地理や歴史を考えるのも楽しいでしょう。

上り下りのトレーニングのためには北端🅒と南西端🅓❹、そして出発

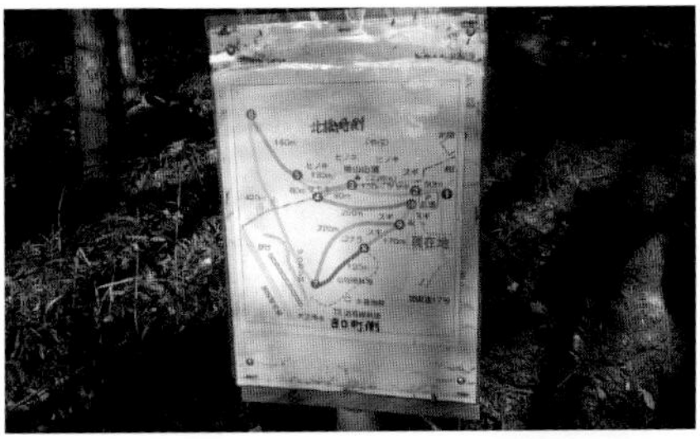

コース入口近くにある案内板 ❶

山頂の標識と歴史説明板 ❷

山頂付近の歩きやすい坂道 ❸

点Ⓐの３点を結んだ３角形コースをお勧めします。それなりに傾斜もあり、落ち葉の積もった林間コースは山の雰囲気を十分に醸し出しています。標高差を大きくとりたい場合は、北橘町側のⒸから一度道路まで下り、同じルートを戻ってからⒹに進むことで標高差を増やすことができます。

南端の落ち葉の心地よいコース ❹

Column … ❷　朝の運動

近郊での屋外ウオーキングは朝がお勧めです。冬の数ヵ月を除けば、朝6時にはすっかり明るいし、人も少なく、空気もキレイな感じがします。1日の始まりに体に喝を入れることで、その後の1日の生産性も上がる予感がします。実際、体のホルモンの変動の関係で、未明ごろに健康上のトラブルが生じやすく、それ以降は体も活動モードに入っていきます。ですから、朝目が覚めたら、トイレや洗顔で体を動かし始め、その後、軽い運動をするのはとてもよいことです。しかし、体はまだ完全に覚醒していないので、いきなり大きな負荷をかけないことも大切です。

2. 根小屋丘陵（金井沢碑、山上碑）【ねごやきゅうりょう】

高崎市の旧市街から烏川《からすがわ》を挟んで西側には標高200m弱の丘陵が連なっています。市街地から至近距離にあるため、季節や時間帯を問わず、坂道歩きのトレーニングに訪れることができます。ここに紹介する部分を含め、高崎自然歩道として整備されているので、時間の余裕に合わせて、お好みのパートを歩いてみるとよいでしょう。

金井沢碑から山上碑

体への影響度
心肺機能：＋＋＋（傾斜）
筋骨格系：＋＋＋（傾斜）
バランス：＋＋＋（足場の不安定さ）

- コースデータ … 金井沢碑から山上碑＝片道：標高差 100m、距離 3.0km、標準タイム片道60分
- サブデータ … 根小屋城址への枝道＝片道：標高差 20m、距離 0.5km、標準タイム10分、山名城跡への枝道＝片道：標高差 10m、距離 0.3km、標準タイム 5分
- アプローチ …… 金井沢碑駐車スペース

コースの特徴

高崎郊外の根小屋丘陵にある整備された歴史散策路です。こぢんまりした中に急な坂や枯れ葉の積もった登山道の要素があり、限られた時間の中でよいトレーニングができます。万葉集歌碑や歴史の説明板が多数設置されており、運動しながら郷土史の勉強もできます。上信電鉄が並走しているので、片道歩いて電車で戻るなども容易です。

金井沢碑駐車場Ⓐ …20～40分…▶ 根小屋城址分岐Ⓑ …20～30分…▶ 山名城址分岐Ⓒ …5～10分…▶ 山上碑Ⓓ

出発点近くの万葉歌碑 ❶

整備された階段状の登山道 ❷

丘陵上は歩きやすい平坦路が続く ❸

金井沢碑の駐車場Ⓐから舗装道路を上り、さらに南側の川に沿って進むと「山上碑」の標識があります。ここから多数の万葉歌碑や歴史の説明板が立てられたハイキングコースが始まります❶。川を渡ると登山道の出だしは標高差約100mの階段です❷。まとまった上りはここだけなので急坂上りの練習場として大腿部の筋力強化を意識して、しっかり足を上げるようにしましょう。階段を上り切るとなだらかな里山の尾根道となり、小さな起伏はあるものの大腿を大きく上げるような傾斜はほとんどありません。トレランとまではいかないまでも、少しずつスピードアップして、平坦な山道を歩く時の気持ちのよい速度を探ってみるとよいでしょう❸。時々、心拍数をチェックすることで体の反応を知ることができます。山上碑Ⓓに到着したら、往復する場合もいったんは石段を下りきり、再度上り返すことで上りの運動の負荷を増やしてみることをお勧めします。こちらの石段は手すりも付けられているので、急な坂を速歩で上り下りする時のバランスの取り方の練習もできます。

頻繁に通うトレーニングとしては金井沢碑と山上碑往復だけで十分ですが、時間の取れる時は根小屋城址🅑や山名城址🅒❹の往復を追加することで運動量を増やすことができます。根小屋城址の往復は約1kmあり、城址手前は急な坂の上り下りがあります。城址山頂はほぼ中間地点になるので、小休止場所としてちょうどよいでしょう。

このコースは石碑巡りのコースとして広く紹介されているため、説明板や道標が豊富で分岐ごとに丁寧な案内が記されています。しかし、里山らしく、地元の人が利用する、地図や案内板にない作業道や踏み跡が細かく分岐しています。速歩で歩いているとと分岐を見逃す恐れがあります。ちょっと踏み跡が怪しいかな？と思ったらすかさず戻って再度分岐を確認しましょう。

城址巡りで運動量アップ ❹

出発点の金井沢碑 ❺

ゴール地点の山上碑 ❻

3. 牛伏山【うしぶせやま】

牛伏山は高崎市吉井町の郊外に位置する里山的な丘陵の１ピークです。山頂は北東側の平野を見下ろす展望台となっており、複数の電波塔も立てられています。尾根筋の樹林帯に付けられた登山道と平行して舗装道路が山頂まで延びているため、途中エスケープが容易なトレーニング環境を提供してくれます。春の桜、秋の紅葉をエクササイズのついでに楽しむことができます。この後に紹介する、城山（八束山）、朝日岳と合わせて吉井三山と地元では呼ばれています。

山頂北登山口から山頂往復

体への影響度
- 心肺機能：✚✚✚（傾斜）
- 筋骨格系：✚✚✚（傾斜）
- バランス：✚✚✚（足場の不安定さ）

- **コースデータ … 片道＝標高差 290m、距離 1.5km、標準タイム 45分**
- **アプローチ …… 車道１km以下**

コースの特徴

市街部の郊外に位置する頻繁に通いやすいエリアです。山頂直下の急階段は大腿部の筋力強化に最適です。下りに道路を選択できるので、関節に不安のある人も安心してトレーニングができます。

舗装林道脇駐車スペースⒶ …10～20分…▶ 中段駐車場への分岐Ⓑ …10～20分…▶ 道路上部への分岐Ⓒ …10～20分…▶ 山頂Ⓓ

舗装林道脇の「マムシ注意」の看板のある登山口からスタートしますⒶ❶。駐車スペースは登山口の少し手前の林道脇もしくは少し上の林道脇にあります。登山道は最初、作業用車両も利用するコンクリートの打たれた林道です。300m程度緩傾斜を上ると明るく開けた伐採地になり、右側に山腹散策路が分かれます。左の樹林帯に入ると回り込むように尾根に

舗装道路からの登山道分岐 ❶

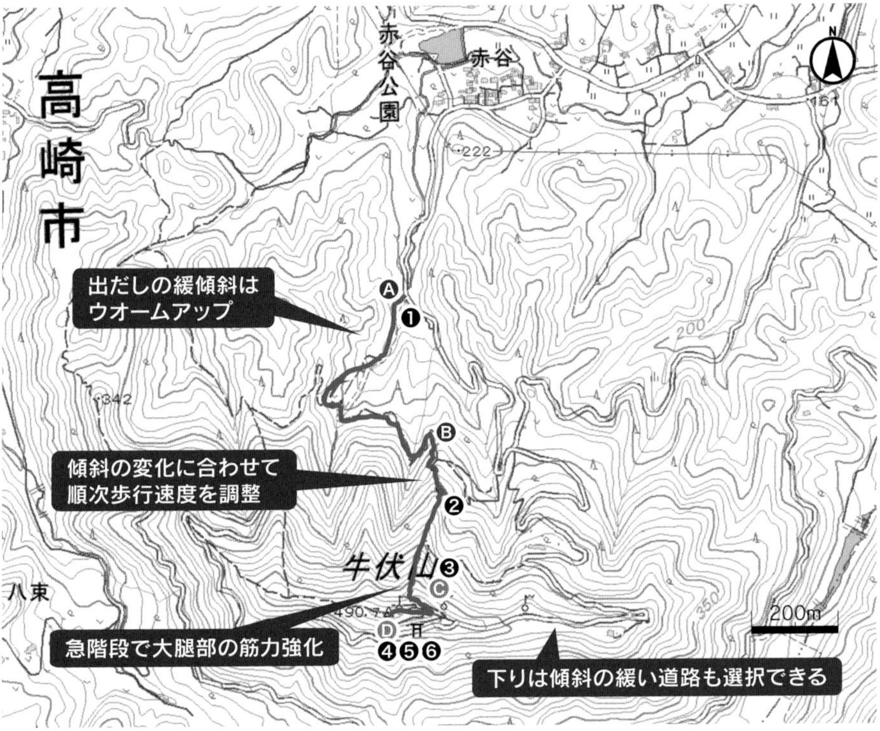

取り付きます。丸太に模したコンクリート枠の階段がこの後山頂直下まで密に付けられています。傾斜はこの辺りから段階的に強まっていきますが、途中に平坦部分も何度か登場するので、呼吸を整えるのに利用できます。

10分程度で左側の未舗装駐車スペースにエスケープできる脇道が２本分岐しますⒷ。心拍数を気にしながら歩速を調整し、休まずに山頂まで歩き続けられるペースを保ちましょう❷。舗装林道上部に続く句碑のある枝道を左に分けると最後の階段です。見上げるような急階段が間断なく上まで延びていますが、足元はしっかりしているので不安なく歩き続けることができます❸。この辺りの傾斜は大腿部の筋肉群や腸腰筋群を鍛えるのに効果的な傾斜です。階段が終わ

上部の山道らしい登山道❷

ると突然平坦な道になり、舗装林道に合流します❸。山頂までは100m程度神社脇の舗装道路をたどります❹❹。

山頂からの下りは、急階段のある登路を戻る、山頂から西に伸びる登山道を経由して出発点もしくはさらに先の清掃センター脇の登山道まで下る、舗装道路をたどって駐車スペースに戻る、などが選択できます。膝や足首に不安のある方は傾斜の緩い道路をノンビリ歩いて戻ることで関節への負担を減らすことができるでしょう。

終盤は長い階段が続く ❸

四季の変化が楽しめる牛伏山山頂 ❹

山頂には鐘楼や洞窟がある ❺

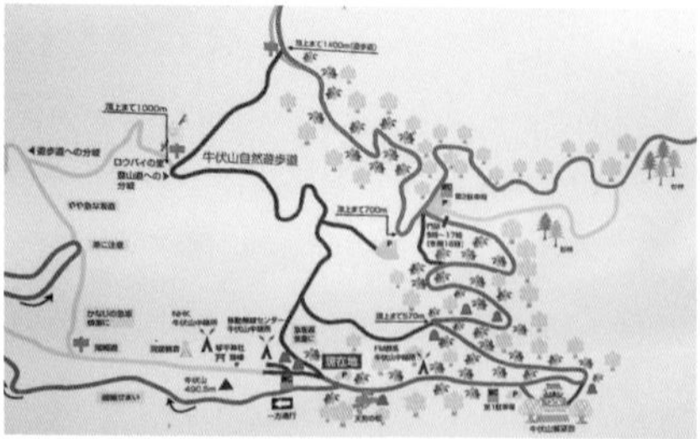

牛伏山の全体が解説された案内板 ❻

4. 吉井 城山（八束山）【よしい しろやま(やつかやま)】

吉井城山（八束山）は大沢川を挟んで西側の朝日岳と兄弟のように並んでいます。山麓が果樹園や畑になっている典型的な里山ですが、登山道を入ると山道の風情たっぷりです。コンパクトな山体なので、朝飯前の運動や仕事の合間のエクササイズとして訪れることが可能です❶。

畑作地帯の裏山を構成する城山 ❶

西側神戸登山口から
北側蚕神社口

体への影響度
心肺機能：✚✚✚（傾斜）
筋骨格系：✚✚✚（傾斜）
バランス：✚✚✚（足場の不安定さ）

- **コースデータ … 上り＝距離 1.2km、標高差 280m 所要時間 50分**
  下り＝距離 1.3km、標高差 280m 所要時間 40分
- **アプローチ …… 西側神戸登山口と北側蚕神社口との間は舗装道路1.5km**

コースの特徴

吉井町の牛伏山と並んでいる歴史伝説の残る里山です。羊太夫《ひつじだゆう》と八束小脛《やつかこはぎ》の伝説にちなんだ地名も残ることから八束山とも呼ばれています。コンパクトな登山道の各所に山登りのさまざまな要素が散りばめられていて頻繁に通うトレーニングコースとして適しています。

西側神戸登山口Ⓐ …30～70分…▶ 城山山頂Ⓑ …20～40分…▶ 浅間山Ⓒ …5～15分…▶ 北側蚕神社口Ⓓ

県道から細い橋で大沢川を渡ったら左に折れ、果樹園と墓地を回り込んで樹林帯の上りに取り付きますⒶ。いきなり急坂になるので心拍数が上がり過ぎないようにペースを抑え、体が慣れてきたらスピードを徐々に上げていくように心がけます。足元も不安定な砂礫なので、歩幅を大きく取り過ぎないようにして、体の重心のブレを最小限にしましょう❷。傾斜がいったん緩ん

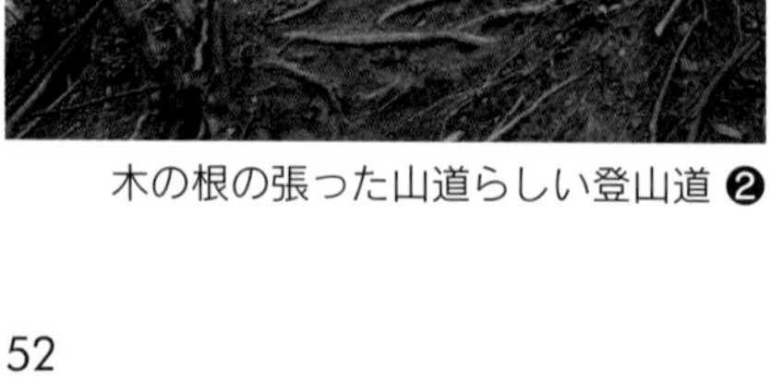

木の根の張った山道らしい登山道❷

だら、少しピッチを上げますが、またすぐに急になります。傾斜に合わせて歩行速度を調節し、心拍数が乱れないようにする練習ができます。小さな岩場が登場する部分では、しっかり手も使い、下肢は推進力に上肢はバランス保持にと、全身をうまく使って効率よく上りましょう❸。

小さな下りとロープの下がった上りを過ぎると平坦になるので、山頂まではクールダウンをしながら歩き切りましょうⒷ❹。

下りは傾斜の緩い坂が比較的一定のペースで続く北側の道を選択することをお勧めします。上りは心肺機能の鍛錬になる急なルートを、下りは膝や足関節への負荷が少ない緩いルートをというのが健康増進登山のコツです。足元がよい分スピードが出やすいので、少し抑え気味のペースを守りましょう。膝に余裕を持たせて転倒防止を図ることも忘れないようにしましょう。下りのほぼ中間に羊の足跡なる石があり、ここまでほぼ一定の傾斜が続きます。足元は比較的安定しています。さらに傾斜が緩むと浅間山への上りになります❺。たいした距離ではありませんが、下りの途中の小さな上りは、使用する筋肉や心肺機能への負荷が急に変わるので、意外と疲れを感じます。いったん、大きくペースを落とし、そこからスピードを上げていくとつらさを和らげることができますⒸ。

浅間山を過ぎると虚空蔵神社の跡への脇道が右に分岐し、分岐の下には蚕神社の石碑があります。石碑を過ぎると杉と竹の林となり、程なく北側登山口の舗装道路に下り立ちます。神戸の西登山口へは舗装道路を15分ほどですⒹ。

小さな岩場も通過する ❸

こぢんまりとした山頂 ❹

浅間山への上り返し ❺

5. 吉井 朝日岳【よしい あさひだけ】

吉井朝日岳は標高448mと吉井三山の中では最も低いピークです。登山道と作業道が交錯していて、道標も少ないため、ともすれば忘れられてしまいそうな存在ですが、南東側の尾根は切り立っており、岩場もあることから、小粒ながら侮れない里山です。

神戸中間道尾根コースから東登山口1

体への影響度
心肺機能：✚✚✚（傾斜）
筋骨格系：✚✚✚（傾斜）
バランス：✚✚✚（足場の不安定さ）

● コースデータ … 上り＝距離 0.8km、標高差 250m 所要時間 40分
下り＝距離 0.5km、標高差 200m 所要時間 30分
● アプローチ ……「登山口１」から住吉神社経由 神戸「中間道尾根コース登山口」までは舗装道路1.5km

コースの特徴

吉井三山の中では最も地味なピークですが、北側から道路を南下する時には正面に見える丘陵の先端に位置します❶。コンパクトながら登山道の各所に急坂、岩場、平坦地があり、トレーニングコースとして適しています。東側の中間には岩場が連続し、ボルダリングも行われているようです。

神戸「中間道尾根コース登山口」Ⓐ …30～50分…▶ 朝日岳山頂Ⓑ …15～25分…▶ ボルダリング岩場Ⓒ …5～15分…▶ 東「登山口1」Ⓓ

神戸の交差点を西方向に曲がると左側の朝日岳の斜面が始まるところに、「中間道尾根コース登山口」の道標がありますⒶ。畑の脇を斜めに上がっていくと右手に小さな墓地があり、広葉樹林帯の尾根道になります❷。この先、山頂までほぼ忠実に尾根をたどります。一部で作業道や山仕事の踏み跡と交錯しますが、テープや番号板が取り付けられているので、地形と合わせてコースを確認できます。

砂礫の急坂が続くので、足元の安定性はよくありません。足首を柔軟に曲げて、靴底が斜面に最大限に接地するように心がけましょう。距離は短いものの、ほぼ一直線の急傾斜なので、心拍数が上がり過ぎないようにペースを

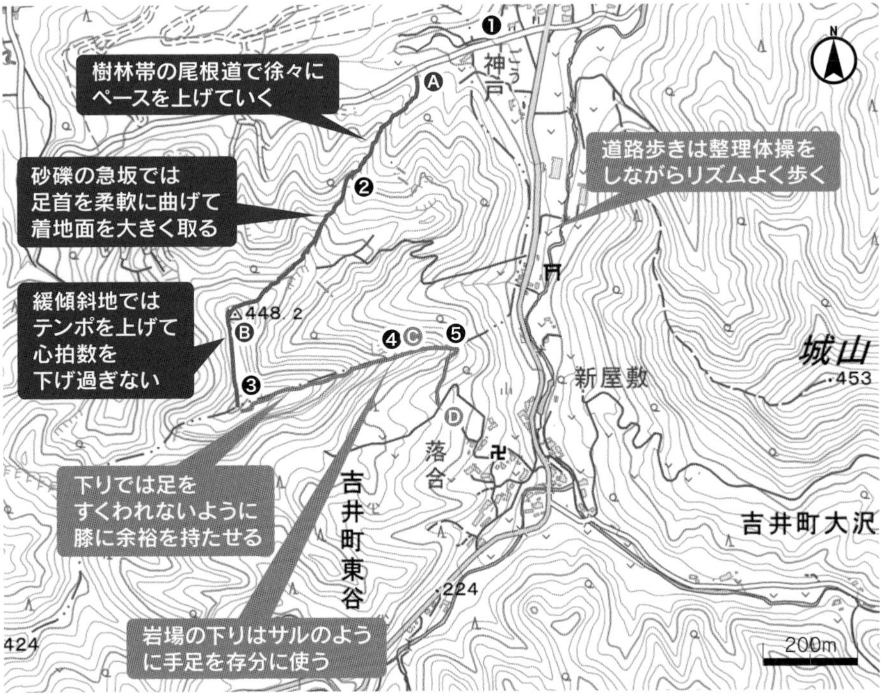

調整する練習ができます。小さな岩場や峠状のギャップにはロープが張られているので、バランス保持に利用しましょう。山頂は北峰448.2mと南峰448.0mに分かれています❸❸。

南峰からはさらに南に伸びる踏み跡もありますが、明瞭なのは南峰山頂のすぐ北側で東に向かう尾根道です。東側の尾根道の最初は緩傾斜の歩きやすい道ですが、砂礫で足を取られないように注意が必要です。約50m進むと傾斜が増してきて、岩場を左側から巻くようになると、鎖やロープの張られた急斜面が連続し

短いながら森の中の急坂が続く ❷

南峰から南側は若干視界が開ける ❸

畑作地の奥に迫り出す朝日岳 ❶

ます❹。茶褐色の大きなひさし状の岩場を左側から通過する時点で岩を見上げると、ボルダリング用のボルトが打たれているのが見えますⒸ❺。この岩の先で「登山口２」へ向かう踏み跡が右上に分岐します。正面を進むとまた小さな岩場があり、右側へロープを頼りに下ります。竹林に入ると下方に民家がチラチラ見えるようになり、しばらく斜面をトラバース気味に進んで竹林を抜けると東「登山口１」の案内札がある舗装道路脇に出ますⒹ。

里山とは思えない鎖場もある ❹

朝日岳南東面にある岩峰 ❺

この地点から50mほど舗装道路を右手に上ると「登山口２」の案内札があり、ここから上ると先ほどのボルダリング岩のところで「登山口１」からの道と合流します。神戸の「中間道尾根コース」登山口へは舗装道路を左方向に1.5kmほどです。標高差50mの下りですので、整理体操をしながら歩くとよいでしょう。

群馬のシンボル赤城山エリア

赤城山は県境の山々を除けば、群馬県で最も目立つ存在であり、県のシンボル的な山です。前著『登山を楽しむための「健康トレーニング」』(上毛新聞社 2017年発刊)でも14コースを紹介していますが、本書では前書に掲載しきれなかった6コースを紹介します。

榛名山から見た朝日に輝く赤城山

6. 鈴ケ岳【すずがたけ】南側

赤城山を北西側から眺めると、鈴ヶ岳が前衛峰として明瞭にそびえています。前書で紹介した新坂平からのルートが一番よく歩かれていますが、渋川·沼田方向からはここで紹介する深《み》山《やま》からのアプローチも自家用車利用であれば便利です。利用者が少ない分、静かな山歩きを楽しむことができます❶。

深山方面から鈴ヶ岳を望む ❶

深山から周回コース

体への影響度
心肺機能：✚✚✚（傾斜）
筋骨格系：✚✚✚（傾斜）
バランス：✚✚✚（足場の不安定さ）

- コースデータ … 標高差 600m、距離（周回 6km）、標準タイム 210分
- アプローチ …… 車道から南周り登山口１km以下、北回り登山口約２km

コースの特徴

深山集落からさらに舗装林道が奥まで伸びており、自家用車利用であれば登山口までのアプローチは容易です。赤城山の中では人里から最も遠いエリアと言えます。通行者も少ないので静かにトレーニングに励むことができます。

舗装林道 南回り登山口Ⓐ …60～100分…▶ 大ダオⒷ …20～40分…▶ 鈴ケ岳山頂Ⓒ …20～40分…▶ 大ダオⒷ …20～40分…▶ 林道（大沼方面への分岐）Ⓓ … 20～40分…▶ 舗装林道（西赤城山線分岐）Ⓔ …10～20分…▶ 舗装林道 南回り登山口Ⓐ

深山集落奥の赤城キャンプ場からさらに林道を進むと舗装林道の脇に鈴ケ岳登山口の大きな案内板がありますⒶ。登山口から約100m先にある展望台付近までの林道脇に数カ所駐車可能なスペースがあります。登山道は営林作業用の広く平坦な道で始まります。次第に傾斜がついてきますが、大ダオまでの前半部は概ね緩傾斜でウオームアップになります。鈴ケ岳南西斜面を巻

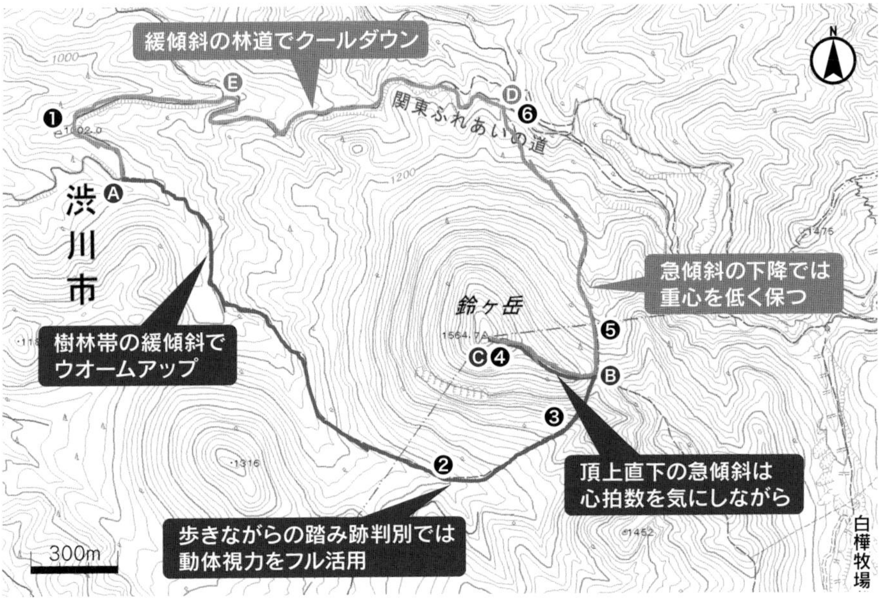

くようにして進んでいくと、いったん右側の沢床まで下ります。この辺りは落ち葉や動物の踏み跡でルートがわかりにくく、地形や赤テープで注意深くルートを確認する必要があります。

沢床に登山道の分岐がありますが、鈴ケ岳へは沢の手前で左直角に折れ、さらに上部を目指します❷。次第に傾斜がきつくなり、大腿部の筋肉を多く使うようになりますⒷ。登山道が傾斜を緩めるように電光型になると、程なく大ダオに到着です❸。できればここまで休憩なしで上り、大ダオの平坦地で呼吸を整えるようにするとよいでしょう。大ダオからは急傾斜の岩の混じった尾根道です。これまでよりは一段ペースを落とし、心拍数が上がり過ぎないように心がけましょう。数カ所岩のギャップを

沢床の道は不明瞭になりやすい ❷

大ダオ手前の笹の緩斜面 ❸

山岳信仰碑の並ぶ山頂❹

シダの急坂をたどる❺

林道に合流すると一気に歩きやすくなる❻

越えるところがあります。ロープが下がっているところもありますが、できるだけ自然のホールドや灌木をうまく使い、手足へのバランスのよい力の分散で体勢を安定させることが大切です。いったん、平坦になったところで呼吸と心拍を整え、最後の岩混じりの急登まで一気に上り切りましょうⒸ❹。

下りの前半は上肢を十分に使い、重心をやや低めに保って、不安定な急坂を転倒防止を心がけながら下ります。大ダオからは上りとは反対方向の北回りルートをとりましょう。こちらのルートは後半が起伏のない、傾斜もほぼ一定の林道なので、膝や足首に不安のある方が下りに利用するのに有利です。出だしはシダの生えた林間の急坂ですが、ジグザクが適度に付けてあるので、傾斜の割には安定感があります❺。こちらも落ち葉の多いシーズンには登山道がわかりにくくなるので、ルートは小まめに確認する必要があります。傾斜が緩み山腹を斜めに下るようになるとスピードを少し上げて歩くことができるでしょう。登山道が尾根状の直線になり、さらに歩速が上がってくると程なく未舗装の林道に合流しますⒹ❻。右に大沼方面に続く道を分け、左の登山道を進みます。着地点の安定がよくなるとほぼ街中の散歩気分で歩けるようになります。体力に余裕があれば、トレラン気分で小走りで進むことも可能ですⒺ。舗装林道に合流したらさらに左に進み、10分少々のクールダウンを兼ねた歩きで出発地点に戻ります。

7. 鈴ケ岳【すずがたけ】北側（見晴山）

新坂平側から鈴ヶ岳を往復するだけでは物足りない場合、北側に下りたものの同じコースを戻りたくない場合などは、大沼側に抜けて牧場脇の小ピーク（見晴山）を経由して周回コースにすることができます。何度か赤城山に通われた後のバリエーションとして利用するとよいでしょう。

新坂平から周回コース

体への影響度
心肺機能：✚✚✚（傾斜）
筋骨格系：✚✚✚（傾斜）
バランス：✚✚✚（足場の不安定さ）

- **コースデータ … 標高差 580m、距離（周回8.2km）、標準タイム 250分**
- **アプローチ …… 車道1km以下**

コースの特徴

鈴ケ岳山頂往復が余裕を持って歩けるようになったら、いったん、山頂の北側に下り、大沼側に上り返して、さらに見晴山を越えることで、距離の長いトレーニングコースにすることができます。小さな上り下りが5回繰り返されることになるので、距離や標高差の割には疲れるコースです。本格的な縦走登山の準備としてはお勧めの練習場所です。

新坂平登山口Ⓐ …10～30分…▶ 姥子峠Ⓑ …10～30分…▶ 鍬柄山Ⓒ …10～30分…▶ 大ダオⒹ …20～40分…▶ 鈴ヶ岳山頂Ⓔ …20～40分…▶ 大ダオⒹ …20～40分…▶ 林道（大沼方面への分岐）Ⓕ …30～50分…▶ 出張峠Ⓖ …10～30分…▶ 青木旅館前Ⓗ …20～40分…▶ 見晴山頂❶ …5～15分…▶ 新坂平登山口Ⓐ

鍬柄山経由鈴ヶ岳までと、大ダオから鈴ヶ岳北側の林道までは前書および前記の説明を参照してください。

新坂平から鈴ケ岳山頂までは行き交う人も多く、時々舗装道路を走る車やバイクの音も聞こえるので、山深い感じはしませんが、大ダオから山の北側に回り込むと一気に山深い風情が漂いますⒹ。いったん未舗装の林道まで下りたら、右に振り返るように大沼方面への道が分かれますⒻ❶。通る人は多

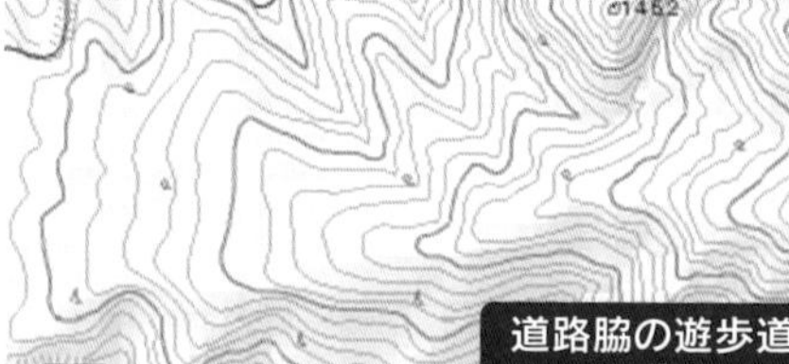

中間点の歩きやすい林道 ❶

シダの茂った緩傾斜地 ❷

くないものの、深山集落から赤城大沼に抜ける最短路であることから、登山道はかなりしっかり付いています。沢沿いの平坦路で呼吸を整え、沢を対岸に渡るとゆっくりと上り坂に転じます。シダ類の繁茂した少し陰気な景観ですが、上りモードに体をなじませるにはちょうどよい傾斜となっています❷。山腹を巻くように標高を上げていくと、崩れかけた木枠の階段が始まります。次第に傾斜がきつくなるので、心拍数を参考に歩行速度を調整しましょう。腿上げ運動の繰り返しですが、距離はそれほど長くないので、峠までは大休止を入れることなく歩きながら呼吸を整えましょう。

スキー場の草原を上り返す ❸

最後の山頂からは整理体操 ❹

出張峠に着いたら大沼湖畔までなだらかな下りですⒼ。しっかりと整備された遊歩道になっているので、コース終盤に向けて体をほぐしながらリラックスして歩きましょう。保養施設の並ぶ舗装道路にでたら、そのままいったん大沼まで下ります。湖畔周回道路を右に進み青木旅館の前を通り過ぎると見晴山へのコースが分岐しますⒽ。冬季にミニスキー場となるところなので、無雪期には草原状になっています❸。踏み跡はやや不明瞭ですが、すぐ上の尾根を目指して約100m標高を上げます。コースの終盤なので疲れが出るところですが、ここが最後の上りなので、ペースを落としても立ち止まることなく上るようにしましょう。振り返ると大沼がよく俯瞰できます。尾根に上がるとほぼ平坦になります。所々、牧柵に添いながら森の中を各自の気持ちのよいペースで歩けば、程なく見晴山山頂ですⒾ❹。見晴山山頂の真下が道路なので、階段でそのまま道路に下りることも容易です。道路に沿って遊歩道が付けられているので、整理体操かたがた牧場脇を歩くのも快適です。

8. 駒ケ岳【こまがたけ】旧道・覚満淵【かくまんぶち】

赤城山の南東側の展望は最高点の黒檜山《くろびやま》からは乏しく、ここに紹介する駒ケ岳の山頂から南に伸びる尾根からが抜群です。尾根上の笹の草原も爽快で、気軽なトレーニングとして頻繁に通う価値があります。

駒ヶ岳から覚満淵コース

体への影響度
心肺機能：✚✚✚（傾斜）
筋骨格系：✚✚✚（傾斜）
バランス：✚✚✚（足場の不安定さ）

- コースデータ … 片道＝標高差 340m、距離 1.0km、標準タイム 片道 50分
  周回＝標高差 340m、距離 3.5km、標準タイム 片道 110分
- アプローチ …… 車道 1 km以下

コースの特徴

赤城山駒ヶ岳は黒檜山とセットで歩かれることが多く、通過点のイメージが強いですが、展望もよく、標高差も手頃なことから、初心者のトレーニングコースとして単独の目標点とする価値があります。足場の悪い急坂や気持ちのよい笹の草原などで、登山道のバリエーションも体験できます。鳥居峠に下りる旧道を使うと、覚満淵を散策しながらクールダウンする周回コースになります。

駒ヶ岳登山口Ⓐ …20〜40分…▶ 尾根Ⓑ …15〜25分…▶ 駒ヶ岳Ⓒ …30〜50分…▶ 鳥居峠Ⓓ …10〜30分…▶ 駒ヶ岳登山口Ⓐ

駒ケ岳登山口駐車場の向かい側に立派な道標のある登山口がありますⒶ。上り出しは樹林帯のなだらかな坂ですが、流水で登山道が少し荒れています。着地時に浮き石に乗らないように注意が必要です。すぐに傾斜がきつくなり、尾根側壁のジグザグ上りになります。足場は比較的良好ですが、木枠階段が崩れているところなどで足を滑らせないよう、着地ごとに足場を確認しましょう。鉄製のアングルが取り付けられているところが２カ所あり、大腿部や下腹部の筋肉を使った腿上げ運動のトレーニングになります❶。

尾根に出ると草原になり、東側の視界が開けますⒷ❷。傾斜も駒ケ岳山頂まで緩いので、少しスピードを上げて歩けます。東側が崩壊している地点の前後には、足場の不安定なところがありますが、距離はわずかです。駒ケ岳

山頂は黒檜山への登山道から一段上がったところですⒸ❸。

駒ケ岳山頂で休憩したら上ってきた道を少し戻ります❷。道標は大沼側に直角に折れる通常ルートだけを示していますが、草原上の休憩地点を直進して鳥居峠へ下りる踏み跡があります。この尾根道は一時廃道化されましたが、通行者が少なくないので、登山道と同等程度に踏み跡が維持されています。灌木帯をバランス保持に適宜つかみながら急な笹薮を下って行くと明瞭な尾根道になります❹。傾斜はそれほどきつくなく、

鉄製階段で下肢筋肉を鍛錬 ❶

展望のよい草原を快調に歩く ❷

駒ヶ岳山頂は南東側の視界が良好 ❸

灌木帯の踏み跡を忠実にたどる ❹

箱庭のような覚満淵散策でクールダウン ❺

膝への負担は大きくありません。覚満淵や鳥居峠が樹間に見下ろせるようになったところで、尾根が分かれ右方向に折れます。覚満淵方向に折れるとすぐに傾斜が緩み草原状の平坦な尾根になります。正面に大きな岩の塊が見えると、その向こう側が鳥居峠ですが、しっかりした踏み跡は右に折れて岩を回り込みながら鳥居峠の駐車場に出ます Ⓓ。ピンクテープがたくさん付けられていて目印には事欠きません。

鳥居峠に出たら、一度舗装道路まで進み、道標に従って一段下の覚満淵への階段を下ります❺。水際の木道に入ったら、淵の西側、東側どちらへ進んでも、ほぼ同じ距離で大沼周回道路に出られます。淵の植物をめでながら歩きやすい木道を歩けば、スタート地点の駒ヶ岳登山口駐車場まではすぐです。

Column … ❸ 冬季の赤城山

赤城山は四季を通じて楽しめる山で、冬季に全面結氷した大沼でワカサギ釣りを楽しむ人は少なくありません。現在は主にソリ遊びなどに利用されているミニスキー場なども、かつてはロープウエーを利用して地蔵岳の山頂からスキー滑降が楽しめる立派なスキー場でした。日本人初の冬季オリンピックメダリスト猪谷千春が赤城山で練習したことでも有名です。現在もクロスカントリースキーで地蔵岳周辺を散策している人を見かけますが、最近はスノーシューハイキングが主流となりつつあります。登山用具店による初心者講習会も開催されているようです。小沼の南に位置する銚子の伽藍では、厳冬期にアイスクライミングも行われていました。しかし、昨今の地球温暖化の影響で、現在は冬季も硬い氷が張ることは望めないようです。

9. 花見ケ原【はなみがはら】

大間々と沼田を結ぶ県道62号沼田大間々線から、さらに赤城山の東側山腹を標高1,200mまで道路を上がったキャンプ場がスタート地点です。春のツツジ、シャクナゲ、秋の紅葉のシーズンがおすすめのエリアです。

花見ケ原から往復コース

体への影響度

心肺機能：✚✚✚（傾斜）
筋骨格系：✚✚✚（傾斜）
バランス：✚✚✚（足場の不安定さ）

- **コースデータ … 標高差 650m、距離 3.8km、標準タイム 片道 150分**
- **アプローチ …… 車道１km以下**

コースの特徴

花見ケ原森林公園のキャンプ場を利用する人以外にとっては、登山道に取り付くまでの移動距離が長く、利用される頻度の低いコースです。その分、通行者が少なく、ストイックなトレーニングには向いています。大沼側からの黒檜山往復が容易になったら、負荷を増やす意味で、いったん花見ケ原に下り、再度振り返ってこのルートを上り返すことで身体的負荷をほぼ倍にすることができます。

登山口Ⓐ …60～100分…▶ 木道地帯Ⓑ …40～80分…▶ 駒ケ岳への分岐Ⓒ …5～15分…▶ 黒檜岳山頂Ⓓ

花見ケ原のキャンプ場には登山口の大きな道標がありますⒶ。キャンプ場の南端を沿うルートと北側を沿うルートがあり、どちらもよく整備されています。キャンプ場の西端から笹原に付けられた登山道が始まります❶。傾斜はゆっくりと急になりますが、足場も安定しているので、あまり急坂な感じはしないでしょう。やや単調な笹原道が続くので歩行速度を上げ下げしながら、心拍数への影響をチェックするのに向いています。

笹原がまばらになると林間の根の張った緩傾斜道になります。露岩が散在する地帯に入ると踏み跡が交錯していて、ちょっとしたルートファインディングに迫られます❷。踏み跡の様子や木のテープを頼りにルートを判別しましょう。歩きながらキョロキョロ目印を探る動作は動体視力のよい訓練になります。足元にもしっかりと注意を払い、木の根などに足を取られないよう

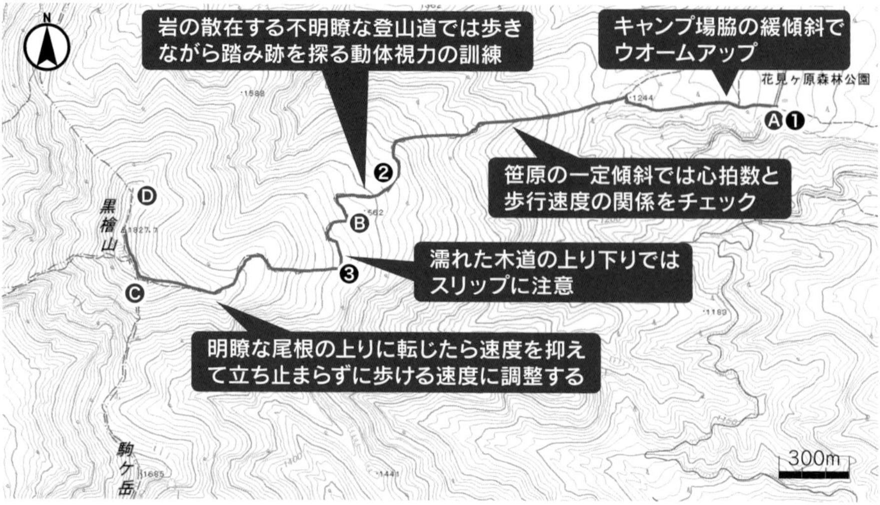

キャンプ場脇の笹原から始まる登山道 ❶

露岩地帯の登山道はわかりにくい ❷

木道ではスリップに注意 ❸

にしましょう。露岩地帯の中間からしっかりした木道が現れますⒷ。道の判別の必要がなくなり一安心ですが、濡れた木道は滑りやすいので一歩一歩の着地を確実にしてスリップには十分注意しましょう❸。黒檜山頂から下り、上りと往復する場合、スピードを出したくなる部分なので特に注意が必要です。

木道地帯が終わり、尾根が明瞭になってくると傾斜もきつくなります。歩行速度を落として、心拍数が上がり過ぎないようにペースを調整しましょう。傾斜と心肺機能への負荷の関係が明瞭に感じられる部分です。急な上りが終わったところが駒ケ岳への分岐ですⒸ。ここまでくれば山頂まではすぐなので、大休止を入れずに呼吸を整えながら山頂まで歩き切ってしまいましょうⒹ。

10. 大猿川【おおさるかわ】周回コース

小沼と長七郎山の南には深い森があり、小さな峠を越えると赤城山の裾野に続く長大な斜面になります。大猿川は西隣の粕川源流ほど険しくはないものの、いくつかの綺麗な滝を持ち、その両サイドには明瞭な尾根道が付けられています❶。

大猿川周回コース	体への影響度	**心肺機能：** ✚✚✚（傾斜） **筋骨格系：** ✚✚✚（傾斜） **バランス：** ✚✚✚（足場の不安定さ）

- **コースデータ … 標高差 650m、周回距離 6.0km、標準タイム 周回 180分**
- **アプローチ …… 車道1km以下**

コースの特徴

西側尾根は緩傾斜と急登が交互に現れる登高筋力強化に向いているコースです。一部で路肩の崩壊が激しい不安定な部分もありますが、全体として足場の安定した通年初心者が安心して利用できるコースです。東側尾根では急傾斜はごく一部に限られるので、一定のペースで歩く練習に向いています。膝に自信のない人は下りを東側尾根にとる方が有利です。

「おおさる山乃家」登山口Ⓐ …20～40分…▶ つつじが峰西登山口分岐点Ⓑ …30～50分…▶ さねすり岩Ⓒ …20～40分…▶ 茶ノ木畑峠Ⓓ …20～40分…▶ 岳人岩Ⓔ …40～60分…▶ 「おおさる山乃家」下駐車場Ⓐ

大猿川の美瀑 ❶

「おおさる山乃家」周囲は親水公園、キャンプグラウンドなどが整備されており、駐車スペースも十分確保されていますⒶ。「おおさる山乃家」下の澳比古神社の鳥居脇から山乃家前の林道を５分ほど進むと左につつじが峰の尾根に上がる木階段があります。笹が所々被っていますが、しっかりと踏まれています。出だしとしてはやや急に感じる傾斜なので、準備体操のつもりで心拍数を気にしながらペースを上げずに歩きましょう。

程なくつつじが峰の尾根に上がります。尾根に上

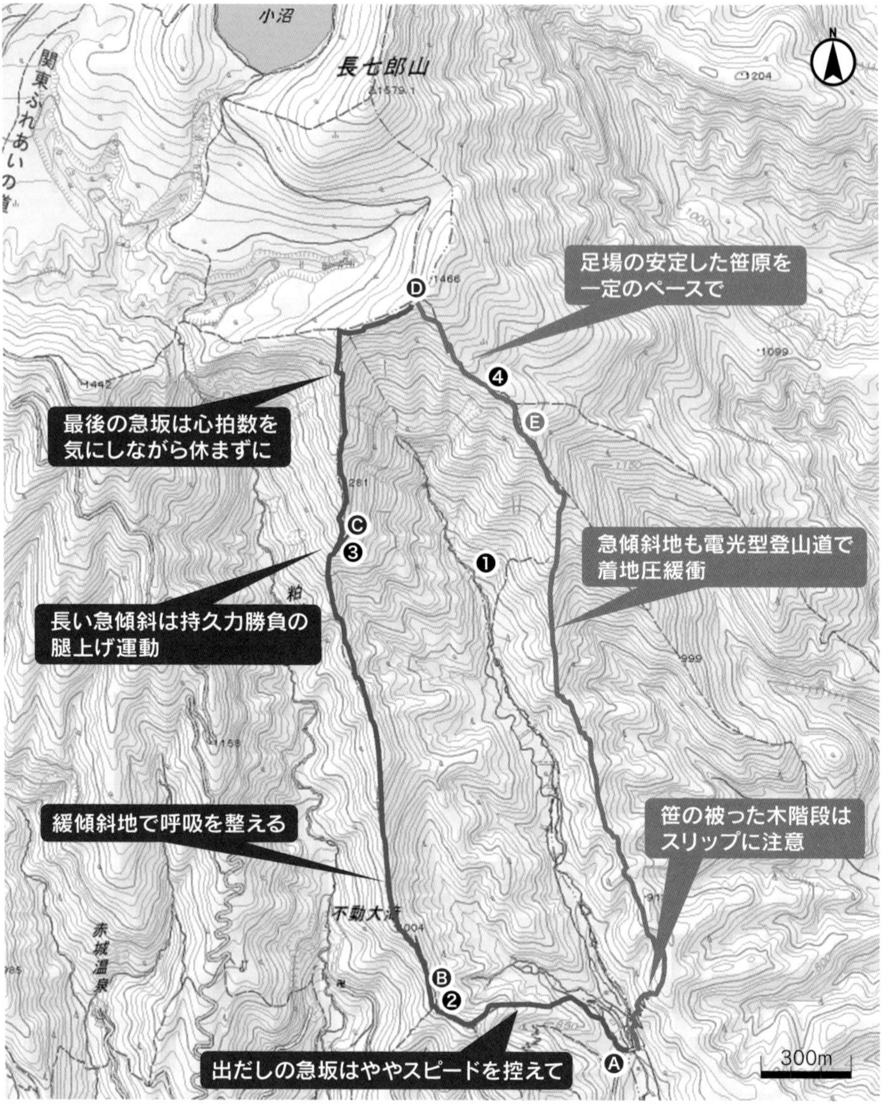

がると傾斜が緩むので少しペースを上げて歩くことができるでしょう❷。南側の尾根末端の登山口からの道、そして西登山口からの道を合わせると、傾斜が急になってきますⒷ。所々、沢の源頭が崩壊し、尾根上の道も崩れかけているところがあるので、崩壊地側に近付き過ぎないように細尾根をバランスに注意しながら歩く必要があります。笹原の中を一気に上るところでは、

心拍数が上がってしまいがちです。傾斜に相応のペースを探りながら心肺機能に過負荷にならないように努めましょう。足元はしっかりしているのでペースを上げても歩けますが、持久力がついていかないと、最高点に着くまでにバテてしまいます。この尾根の後半は大腿部の筋肉と下腿後面の筋肉のよい強化になります。

さねすり岩を過ぎると傾斜は徐々に弱まりますが最高地点まではまだしばらく上りが続きますⒸ❸。歩行速度を調整して、心拍数が一定となるように努めましょう。横引き尾根に着くと、突然ほぼ平坦になります。右の小沼方面に進みますが、平坦なので一気にスピードアップできるでしょう。尾根に沿ってわずかに下ると茶ノ木畑峠に到着ですⒹ。体力に余裕があれば、このままハイピッチで小沼や長七郎岳を往復してくることも可能です。標高差はほとんどないので、森の中を快適に闊歩できるでしょう。

出発点に戻るには小峰通り尾根がお勧めです。つつじが峰尾根よりも傾斜が緩く、一定のリズムでほとんど歩けるので、膝関節や足関節への負荷はかなり抑えられます。笹原の中に付けられた、安定した踏み跡をたどります❹。岳人岩まで下ると、さらに傾斜が緩みますⒺ。一部崩壊地脇を通るところもありますが、微妙なバランスを要求されるほどではありません。下に道路や山乃家の屋根が見えてくると、足元は木階段になります。笹が被っていて、目視で足元が確認しづらいところがあるので、雨の後などで木枠が濡れている時はスリップに十分注意しましょう。到着点が視野に入って気が緩んだ時こそケガへの注意が必要です。

尾根上は笹原の緩傾斜 ❷

急傾斜地の最後は小さい岩場 ❸

灌木帯の歩きやすい下り坂 ❹

11. 大沼外輪山【おおぬまがいりんざん】大周回

地蔵岳山頂からたどったピークを振り返る ❻

赤城山の大沼、小沼を取り囲むようにいくつものピークがあり、それぞれは単独で歩いても十分によいトレーニングができます。しかし、だんだん体力がついてくると、標高差が200mから400m程度の１つのピークだけでは物足りなくなってくるかもしれません。県境の山々やアルプスの山々では、日帰りコースでも標高差1,000～1,500mぐらいはあるので、そうした場所に不安なく行ける体力になっているかを試すには、同じピークを数往復するか、いくつかを組み合わせるかになります。いくつかを組み合わせると、どうしても上り出しと下山地が離れてしまうので、最後の帳尻合わせは道路歩きになります。それならば、全部いっぺんに歩いてしまえというアイデアがここに紹介する大沼１周です。

大沼外輪山周回コース

体への影響度

心肺機能：✚✚✚（傾斜）
筋骨格系：✚✚✚（傾斜）
バランス：✚✚✚（足場の不安定さ）

- コースデータ … 距離 1周 17km、累積標高差 1645m、所要時間 約570分
- アプローチ …… 舗装道路から１km以内

コースの特徴

全体を一気に回るとかなりの距離と標高差になり、ちょっとしたトレランコースです。途中で諦めて、道路で出発点やバス停に戻ることはそれほど大変ではありません。まずはどこまで行けるかを試してみて、途中リタイアした場合は、その後作戦を練り直す作業を繰り返しながら距離を伸ばしていくという取り組み方がお勧めです。

新坂平Ⓐ …20～60分…▶ 鍬柄山Ⓑ …30～70分…▶ 鈴ヶ岳Ⓒ …40～80分…▶ 深山側林道Ⓓ …30～50分…▶ 出張峠Ⓔ …20～40分…▶ 薬師岳Ⓕ …30～50分…▶ 五輪峠Ⓖ …60～100分…▶ 黒檜山Ⓗ …30～50分…▶ 駒ヶ岳Ⓘ …30～50分…▶ 鳥居峠Ⓙ …30～50分…▶ 長七郎山Ⓚ …30～50分…▶ 八丁峠Ⓛ …30～50分…▶ 地蔵岳Ⓜ …20～40分…▶ 新坂平Ⓐ

それぞれのピークについては別項で解説しているので、ここでは全体を通しで歩くときのポイントを解説します。

新坂平からの緩い上りと、その後鍬柄山までの平坦地の多い歩きはウオームアップにぴったりですⒶⒷ❶。鈴ヶ岳手前の鞍部（大ダオ）からが本格的な上りの始まりです。この辺りでは体力を温存するため、スピードは控えめがよいでしょうⒸ❷。鈴ヶ岳の山頂からは、一度手前の鞍部（大ダオ）まで戻り、そこから北へ下りますⒹ。赤城村深山集落からの林道まで下りたら、今度は大沼に向かって出張峠を目指しますⒺ。出張峠手前の急坂で体力の残り具合を推測しましょう。傾斜がきつくなっても疲労感が大きくなく、それなりにスピードが上げられるようであれば、出張峠から東に折れて薬師岳を目指します。出張峠で疲労がたまっているようであれば、峠から直接大沼側に下りてしまい、道路か見晴らし山を経て出発点の新坂平に戻ります。

新坂平からの出だしはペースを抑えて ❶

鈴ヶ岳の山頂で体調確認 ❷

黒檜山の山頂でほぼ半分 ❸

薬師岳前後の尾根道は傾斜が緩いので、ある程度筋力を回復させることができますⒻ。五輪峠で道路に出たら、道路を大沼側に少し下り黒檜山に取り付きますⒼ。コース全体のうちで、一番標高差があるのはここの上りなので、単独で黒檜山を上る時よりも一段ペースを落とし、体力の温存を図りましょう。長丁場では栄養補給も大切なので、脱水補正に加え、この辺りでカロリーもしっかり摂取しておきましょう。運動中の栄養補給では、吸収の早い糖分を多く含んだ飲み物やゼリー状の食品がお勧めです。通常ならば黒檜山の山頂で大休止といきたいところですが、ここは丁度半分の地点、まだ先は長いので、山頂でも休憩は最小限にして先を目指しましょうⒽ❸。

黒檜山からの急な下りでは崩れた木枠階段や岩の段差で転倒しないように十分注意しましょう。筋力に余裕がなくなってくると転倒しやすくなります。急な下りが終わり、駒ケ岳の上りになったら、ここでも体力の残り具合を推測します。ここの木枠階段をポンポンとテンポよく上れれば、最後まで歩き通せる可能性が高いでしょう🅘。駒ヶ岳から南東に高原の笹原を気持ちよく歩いたら、大沼側に直角に折れて鉄製アングル階段のある通常ルートで道路に下りるコースと、直進して鳥居峠へ下りるコースが選択できます❹。ここでは鳥居峠に下りるコースで紹介します。この尾根道は一時廃道化されましたが、それなりに通行者がいるので、普通の登山道と同等程度に踏み跡があります。最初は灌木帯と低い笹薮の急な下りですが、すぐに明瞭な尾根道になります。傾斜はそれほどきつくなく、下りでも膝への負担はそれほど大きくありません。覚満淵や鳥居峠が樹間に見下ろせるようになったところで、尾根が分かれ右方向に折れます。直進方向にもしっかりした踏み跡がありますが、そのまま尾根を直進すると黒保根村方向、利平茶屋の方へ進んでしまいます。覚満淵方向に折れるとすぐに傾斜が緩み草原状の平坦な尾根になります。正面に大きな岩の塊が見えますが、その向こう側が鳥居峠です。ここは直進して岩を越えることもできますが、多くの人は右に折れて岩を覚満淵側から回り込み、石畳状の踏み跡をたどって鳥居峠の駐車場に出ます。ピンクテープがたくさん付けられているので目印には事欠きません🅙。

鳥居峠に出れば、あとはなだらかな長七郎山と地蔵岳です。もちろん、ここで大沼方向に道路を進めば、すぐに赤城ビジターセンターのバス停があります。長七郎山に向かうには、鳥居峠の南端から道路脇の細い階段を上がります。上り口にしっかりとした道標が付けられています。小沼脇までなだらかな広い登山道で、数カ所浮き石の多いところがありますが、体力的な負荷は大きくありません。余裕があれば、スピードアップして歩けるところです。小沼

駒ヶ岳南の草原で後半の体力チェック ❹

長七郎山から最後のピーク地蔵岳を望む ❺

脇に出る手前は少し傾斜の急な木階段です。階段を上り切ると、小沼を見下ろす広場に出ます。長七郎山へは左へ進みます。ここから長七郎山山頂までも急傾斜はないので、一定のペースを保って体力の消耗を防ぎましょう。

長七郎山の山頂からは小沼を挟んで地蔵岳がよく見えます🅚❺。軽く行けそうと感じるか、まだあるのかと思うかは体力の余裕度で決まります。山頂からは南に賽の河原のガレ場を下ります。浮き石の多い地点が数カ所あるので、ここでも転倒に十分注意しましょう。単独で往復するのは容易なピークの下りでも、筋力が消耗した状態で歩く場合は、膝が不安定になり、思わぬところでバランスを崩して転倒することがあります。小沼南の十字路に出たら、小沼湖畔に出て、湖畔の周回道をたどります。道路に上がったら八丁峠までは100m程度道路を歩き、そこから木階段で最後のピーク地蔵岳へと上がります🅛。傾斜はやや急ですが、稲妻型に道が付けられ傾斜が緩和されており、所詮標高差も200m足らずですので、ここまで来られた人は気合を入れて上り切れるはずです。

地蔵岳の山頂からはこれまで歩いた大沼周辺の全てのピークが遠望できます🅜❻。充実感に浸ったところで、最後の下りを慎重に歩きましょう。山頂からは電波塔群の西側に回り込み、新坂平方面への下りに入ります。下り始めは傾斜が急で、流水で登山道が深く掘れており、浮き石で足場も非常に不安定になっています。気を引き締めて慎重に一歩一歩足を置きましょう。傾斜が緩むと笹薮に付けられた樹林帯の登山道になり、だいぶ歩きやすくなります。一段下ったところで、新坂平へ直接下る道と見晴らし山の向かい側で道路に出る道に分かれます。どちらも道路に出るまでの距離はほとんど変わりませんが、新坂平駐車場に直接戻るには左へ進みます。所々傾斜の急なところもありますが、どんどん傾斜は緩み、最後は牧柵に沿った平坦道になります。平坦道をラストスパートで、あるいは整理体操をしながら快調に歩けば出発点の駐車場に到着です。

パワースポット榛名山エリア

榛名山には榛名湖を取り巻く外輪山の外側にもユニークなピークがたくさんあります。特に南側の山腹には、山麓の人々の山岳信仰の対象となっていたと考えられる峰々が並んでいます。前書で紹介できなかった5コースを紹介します。

榛名神社

12. 天狗山【てんぐやま】榛名神社側から

天狗山西峰の山頂にはかつて神社があり、東峰には現在も林立する鳥居の先にたくさんの石碑や石像が立てられていることから、山岳信仰のメッカであったことが推察されます。榛名神社側からの登山道、南側の林道からの登山道のいずれにも、参拝路を思わせる鳥居や石垣の跡が見られます❶。

天狗山山頂付近には山岳信仰の石像や碑が林立する ❶

榛名神社随神門手前から

体への影響度
心肺機能：✚✚✚（傾斜）
筋骨格系：✚✚✚（傾斜）
バランス：✚✚✚（足場の不安定さ）

- コースデータ … 標高差 400m、距離（片道 2.4km）、標準タイム 片道90分
- アプローチ …… 榛名神社参詣者用の各駐車場から榛名神社随神門まで舗装道路 1 km以内、榛名神社 随神門から林道脇登山口までさらに舗装林道を約0.5km

コースの特徴

榛名神社随神門から直角に東に折れ、水道施設に沿った舗装林道をさらに約0.5km上ります。林道脇の登山口からは里山的な登山道となります。傾斜が極端にきついところはなく、通行者も少ないので街中の歩行から山道トレーニングに移行する際の導入コースとして適切なレベルです。

榛名神社 随神門Ⓐ …10～20分…▶ 林道脇登山口Ⓑ …20～40分…▶ 鏡台山分岐Ⓒ …30～50分…▶ 天狗山九合目東峰西峰分岐Ⓓ …5分…▶ 天狗山東峰山頂Ⓔ
天狗山九合目分岐から西峰往復 10～20分
天狗山四合目分岐から鏡台山往復 20～40分

榛名神社随神門からさらに森の中の舗装林道を進みますⒶ❷。傾斜がそこそこあるので、ウオームアップとして心拍数を気にしながらペースを徐々に上げていきましょう。舗装が終わると林道の脇に天狗山登山口の赤い鳥居と祈祷《きとう》設備がありますⒷ。ここから山道になりますが、傾斜はなだらかで、足場も悪くありません。尾根に上がる手前で沢床の岩の上を歩くようになり、

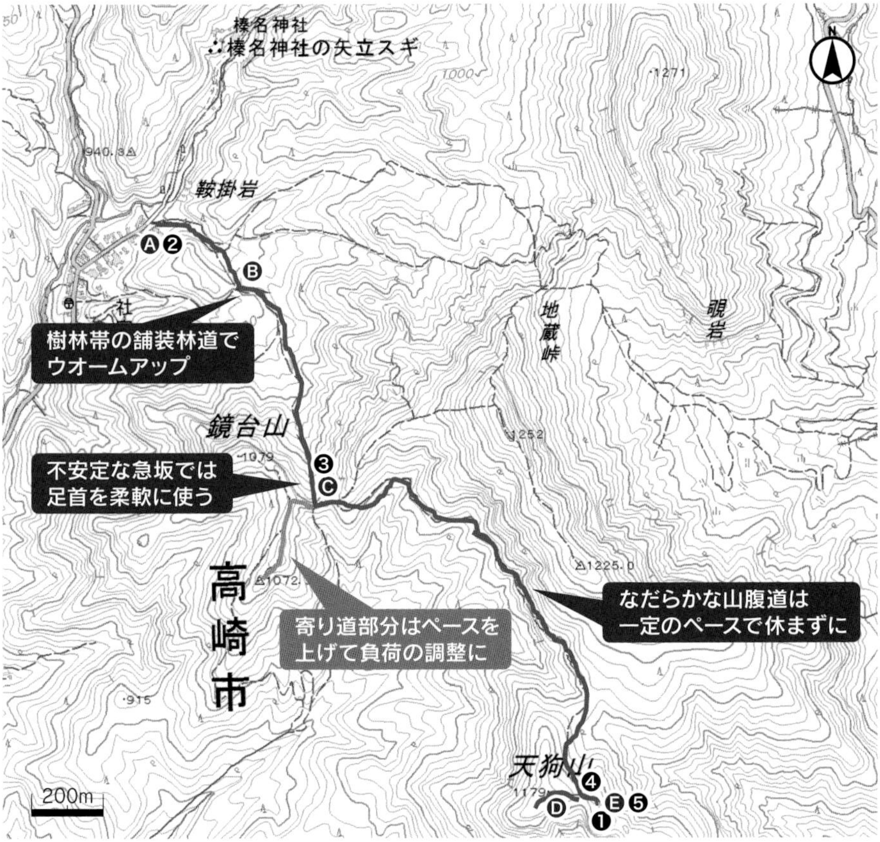

一気に傾斜がきつくなると四合目の標識のある鏡台山への分岐点ですⒸ❸。天狗山へは左に進みます。しばらくは笹の茂った植林帯の山腹道です。傾斜はきつくなくほぼ一定なので、歩くペースも一定にして山頂まで休まず歩くとよいでしょう。九合目の分岐Ⓓ❹を左に進むと天狗山東峰の山頂ですⒺ。信仰の対象であったためかたくさんの石碑があり、南に開けた岩場の上に小さな祠があります❺。西峰の方が標高が高いので、いったん、九合目まで戻り、再度西峰山頂

榛名神社随神門手前を東に進む ❷

を目指します。山頂間の距離は短く５分程で西峰山頂に到着します。

下りは同じ道を戻ります。四合目直下の急坂部分以外は全体に緩傾斜なので、膝に不安のある人もあまりストレスなくペースを上げて下ることができます。体力に余裕があれば、鏡台山も四合目分岐から往復しておきましょう。こちらも緩傾斜で足場も安定しているので、速めの歩速を保つことで程よく下肢筋群への負荷量を増やすことができます。

沢床から急坂で尾根に上がる ❸

鳥居の林立する東峰手前 ❹

東峰の岩場からは南西方向が遠望できる ❺

13. 天狗山【てんぐやま】南側林道から

林道南榛名線登山口から山頂往復

体への影響度
- 心肺機能：✚✚✚（傾斜）
- 筋骨格系：✚✚✚（傾斜）
- バランス：✚✚✚（足場の不安定さ）

- コースデータ … 片道＝標高差 480m、距離1.5km、所要時間 80分
- アプローチ …… 舗装林道案内板脇の登山口に駐車スペース

コースの特徴

南山麓から営林道と信仰の道をたどって山頂を往復するコースです。山頂台地の尾根に出るまでは段階的に傾斜が急になり、傾斜と心肺機能、大腿筋肉群への負荷の関係を理解することができます。急登での体力強化に向いています。上部に枯れ葉で登山道のわかりにくいところがあり、ルートファインディング能力の養成にもつながります。

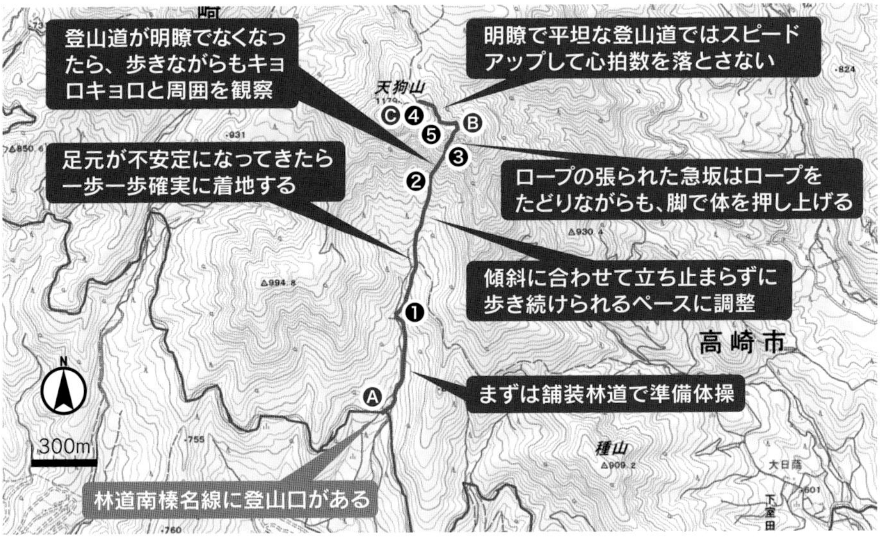

林道南榛名線登山口Ⓐ …60～80分…▶ 山頂台地尾根分岐Ⓑ …5～15分…▶ 天狗山山頂Ⓒ

林道南榛名線とゴルフ場の西側から上がってくる道が交差する地点に登山口がありますⒶ。立派な案内板が立てられていて、営林用の林道が北に延び

ています。道標に従い、まず舗装林道を進みます。最初はなだらかな広い林道なので、準備体操をしながら歩けます。約５分で右手に登山道の道標が現れ、ここから山道が始まります。登山道としては道幅は広く、営林用と思われる目立つテープが小まめに付けられていて、道の判別に役立ちます。左手の小沢と沿うようになると足元に石が目立ち始め、多少歩きにくくなりますが、ペースを落とすほどではありません❶。次第に傾斜が強くなり、木組みの階段が出てくる辺りから、スピードを傾斜に合わせて落としていくとよいでしょう。足首を柔軟に使って、靴底をフラットに置き、大腿部の筋肉でしっかりと体を押し上げます。石碑と石垣が出てくるところが「お籠屋」と名付けられた平坦地です。ここから一気に傾斜がきつくなってきます。林間に電光型に道が付けられていますが、さらに歩行速度を落とさないと息が上がってしまうでしょう。

参道の面影を残す登山道 ❶

岩塔基部の石宮 ❷

ロープの張られた急な登山道 ❸

山頂の岩峰と祠 ❹

柱状節理の大きな岩場に突き当たると、その下にこぢんまりした石宮が設置されています。サイズは小さいですが大天狗石宮と登山口の案内板には書いてあります❷。登路は岩の下を右（東側）に巻いて進みます。この辺りは落ち葉で登山道がわかりにくい部分があります。歩きながらもキョロキョロと周囲を観察し、正しい登路を判別します。トラバース気味に浅い沢を横断すると道が北向きになり、頂上台地上の尾根が見えてきます。傾斜は非常に急になり、ほぼ連続して太いトラロープ（黒と黄色で色付けされたロープ）が張られていますので、バランス保持に使えます❸。しかし、体は脚で押し上げるようにしないと腕力ばかり消耗し、バランスも取りにくくなります。

尾根の上の登山道と合流すると一気に平坦になります🅑。頂上台地上の登山道は明瞭で、小さなアップダウンはありますが、ペースを落とす必要を感じるような急傾斜はありません。トレラン気分でスピードを上げて頂上を目指しましょう。信仰の石碑を路肩に眺めながら進むと、再度傾斜がきつくなりトラロープが出てきます。急な部分の距離はわずかで、すぐに石碑の林立した天狗山頂上の広場に飛び出します🅒❹❺。

天狗山頂上から眺める関東平野の日の出 ❺

天狗山山頂から眺める浅間山 ❺

14. 大鐘原ヶ岳【おおかねはらがたけ】

大鐘原ヶ岳の名前は国土地理院の地図に記載がなく、山頂に行ってみないと山名もわからない極めて地味な山です。しかし、細い尾根をたどる登山道は比較的明瞭で、小鐘原ヶ岳の南側には立派な山岳信仰の石碑が林立しています。かつては信仰の対象として多くの人が訪れた峰であったことが想像されます。

榛名神社随神門手前から周回	体への影響度	心肺機能：**＋**＋＋（傾斜） 筋骨格系：**＋**＋＋（傾斜） バランス：**＋＋**＋（足場の不安定さ）

- **コースデータ … 周回＝距離 4.7km、標高差 400m、所要時間 150分**
  山頂までの距離 1.8km、標高差 400m 所要時間 60分
- **アプローチ …… 榛名神社参詣者用の各駐車場から榛名神社随神門まで舗装道路１km以内**

コースの特徴

天狗山の北側に位置する標高1,252mの地味なピークです。天狗山との中間位置に小鐘原ヶ岳があり、そちらは標高1,225mと一段低いですが、三角点があります。コンパクトながら沢沿いの荒れた登山道、急な灌木帯の上り、踏み跡の見えづらい笹原など登山の基本的なトレーニングメニューがそろっています。季節を変えて何度か通う価値のあるコースです。

榛名神社随神門Ⓐ …30～50分…▶ 地蔵峠Ⓑ …15～25分…▶ 大鐘原ヶ岳山頂Ⓒ …10～20分…▶ 小鐘原ヶ岳山頂Ⓓ …20～30分…▶ 天狗山登山道との合流Ⓔ …20～40分…▶ 鏡台山コルⒻ …10～30分…▶ 榛名神社随神門Ⓐ

榛名神社随神門のすぐ手前から舗装林道で天狗山方面に向かいますⒶ。道路にしては少し急傾斜ですが、足元は安定しているので、行きは準備体操、帰りは整理体操をしながら歩きましょう。水道施設を過ぎると左手に「唐松」「地蔵峠」の道標があります。多くの登山者はもっぱら天狗山を目指しますが、道標に従ってまずは地蔵峠へ向かいましょう。並行する２つの小沢を横断すると営林作業も行われる沢沿いの道になります。道の中を水が流れるので、浮き石が多く、非情に歩きにくくなっています。足首をひねらないように、一歩一歩確実に着地しましょう。道が右にカーブし、傾斜がきつくなる

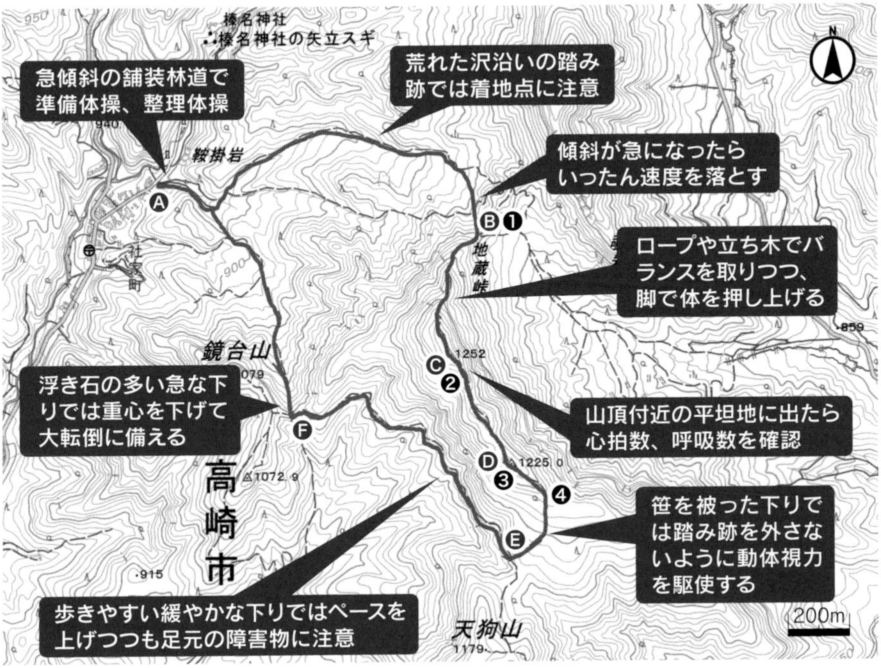

と、すぐ上に峠らしき場所が見えてきます。大岩をいくつかかわしながら、電光型に標高を稼ぐと地蔵峠です❸❶。峠を正面に進めば、薄い踏み跡と営林林道をたどって県道126号榛名山箕郷線に出られますが、ここでは右に折れて南側の大鐘原ヶ岳を目指しましょう。

峠からは急な尾根道になっています。木の根や灌木、岩をつかみながら標高を稼ぎます。大腿部を大きく振り上げるところが多いので、大腿四頭筋と腸腰筋のトレーニングになります。一部補助ロープが張られていますが、足場はしっかりあるので、

地蔵峠から南側の尾根に上がる ❶

大鐘原ヶ岳の地味な山頂 ❷

ロープはバランス保持につかみ、脚で体を押し上げるように上りましょう。傾斜が緩むと程なく1,252mの頂上です🅒❷。頂上の手前に２カ所ほど北側に視界が開ける場所がありますが、頂上自体は木々に覆われていて視界が利きません。展望がきかない分、脈拍や呼吸をチェックして体の状態を確認しましょう。

山頂からはさらに南方向に細い尾根を進みます。1,225mの小鐘原ヶ岳までは急な傾斜はありません🅓❸。小鐘原ヶ岳のすぐ南には、いくつもの山岳信仰碑が林立していて、このエリアがかつて信仰の対象であったことがわかります❹。石碑群を過ぎると笹原になり、踏み跡は尾根から右に外れます。この辺りは笹に覆われて踏み跡が非常にわかりにくいので、歩きながらも動体視力を駆使して、踏み跡を外さない注意が必要です。よく見ると灌木に巻かれたテープや笹の下の踏み跡が確認できます。

100mほど標高を下げると踏み跡が明瞭になってきて、天狗山に向かう立派な登山道と合流します🅔。時間と体力に余裕があれば、左に進み、天狗山を往復してくるとよいでしょう。そのまま出発点に戻る場合は右に進みます。足元のしっかりした緩傾斜の登山道で山腹を巻くように標高を下げていきます。歩速を上げて歩けますが、所々浮き石や木の根などの障害物もあるので、足元への注意は怠らないようにしましょう。鏡台山とのコルに出たら🅕、滑りやすい砂礫の急坂を下り、林間の枯れ沢を横断しつつ歩くと、赤い鳥居のある天狗山登山口です。舗装林道に合流したら、整理体操をしながらゆっくりクールダウンして、出発点の榛名神社随神門に戻りましょう。

三角点のある小鐘原ヶ岳山頂 ❸

森の中に林立する石碑群 ❹

15. 鐘撞山・音羽山【かねつきやま・おとわやま】

榛名湖を取り巻く外輪山の一角、三ツ峰山から南南東に伸び出した尾根上に鐘撞山と音羽山の両ピークが並んでいます。尾根の両側の沢沿いに林道が伸びていて、そこから尾根に向かって登山道が付けられています。営林作業などにより、人の通行状況が変化するため、国土地理院の地形図に記載されている登山道と実際の踏み跡は一致していません。

県道126号榛名山箕郷線
林道前の沢線起点から山頂往復

体への影響度
心肺機能：✚✚✚（傾斜）
筋骨格系：✚✚✚（傾斜）
バランス：✚✚✚（足場の不安定さ）

- コースデータ … 距離 片道 1.9km、標高差 250m、所要時間 50分
  尾根上分岐から音羽山山頂へは距離 片道 1.2km、標高差 220m、所要時間 40分
- アプローチ …… 林道前の沢線起点から舗装林道で登山道入り口まで1.1km

コースの特徴

榛名山の南斜面には古くからの信仰の道が複数あります。石碑や宗教施設が散在する鐘撞山周辺でもそうした山岳信仰の名残を感じます。林道が半分ですが、森林浴気分で身体的負荷の軽いエクササイズをするにはちょうどよいコースです。踏み跡がやや薄いですが、北側の音羽山の往復も加えると運動量がほぼ倍になります。

林道前の沢線起点Ⓐ …15～25分…▶ 舗装林道から登山道分岐Ⓑ …15～25分…▶ 尾根上分岐Ⓒ …5～15分…▶ 鐘撞山山頂Ⓓ
（尾根上分岐Ⓒ …30～50分…▶ 音羽山山頂Ⓔ）

鐘撞山にはかつては東側からの登山道があったようですが、国土地理院の地図には破線記載があるものの、取材時点では西側の林道からの道のみが山頂へのしっかりした登路ですⒶ❶。最初の舗装林道はウオームアップとして、ゆっくりと歩速を

林道前の沢線起点に立つ登山口標識 ❶

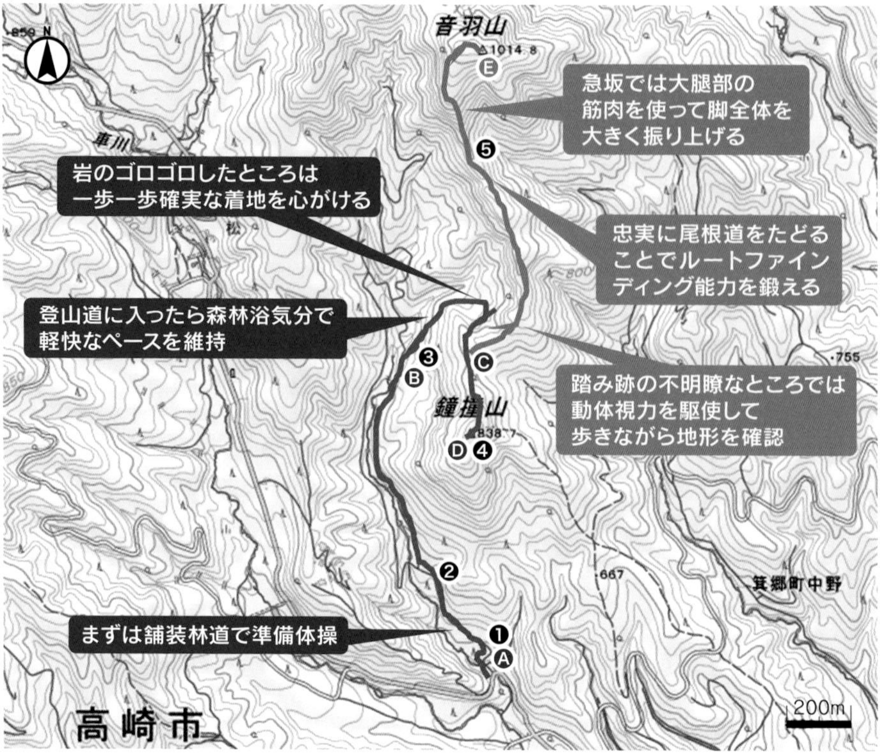

上げて行きましょう❷。程なく林道脇に右鐘撞山·左音羽山の道標が現れます🅑。林道をそのまま左方向に進んでも音羽山への登山道は現れることなく林道が終了するので、「左 音羽山」の分岐は登山道を上って尾根に出てからの意味です。林道から尾根までは森林浴気分で森の中を快適なペースで歩くようにしましょう❸。傾斜がやや急になり、登山道がヘアピンカーブする辺りでは、登山道左の岩が崩壊し堆積した尖った石が足元を不安定にしています。上りでも下りでも一歩一歩確実な着地をして、足首への負荷を抑えましょう。

尾根に上がると登山道は左右に分かれます🅒。右(南)の鐘撞山方向は明瞭ですが、左(北)の音羽山方向は

舗装林道でウオームアップ❷

森林浴気分で歩ける登山道 ❸

急坂のある音羽山への登山道 ❺

笹に覆われて踏み跡がわかりにくくなっています。ここから鐘撞山までの道は歩きやすい傾斜です。距離もたいしたことはないので、ペースを上げて一気に山頂まで歩き切りましょう。山頂は石祠と石碑がある平坦地になっていますⒹ❹。

体力的に余裕があったら、尾根上分岐から音羽山山頂も往復してみるとよいでしょう。鐘撞山側に比較すると踏み跡がわかりにくいところや営林作業の伐採道との交差がありますが、忠実に尾根をたどることで山頂まで行くことができます。山頂手前の急坂は心肺機能の強化にもなり、大腿部の筋肉の鍛錬もできますⒺ❺。

山頂の山岳信仰碑 ❹

16. 吾妻山【あづまやま】

吾妻山は榛名山の南斜面に突き出る地味なピークです。榛東村から舗装林道を伊香保スケート場方面に向かうと、創造の森キャンプ場、霞山カントリークラブの上に富士見峠と名付けられた関東平野を見下ろす駐車スペースがあります。ここから小さな石の社の愛宕神社への参拝道が石段で始まり、吾妻山はその奥です。榛名湖へのドライブの途中で少し運動する感覚で歩いてみるとよいでしょう。

富士見峠愛宕神社登山口から山頂往復

体への影響度

心肺機能：✚✚✚（傾斜）
筋骨格系：✚✚✚（傾斜）
バランス：✚✚✚（足場の不安定さ）

- コースデータ … 距離 片道 0.6km、標高差 130m 所要時間 40分
- アプローチ …… 富士見峠愛宕神社参道下駐車スペースから

コースの特徴

愛宕神社までの参道は明瞭ですが、その奥へ進むと笹や落葉で道がわかりにくいところがあります。地形は比較的単純で、歩行技術的に特に難しいところはありません。里山で登山の基本的なトレーニングをするには便利なところです。登山道のわかりにくいところでは、地形を判断してルートファインディングをする能力が養成できます。

富士見峠愛宕神社登山口Ⓐ …20〜40分…▶ 山頂台地尾根分岐Ⓑ …5〜15分…▶ 吾妻山山頂Ⓒ

吾妻山にはかつては複数の登山道があったようですが、取材時点では愛宕神社からの道だけが山頂へのしっかりした登路です。最初の石段はウオームアップとして、一歩一歩ゆっくり上がりましょうⒶ❶。石の社の愛宕神社の奥はいったん平坦になり、間もなくしっかりとした東屋《あずまや》

愛宕神社 ❶

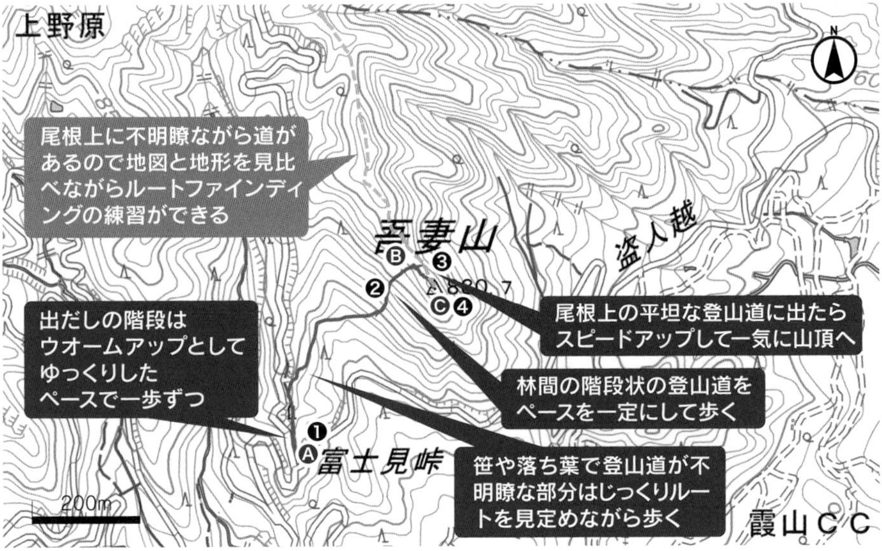

があります。さらに進むと西側の舗装林道にもう一つ登山口があることがわかります。山頂へは北方向に進みます。尾根上の道と、尾根の東の笹薮につけられた道がありますが、双方は50mぐらい先で再度合流します(尾根上の道はわずかに戻るように合流します)。合流後はいったん枯れ沢の上部を横断し、その先から木枠の階段が断続的に出てきます❷。この辺りから林間の山道は傾斜が増します。落ち葉の堆積で道が隠れているので、地形を考えながらキョロキョロ周りを見渡して歩きましょう。大腿部を大きく振り上げる傾斜はこの部分だけなので、上の尾根道を見上げながら休まず歩けるペースで頑張りましょう。傾斜の強い部分では、木組みの階段が組まれています。尾根に上がると道は左右に分かれ、吾妻山山頂は右側、南方向です🅑❸。平ら

木枠階段の急坂を登る ❷

吾妻山山頂への尾根道 ❸

な所に出たら少しペースを上げ、山頂まで一気に上り切りましょうⒸ❹。

帰りは同じルートを戻りますが、尾根を北にたどると、木枠の階段が付けられた急坂になります。運動量を増やすために北に向かうのであれば、急坂を上り切ったところまでにする程度がよいでしょう。そこから先も尾根上に付けられたほぼ平坦な道が舗装林道の上部までつながっていますが、通行する人がほとんどいないため、かなり荒れています。また、西側を並走する舗装林道からはいくつかの踏み跡が伸びていますが、それらも整備されていないので通行は避けたほうがよいでしょう。ただし、薮漕ぎの練習はできます。

こぢんまりした吾妻山の山頂 ❹

榛名山の各ピークは山ろく住民の信仰の対象となっていた。（前橋市街から遠望する朝の榛名山）

信仰と歴史に彩られた
県東部エリア

県境の山脈から距離を隔てているため高山的な雰囲気は望めませんが、年間を通じて通える里山として便利な存在です。山麓の人々との繋がりも深く、山岳信仰や戦国時代の歴史を考えながら歩く楽しみも提供してくれます。

茶臼山頂からは山麓の街並みと県境の山々が遠望できる

17. 栗生山【くりゅうさん】

山頂西側からの赤城東面の眺望 ❶

赤城山と袈裟丸山に挟まれた山村集落の里山です。植林地帯の奥にたたずむ山頂からは赤城山の東面が美しく眺められます。桐生、大間々エリアの方が坂道歩きのトレーニングに訪れるにはお手頃な山です❶。

栗生神社から往復

体への影響度

心肺機能：✚＋＋（傾斜）
筋骨格系：✚✚＋（傾斜）
バランス：✚＋＋（足場の不安定さ）

- **コースデータ … 神社石段下駐車スペースから＝距離 片道 0.9km、標高差 360m、所要時間 50分**
- **アプローチ …… 林道脇 駐車スペース**

コースの特徴

営林用の舗装林道も含め、急な坂道が続きます。小粒ですが急傾斜の上り下りの練習に向いています。ツツジの季節以外は人の出入りもまばらで、ストイックなトレーニングができます。

神社下駐車スペースⒶ …5～10分…▶ 神社Ⓑ …40～50分…▶ 栗生山頂Ⓒ

幅は狭いものの舗装林道が神社の石段下まで伸びていますⒶ。出だしの石段は少し不安定で傾斜もきついことから、歩き始めのウオームアップとしてゆっくり上りましょう❷。鳥居をくぐり、神社の脇の沢沿いに進むとコンク

リート舗装の営林道が急傾斜で上っていますⒷ❸。足首をしっかり曲げ、靴底の摩擦を感じながら歩きましょう。舗装が終わると、植林地帯の浅い沢床の道になります。着地点が不安定になるのと、木の根につまずきやすいことから、一歩一歩を確実に着地させるよう努めましょう。体が上りの傾斜に慣れてきたら、心拍数が上がり過ぎない範囲で少しスピードを上げてみましょう。日当たりの悪い急坂が続くので少しうんざりするかもしれません。

神社の石段からスタート ❷

尾根に上がると傾斜が緩むので心肺機能への負荷が軽減されます❹。少し明るくなりますが、展望が開けるのは頂上西の展望岩付近だけです❶。尾根上は露岩が多くなるので、所々大きな腿上げ動作が必要になります。山頂まではわずかの距離ですが、踏み跡が交錯している部分があ

尾根上は緩傾斜の岩尾根 ❹

るので、動体視力を駆使して、歩きながらもテープなどを探しつつ歩きやすいルートを選びましょう🅒❺。

下りは同じルートを戻ります。沢沿いの急な下りでは足元も不安定なのでスピードを出し過ぎないように注意しましょう。安定した立ち木をうまく使うことで膝関節や足関節への衝撃を弱めることができますが、枯れ木に体重を預けることのないように注意深く利用することが肝心です。急坂では意図的に歩幅をせまくすることで、一歩一歩の衝撃を抑えることができます。下りも上りと同じくらいの時間をかけるつもりで歩くといいでしょう。

森の中の地味な山頂 ❺

神社脇から森に入る ❸

18. 根本山【ねもとやま】尾根ルート

桐生市北部の群馬・栃木県境に位置する、古くから山岳信仰の対象として親しまれてきた山です。尾根筋、沢筋のそれぞれに標高差約600mの登山道が付けられており、3～5時間の行程で程よい山歩きトレーニングができます。桐生市街からは約20km奥に入りますが、アプローチの道路はよく整備されており通行もまばらなことから、自動車利用であれば頻繁に通うことがあまり苦にならないエリアです。

中尾根コースから
熊鷹山経由石鴨林道

体への影響度
心肺機能：✚✚✚（傾斜）
筋骨格系：✚✚✚（傾斜）
バランス：✚✚✚（足場の不安定さ）

- **コースデータ … 中尾根コースから熊鷹山経由石鴨林道：周回＝距離 6km、標高差 650m、標準タイム 周回280分**
- **アプローチ …… 林道三境線分岐部駐車スペース**

コースの特徴

樹林帯を地道に登り詰める登行能力を鍛えるのに適したコースです。尾根筋の登山道は出だしの急傾斜から中段、上段の緩傾斜へと変化するので、傾斜と心肺機能への影響を確認しながら歩くことができます。十二山から熊鷹山への稜線は広い平坦な道が続くのでトレラン気分でスピードアップすることも可能です。

林道三境線分岐部駐車スペースⒶ …5～10分…▶ 不死熊橋Ⓑ …10～20分…▶ 林道分岐Ⓒ …5～10分…▶ 中尾根登山口Ⓓ …60～120分…▶ 中尾根十字路Ⓔ …10～20分…▶ 根本山山頂Ⓕ …20～30分…▶ 十二山Ⓖ …30～50分…▶ 熊鷹山Ⓗ …10～30分…▶ 林道出合Ⓘ …40～80分…▶ 不死熊橋Ⓑ …5～10分…▶ 林道三境線分岐Ⓐ

桐生ダムから県道337号（桐生・田沼線）を北上するといくつかの集落を過ぎて舗装林道が大きく草木ダム方向にカーブします。ここが林道三境線の分岐部で駐車スペースがありますⒶ。根本山の登山口、不死熊橋はここから一般車両通行止の舗装林道をさらに5分少々北上したところですⒷ。橋の対岸で沢コースへ進むロープの下がった登山道が分岐します。中尾根コースへは

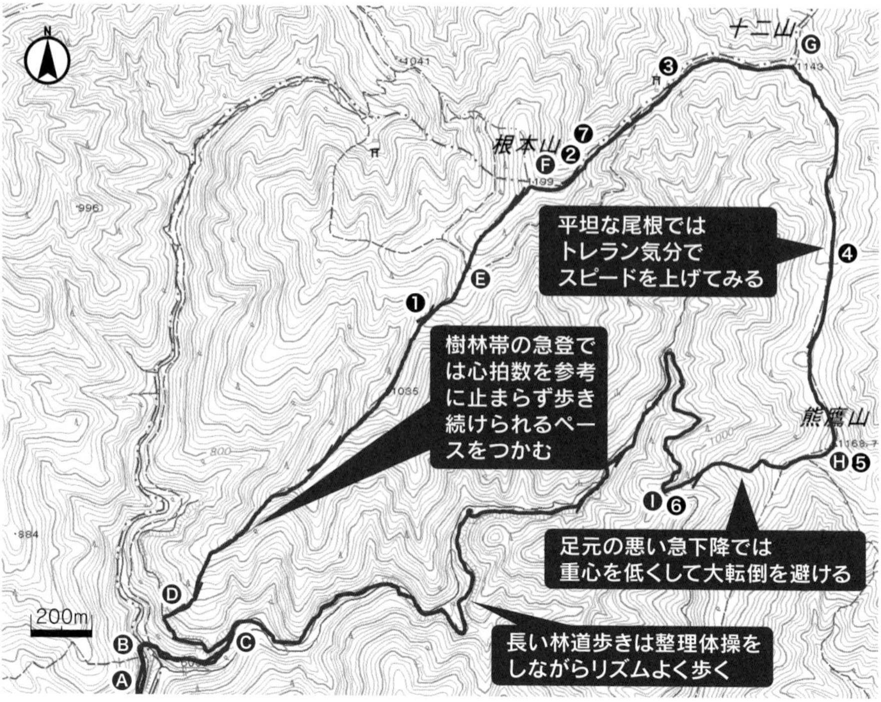

未舗装林道をさらに10分少々直進します。準備体操としてゆっくりとスピードを上げていくとよいでしょうⒸ。林道起点の石碑と分岐の道標が道の両脇にある地点で左に分岐する林道に入りますⒹ。もう少し林道歩きが続きますが、程なく中尾根への取り付きが現れます。

尾根は取り付きからかなりの急坂ですが、傾斜を緩和するために電光型に登山道は付けられています。足元は露出した木の根と崩れやすい砂礫となっていて、あまり歩きやすくはありません。ここから約１時間、展望のきかない樹林帯の地道な上りが続きます。大休止を入れずに歩き続けられるペースをつかんで、黙々と高度を稼ぎましょう❶。最大心拍数の７割前後の心拍数を維持して歩き続けることで脂肪燃焼につながる程よい有酸素運動となります。露岩が目立つようになり、傾斜が緩んでくると中尾根十字路ですⒺ。沢コースからの道が左から合流し、山頂を経由せずに十二山に向かう道が右に分かれます。山頂へは緩やかな傾斜を直進します。尾根道がほぼ平坦になったら少しスピードを上げてみましょう。山頂は間近です。

山頂には明瞭な案内板があり、少し北に進むと袈裟丸山方面が樹間に垣間見られる広場となっていますⒻ❷❼。一息入れたら北東方向に十二山を目指しましょう。一段下るとほぼ平坦な尾根道になり、小さなピークを右に巻きながら進みます。程なく十二山神社に着きます。ここでは位置確認のみにとどめ、さらに先の十二山山頂まで一気に進みましょう❸。十二山山頂は氷室山・粕尾峠への分岐から一段上ったところですⒼ。右に巻き道が分かれているので、そちらに進むと十二山頂を経由せずに熊鷹山方面に進みます。十二山頂と熊鷹山の間は幅の広い平坦な尾根道が続きます❹。距離はそれなりにありますが歩きやすく平坦なので、心肺機能や下肢筋力への負荷は少なく、スピードを上げてトレラン気分で距離を稼ぐことができます。熊鷹山の山頂も平坦部分からわずかに上るだけなので、上りのストレスをほとんど感じることはないでしょうⒽ❺。

熊鷹山の山頂に設置された展望台で景観を楽しんだら、東に急坂を下り始めます。出だしは補助ロープが付いていますが、滑りやすい砂礫斜面で足を取られないように、一歩一歩確実に着地しながら歩きましょう。急傾斜地の歩き方のよいトレーニングになります。古い鳥居をくぐると小戸への分岐、丸岩岳への分岐と南に２本の道が順次分かれます。道標

露岩の目立つ尾根道 ❶

標識の整備された根本山山頂 ❷

頂稜線の十二山神社 ❸

歩きやすい平坦な尾根道 ❹

に従って尾根から外れ、急な山腹をジグザクに下ると約10分で林道に合流します❶❻。林道までの急坂では重心をしっかり下げて、砂礫に足を取られても大転倒しないような歩き方を心がけましょう。

林道に合流したら右に進み約４kmの林道歩きを楽しみます。林道工事の影響は色濃いものの、立派な滝を含め沢の景観をめでながら下山することができます。足元は尖った小石や硬いコンクリートなど、あまり足に優しくない様相なので、「林道だから走り下ろう」というノリには向いていません。せいぜい早歩きぐらいのペースとなるので、整理体操を行いながら約１時間のクールダウンを行いましょう。「いい加減着かないかな」と思う頃に上りで分岐した林道起点の石碑と道標が目に入り、その後はあっという間に出発点に到着です。

遠望のきく熊鷹山山頂 ❺

林道への合流点 ❻

根本山山頂から遠望する袈裟丸山・皇海山 ❼

19. 根本山【ねもとやま】沢ルート

沢コースから根本山・十二山経由、十二沢下降、石鴨林道

体への影響度

心肺機能：✚✚✚（傾斜）
筋骨格系：✚✚✚（傾斜）
バランス：✚✚✚（足場の不安定さ）

● コースデータ … 沢コース登山口不死熊橋から根本山山頂 片道：標高差 650m、距離 4.0km、標準タイム 170分。根本山山頂から十二沢経由、不死熊橋 片道：標高差 650m、距離 5.0km、標準タイム 100分。
● アプローチ …… 林道 三境線 分岐部 駐車スペース

コースの特徴

根本沢沿いの「根本山参詣路」をたどるコースです。実際に沢床に下りて水際を歩くところは上部の一部だけで、水流の左右の山腹に付けられたトラバース道をたどり、数カ所で沢を横断します。地元の篤志家（根本山瑞雲倶楽部ほか）により道標や歴史的スポットの解説が整備されていて、歩きながら根本山山岳信仰の歴史を学ぶことができます。沢をたどるルートなので、増水時の通行は控えたほうがよいでしょう。

行者山から根本山山頂、十二山までは、里山のなだらかな尾根歩きです（中尾根コースの解説参照）。また、十二山沢沿いに下るコースは熊鷹山を経由しないで石鴨林道に下りるショートカットルートです。通行者が少ないため道幅は狭いですが、足元の不安定な部分はほとんどなく、時間の節約にはありがたい道です。

林道三境線分岐駐車スペースⒶ …5〜10分…▶ 不死熊橋Ⓑ …60〜120分…▶ 籠堂跡Ⓒ …10〜20分…▶ 根本山神社Ⓓ …10〜20分…▶ 根本山神社奥社Ⓔ …10〜20分…▶ 行者山Ⓕ …20〜30分…▶ 根本山山頂Ⓖ …20〜30分…▶ 十二山Ⓗ …20〜40分…▶ 石鴨林道Ⓘ …30〜50分…▶ 不死熊橋Ⓑ …5〜10分…▶ 林道三境線分岐Ⓐ

（不死熊橋の登山口案内板には「根本山参詣路の歴史遺産案内図」が掲示されており、国土地理院二万五千分の一地図に細かい地点表示が上書きされています。行程中の位置確認に大変有効なので写真を撮っておいて歩行中も参照するとよいでしょう）

不死熊橋を渡るとすぐ左側に沢コースの入り口があり、急な尾根の末端に

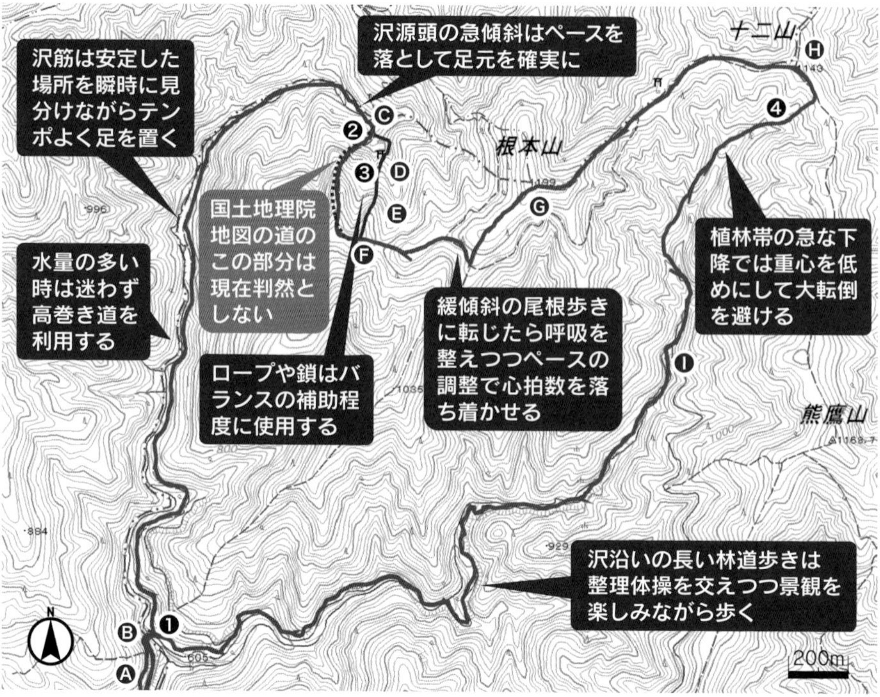

補助ロープが下がっていますⒶⒷ❶。いきなりロープかと思いますが、足元はしっかりしていて、ロープを補助に使いながら急坂を一段上るとすぐに平坦なトラバース道になります。この先にもロープや鎖の下がった部分は多数あるので、コースの雰囲気をスタート時点で伝えるには効果的な配置と思われます。しばらくは沢の右側(上流に向かって)に付けられた山腹のトラバース道です。傾斜の急なところや道幅の狭いところには小まめに補助ロープが張られています。体重をかける必要はないので、バランスの補助程度に捉え、しっかりと足元を確認しながら歩くことを心がけるとよいでしょう。この先も同様なロープがしばしば登場しますが、いずれも体重をかけることなく、あくまでも補助と考え、基本は自然の足場や立ち木をうまく使ってバランスを取るようにします。出だしのトラバース部分の途中に2カ所ほど上部の林道から合流する脇道があります。出だしの部分で不安を感じた場合は、これらの脇道を使って中尾根コースに入ることができます。

沢コースの途中、籠堂跡の手前には二十丁石から二丁石まで概ね歩行時間10～20分間隔に「丁石」が設置されています。番号の欠落がありますが、行程の確認にはありがたい存在です。また、枝沢の合流部には山頂方向を示す道標に枝沢の名前が記されており、こちらも現在地確認に有効です。枝沢の横断も含めて10回程度水流の横断があります。半数は橋が設けられていますが、水流中の石を使って渡るところもあります。また、水際で岩を回り込むところも数カ所あります。これらの地点では、体の柔軟性、特に足首の自由度が試されます。踏み込む前にしっかりと体勢を整え、あらかじめ足を置く地点や使用するホールドの作戦を練ったら、そのあとはデザインしたとおりに体を運びましょう。

籠堂跡で女道と男道に分かれますⒸ。女道は鉄はしごと鎖場がそれぞれ1カ所ありますが、全体として傾斜は緩く、これまでの沢コースと大差なく根本山神社に上がれます。一方、男道は沢の源頭をたどる大岩を乗り越すルートで、補助ロープや古い鎖が付けられていますが、3点支持などの岩登りの基本的な技術が求められます❷。不動尊や木の根に食い込んだ古い鎖など山岳信仰の歴史を感じられるポイントがあり、技術の伴った人ならばこちらも見ておきたいところです。女坂も男坂も距離は短いので、時間的にはどちらを選択しても大差ありません。何度か通える場合は、両方のルートを体験して、地形や傾斜による使用する筋肉

沢コース入り口の岩場 ❶

男道の大岩群 ❷

岩峰上に鎮座する神社社殿 ❸

植林帯の電光型登山道 ❹

の違いを実感するとよいでしょう。
根本山神社Ⓓから奥社Ⓔ、行者山Ⓕまでは急な細尾根です❸。かなり長い鎖が設置されていますが、足場やホールドは豊富で傾斜も岩場としては緩傾斜なので、鎖に体重を預ける必要はないでしょう。過度の鎖の使用はむしろバランスを崩す原因になるので、固定された岩角や木の根、木の枝などを確認しながら保持し、一歩一歩確実に上ることをお勧めします。上半身の筋肉よりも下腹部から大腿部の筋肉を主に使用して、足場から体を押し上げる感覚を大切にすると長い急坂でも疲労度を抑えることができます。
行者山から中尾根十字路まではなだらかな尾根道です。それまでの緊張感を伴うきつい筋肉使用から解放されるので、整理体操モードで体をほぐしながら歩くことができます。中尾根十字路で中尾根コースと合流し、根本山山頂へ向かいます。やや急な広い尾根道で一段標高を上げると、後はなだらかになり、あっという間に山頂です。山頂では北側の展望地点から北部の山々を俯瞰でき、合わせてこれまでたどった根本沢を見下ろすことができますⒼ。山頂から十二山までもなだらかな里山的尾根道です。上りで使用した筋力が回復していたら、軽いトレラン気分でスピードを上げて歩いてみてもよいでしょう。傾斜によって使う筋肉が異なることが実感できます。また、足元の安定した平坦地では街中と同様なスピードで歩いても負荷をあまり感じないことが理解できると思いますⒽ。
十二山山頂を過ぎるとすぐに右に十二沢沿いのコースが分岐します。はじめは植林斜面に付けられた電光型のトラバース道です❹。幅がやや狭いものの足元は安定していて、通行者も少ないためか崩れている場所もほとんどありません。傾斜の急な下りでは重心をやや低めに保つことで体が安定し、スピードアップも図れるでしょう。赤テープが小まめに付けられているので確認しながら進めばルートファインディングも容易です。10分程度で枝沢の沢床に下り、いったん沢沿いに下ります。すぐに本流右(下流に向かって)に付けられたトラバース道となり、間伐材でつくられた土留めなどに沿って下ります。丸太の一本橋で沢の対岸に渡ると広い未舗装林道となり、すぐに石鴨林道に合流しますⒾ。林道はかなり長いので、整理体操をしたり、美しい渓流をめでたりしながら下るとよいでしょう。

(注意:根本山神社付近は国土地理院地図の破線登山道と現在の登山道が一致しません。登山口に掲示された「根本山参詣路の歴史遺産案内図」が正確です。)

20. 唐沢山【からさわやま】

唐沢山は太田市北部の八王子丘陵南端の里山です。太田の丘陵といえば金山が圧倒的に有名ですが、その北西に位置する八王子丘陵にも坂道歩きのトレーニングに適したコースが複数整備されています。人が少ない分、静かにトレーニングに励むことができます。

菅塩沼から往復

体への影響度
- 心肺機能：✚✚✚（傾斜）
- 筋骨格系：✚✚✚（傾斜）
- バランス：✚✚✚（足場の不安定さ）

● コースデータ … 片道＝標高差 170m、距離1.6km、標準タイム 60分
● アプローチ …… 菅塩沼西側駐車場から未舗装林道

コースの特徴

釣り堀として人気のある菅塩沼の奥に向かって未舗装林道を800m程進むと菅塩峠に至り、そこから東側の尾根に登山道が続いています。傾斜は全体的に緩やかで、一年を通じて森林浴気分で歩けるので、街中の公園歩きから山道トレーニングに移行する際の導入コースとして適切です。

菅塩沼西側駐車場Ⓐ …20～40分…▶ 菅塩峠Ⓑ …20～40分…▶ 唐沢山 山頂Ⓒ

菅塩沼西側駐車場にはトイレもありますⒶ。駐車スペースのすぐ上に釣り堀となっている菅塩沼があります。林道は沼の西側に付けられていて、上流部にもいくつか湿原状の沼があります❶。一部ボードウオーク状の木道が付

菅塩沼脇から始まる登山コース ❶

菅塩峠の分岐 ❷

スピードアップできる歩きやすい登山道 ❸

森の中の唐沢山山頂 ❹

けられていますが、木道に入ってしまうと沼を１周することになります。菅塩峠に進むには木道を右手に見ながら林道を直進します。いくつか散歩道が分かれますが、道標はしっかり付けられていて迷うところはありません。この辺りは傾斜が緩いので森林浴気分で快適に歩けるはずです。

林道が次第に傾斜を増してくると程なく菅塩峠に到着します🅑❷。唐沢山へはここから右手の登山道に入ります。急な坂を一段上がると平坦な尾根道となります。足元も不安定さはないので、心拍数を気にしながら少しペースを上げて歩いてみるのもよいでしょう❸。小さなアップダウンはありますが、スピードを大きく変える必要があるほどの傾斜ではありません。全体の距離も短いので、山頂に到着するまで止まらずに歩ける程度のやや速めのペースを維持するとよいトレーニングになるでしょう🅒❹。

自動車利用の場合、下りは同じ道を戻ることになりますが、東側の国道50号側や南側の運動公園方面にも下れます。足場が安定しているので、下りでも極端に歩幅を気にする必要はありませんが、スピードの出し過ぎは要注意です。

21. 茶臼山【ちゃうすやま】

茶臼山は藪塚温泉と桐生市の境を形成する八王子丘陵北端の里山です。東毛自然の家利用者の屋外活動や、地元住民の日頃の坂道トレーニングの場として一年中歩行者が絶えない丘陵です。

東毛自然の家から上り鎖場コース経由山頂、下り「不整合」地層経由東毛自然の家

体への影響度
心肺機能：＋＋＋（傾斜）
筋骨格系：＋＋＋（傾斜）
バランス：＋＋＋（足場の不安定さ）

● コースデータ … 標高差 150m、距離：往路 1.5km、復路1.2km、標準タイム 周回120分
● アプローチ …… 東毛自然の家 駐車場

コースの特徴

茶臼山の頂上に大きな電波塔があり、北側の視界は良好です。傾斜は全体的に緩やかですが、一部は木の根や岩床で歩きにくくなっています。上りの鎖場や滑りやすい落ち葉の詰まった下山路はちょっとしたバランストレーニングになります。

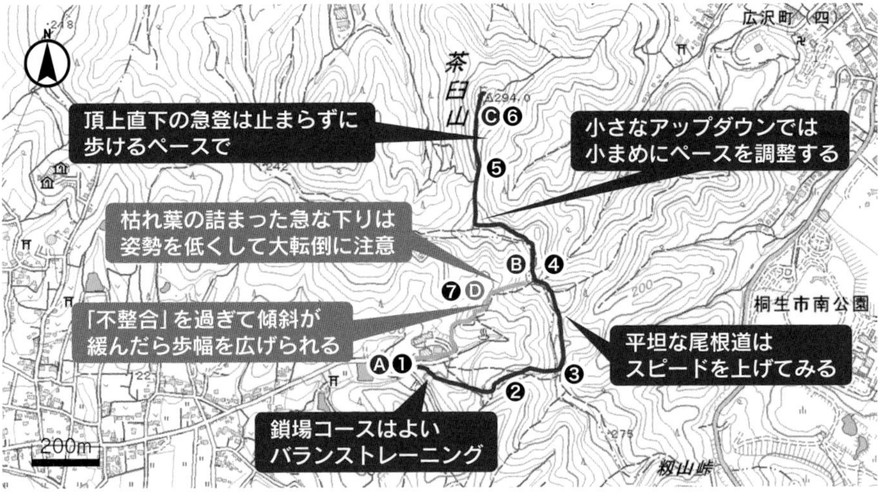

東毛自然の家 駐車場Ⓐ …20～40分…▶ 金山城古井戸跡Ⓑ …20～40分…▶ 茶臼山 山頂Ⓒ … 20～40分…▶ 金山城古井戸跡Ⓑ …10～20分…▶「不整合」地層Ⓓ …10～20分…▶ 東毛自然の家 駐車場Ⓐ

東毛自然の家の駐車場にはトイレもありますⒶ。駐車スペースのすぐ上に鎖場があり、複数の鎖で岩場の歩行練習ができるようになっています❶。鎖場もしくはすぐ脇の巻道を上がると尾根に沿った登山道が始まります。登山道は木の根やちょっとした岩床で少し歩きにくい場所がありますが、傾斜はきつくありません❷。心拍数を気にしながら傾斜に見合った歩行速度を保ちましょう。里山らしく分岐がたくさんありますが、このエリアは非常に細かく道標が付けられているので道に迷うところはまずありません❸。小さなアップダウンを繰り返していると、ほぼ中間地点の金山城古井戸跡に到着しますⒷ❹。この辺りにはいくつか石碑が立てられています。全体の距離は決して長くないので、大休止は取らずに山頂を目指しましょう。

金山城古井戸跡から西へ向かうと、茶臼山南側のピークをたどってから北へ山頂を目指すルートとピークの北東側を巻いていくルートに分かれますが、どちらを選択しても大差ありません。茶臼山頂の手前は少し岩場もあり、傾斜も急になります❺。もう一息なので、呼吸を整えながら山頂に到着するまで止まらずに歩けるペースを維持しましょう。山頂は北側の展望が良好で赤城山や袈裟丸山が至近に感じられますⒸ❻。

下りは金山城古井戸跡の東側まで

鎖場の取り付き ❶

木の根の張った登山道 ❷

細かく道標の付けられた尾根道 ❸

古井戸跡手前の分岐点道標 ❹

同じ道を戻り、そこから道標に従って「不整合」経由の道に入りましょう。木の根や枯れ葉の詰まった岩場があり、下りの勢いがよすぎると転倒のリスクがあります。傾斜が緩むまでは歩幅を小さくして、重心も低めに保ち、大転倒を避けるように心がけましょう。立ち木や岩のホールドを小まめに利用することで安定した姿勢を保つことができます。「不整合」の先は一気に傾斜がなくなり、藪塚温泉源を過ぎるとすぐに東毛自然の家の前に出ます。

山頂手前の急坂と山頂の電波塔 ❺

登山道脇の不整合地層 ❼

山頂からの赤城、榛名方面遠望 ❻

Column … ❹ 群馬の山岳信仰 1

北関東の群馬県・栃木県西部、新潟県南西部には脊梁《せきりょう》山脈を形成する峰々と屹立した独立峰があり、古くから山岳信仰の対象となっていました。特に雷雲が発生しやすく、驟雨をもたらす独立峰は人知の及ばない神の住むところと捉えられ、渇水や水害を避けたい山麓の人々は折に触れ山体に祈祷《きとう》を捧げ、信仰していたと考えられます。そうした山域では山体を崇拝する民間宗教やそれらと仏教が融合した修験道が興隆し、山中での修行を経て祈祷などを行う行者や修験者が活動していました。

北関東地域の修験道の本拠地としては男体山を中心とする日光修験が有名ですが、群馬県内でも桐生地区の根本山や鳴神山、赤城山の鍋割山や鈴ケ岳、榛名山相馬山、妙義白雲山、子持山、迦葉山、上州武尊山、上野村三笠山などの多くの山体が信仰の対象とされていたようです。こうした霊峰への祈願には雨乞いや豊作祈願の他に疫病からの解放や多産祈願も含まれていたと想像されます。

修験道では仏教経典を用いるものの、修験道特有の祈祷法や修行法は記述物の形ではあまり伝えられていません。これは、困難な修行により獲得した験力を秘密裏に温存するため、小グループの仲間の間での実地修練や口承以外の方策で継承することを好まなかった故と考えられます。しかし、大切な知識を忘れないため、あるいはこうした知識の消滅を恐れて、記述物も若干残されています。越後国高田で発見され宗教研究者宮家準により解読された「伝法十二巻」もそうした貴重な資料で、江戸時代初期の修験者の知識や活動内容を記載内容から具体的に推察することができます。漢方薬を中心とする本草学の知識や、熱傷の治療法、産科的な懐妊法、堕胎法などの記述があるほか、人に感染症を起こさせる方法なども記載されていて大変興味深い記述です。

妙義山白雲山の奥の院

適度なコースとアプローチの吾妻エリア

吾妻川の南側は榛名山の広い裾野ですが、北側は標高1,000m前後の比較的コンパクトな峰々で山脈が形成されています。そして、渋川市から長野原・草津方面に向かうと、吾妻川の北側にたくさんのお手軽な健康増進登山コースがあります。子持山は前書で紹介しているので、本書では小野子山から西のコースを紹介します。現在は対面通行の国道353号、145号が主たるアプローチ道路ですが、今後、上信自動車道が順次開通すると、県央部から比較的短時間で歩き始められるエリアになります。

小野子山山頂から浅間山遠望

22. 小野子山【おのこやま】旧小野上村側登山口から

小野子山は子持山と並んで吾妻エリア南東端の独立峰です。一見なだらかそうに見えますが、峰々を結ぶ登山道は意外に急坂が多く、心肺機能や下肢の筋力強化にはうってつけです。山麓の人々から親しまれているため、最もメジャーな東側のコースのほかに、南側や西側の舗装林道にも登山口があります。何度か通ううちに異なった登山口から上り下りしてみるのもよいでしょう。

旧小野上村側登山口から往復

体への影響度

心肺機能：✚✚✚（傾斜）
筋骨格系：✚✚✚（傾斜）
バランス：✚✚✚（足場の不安定さ）

- コースデータ … 小野子山までの片道＝標高差 600m、距離 2.6km、標準タイム 片道120分
- アプローチ …… 林道峠山線 旧小野上村側小野子山 登山口駐車スペース

コースの特徴

小野子山山頂へ向かう比較的長い尾根道です。距離が長くなるため赤柴口からよりも通行者が少なく静かに持久力のトレーニングができます。

林道峠山線 旧小野上村側小野子山 登山口Ⓐ …20～40分…▶ 電波塔跡Ⓑ …30～50分…▶ 雨乞山Ⓒ …40～60 分…▶ 小野子山山頂Ⓓ

国道353号沿いには「小野子山 登山口」の標識が複数ありますが、いずれの入り口から入っても少し上で合流します。道標に従って進んでいくと分岐点ごとに登山口方向を示す標識が設置されています。舗装林道、峠山線の南端から北西に少し進んだところに広い駐車場が準備されていて、登山口は駐車場から舗装道路のカーブを一つ上がったところにありますⒶ。

登山口から電波塔跡までは、階段状に整備された急坂が標高差約100mにわたり続いています❶。歩き始めの体にはこたえる傾斜なので、先を焦ることなく、じっくりと速度を落として歩きましょう。出だしきつくても、体がだんだんと傾斜に慣れてくることが実感できます。急傾斜地では大腿部を引き上げる筋肉群を使用します。電波塔跡からさらに上ると、いったん小ピークとなり、わずかに下ってから雨乞山への上りになりますⒷ。しばらくは心

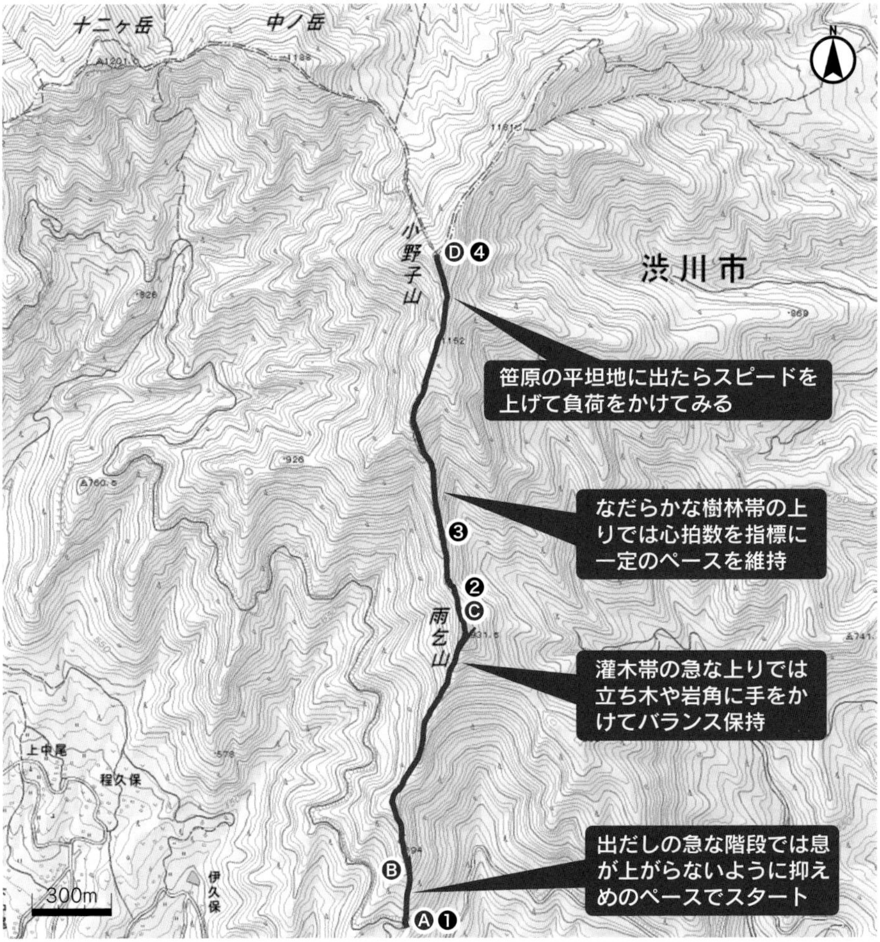

肺機能への負荷の少ない比較的なだらかな傾斜なので、呼吸を整えながら歩きましょう。雨乞山の山頂に近づくにつれて傾斜がきつくなってきます。また、岩場状のところもあるので、手を積極的に使う必要があります。体幹からあまり遠くない位置で立ち木や岩角に手を添えることで急傾斜地でのバランス保持が容易になります。急坂が終わるとすぐに雨乞山山

登山口から階段が始まる ❶

中間点の雨乞山 ❷

平坦地で呼吸を整える ❸

展望のきく小野子山山頂 ❹

頂です🅒❷。

雨乞山山頂からは約50m下ります。下り切るとしばらくは平坦なので、ここで再度呼吸を整え、急登で上がった心拍数をいったん落ち着かせましょう❸。再度傾斜がきつくなってきますが、雨乞山南部よりは緩やかなので、オーバーペースになっていなければ心肺機能への負荷はそれほど感じないでしょう。笹原の尾根に出ると平坦になり頂上が近い雰囲気になりますが、山頂までは小さなギャップを含めてあと少しあります。体力に余裕があれば速度を上げて歩いてみるとよいでしょう。傾斜や歩行速度と「つらさ」の関係が明瞭に確認できるでしょう。疎林帯の緩やかな傾斜を上り切ると小野子山山頂です🅓❹。

Column … ❺　雷とやけど

山岳遭難の一つに雷の直撃があります。登山者が雷に当たってしまった場合には、衝撃で飛ばされて岩場などから転落してしまう、電流が心臓を流れた際に心臓が止まり死亡する、体の内部を通過した電流で火傷するなどのパターンがあります。1967年に西穂高岳独標付近で高校生の登山パーティーが被雷し、11名が死亡した事故がよく知られていますが、この際の死亡原因も上記の3パターンでした。電波塔が立てられている視界のよい独立峰は、電波塔自体には避雷針が付けられているものの、雷雲が近づいた時には十分な注意が必要になります。

23. 小野子山【おのこやま】と十二ヶ岳【じゅうにがたけ】

北毛青少年自然の家・赤柴登山口から往復

体への影響度
心肺機能：✚✚✚（傾斜）
筋骨格系：✚✚✚（傾斜）
バランス：✚✚✚（足場の不安定さ）

● コースデータ … 小野子山までの片道＝標高差 420m、距離 2.0km、標準タイム 片道80分
● サブデータ …… 十二ヶ岳までの片道＝標高差 710m、距離 3.7km、標準タイム 150分
往復＝標高差 980m、距離 7.4km、標準タイム 300分
● アプローチ …… 小野子山林道 赤柴登山口駐車スペース

コースの特徴

小野子山山頂に向かう最も安定したコースは東側の赤柴口から小野子山山頂を往復するものです。最初は赤柴口から単純に山頂を往復し、2回目以降には十二ヶ岳までの往復を加えてみることをお勧めします。標高差150m程度の上り返しが繰り返し現れる場合の疲労感がじっくりと体験できるでしょう。

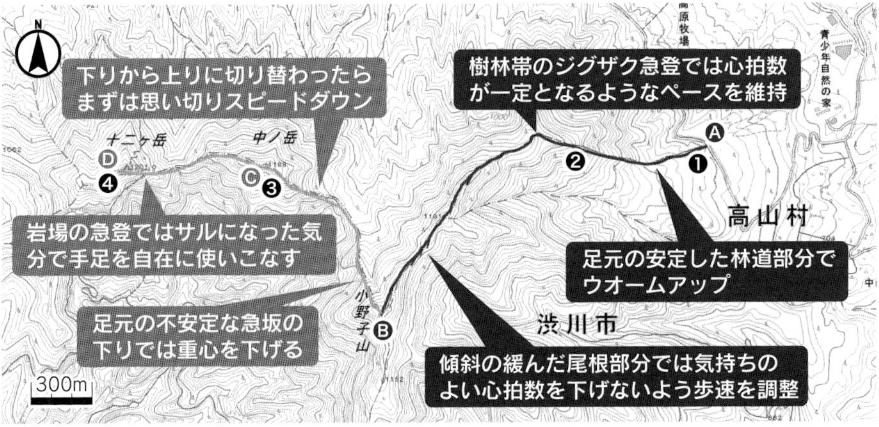

北毛青少年自然の家西 小野子山林道 赤柴口Ⓐ …60～100分…▶ 小野子山山頂Ⓑ …30～50分…▶ 中ノ岳山頂Ⓒ …20～40分…▶ 十二ヶ岳山頂Ⓓ

北毛青少年自然の家のゲート前を通り過ぎるとすぐに「小野子山登山口」の標識があり、右の舗装林道に入って上っていくと程なく大きな案内板のある赤柴口に到着しますⒶ。登山道の出だしは幅の広い植林地帯の未舗装林道

広い林道歩きから始まる❶

植林帯の急坂❷

中ノ岳の地味な山頂❸

です❶。ウオームアップに最適な傾斜となっています。５分ほど進むと左から上がってくる舗装林道に合流し、しばらくは舗装林道を上ります。足元は安定していますが、傾斜がかなりきつく、林道歩きながら心拍数が上がります。舗装林道から登山道が左に分かれると、いきなり岩のゴロゴロした不安定な山道に一変します❷。心拍数が上がり過ぎないようにペースを調整し、合わせて不安定な着地点でバランスを崩さないように、一歩一歩確実に重心移動を行いましょう。次第に植林地帯のジグザク登路になり、足場は安定してきます。ここからしばらくほぼ一定の傾斜で上っていくので、心拍数を指標にして休まずに歩き続けられるペースを確認しつつ歩きましょう。休憩地点の標識のある尾根上に出ると、一気に傾斜が緩みます。傾斜が緩んだら、一度呼吸を整え直し、できれば大休止は取らずに先に進みましょう。体が運動モードに入ったら、大休止でモードを中断しないほうがトレーニング上、有利です。

尾根上の緩傾斜では歩速を上げてみることをお勧めします。この程度の傾斜であればこのぐらいの速度で歩けるという自信につながります。高山のゴヨウツツジ経由と山頂への直登ルートとが分岐しますが、どちらに進んでも大差はありません。ツツジの季節以外はやや急ながら直登ルートが早いでしょう。前半部の急坂に比べて山頂手前まで傾斜がきつくなることはないので、後半の上りは楽に感じるかもしれませんⒷ。

頻繁に通うトレーニングとしては小野子山山頂往復のみで十分ですが、時間の取れる時は先の十二ヶ岳までの往復を追加すると、さらに充実したトレーニングになります。ルートの状況は赤柴口から小野子山山頂までと大きな違いはありませんが、標高差100m超の上り下りを往復でさらに４回追加することになり、上りの標高差が560m追加になります。下りの後の上りはグッと疲労感が増すことが多く、それを繰り返し体験することで持久力アップや歩速調整のコツが習得できます。下りから上りに切り替わる時には、一度思い切り歩速を落とし、そこから徐々にペースを上げていくことで疲労感が緩和されます。途中にいくつか舗装林道に下りる脇道があるので、自動車利用でない場合は体調次第で途中リタイアも可能です。また、十二ヶ岳まで行かないで中ノ岳の往復とすることももちろん可能ですⒸ❸。

十二ヶ岳の山頂東側には男坂と女坂の分岐があります。男坂の方はロープの張られた岩場となっていますが、距離は短いです。足場はそれほど悪くありませんが、ちょっとしたバランストレーニングにはなります。男坂で上り、下りを女坂とすると足関節や膝関節への負荷を緩和することができるでしょうⒹ❹。

視界良好な十二ヶ岳山頂 ❹

24. 十二ヶ岳【じゅうにがたけ】入道坊主登山口から

十二ヶ岳山頂から眺める上州武尊山 ❻

十二ヶ岳は小野子山から西に伸びる尾根の奥に座し、南面に岩場を持つ山です。南面山腹に峠山林道と名付けられた舗装林道が完成し、車でのアプローチが容易になりました。各登山口まで車で移動すれば、それぞれ数時間で往復できる程よいトレーニングコースです。上りと下りで別々のコースを選択し、舗装林道で出発点まで戻るプランも考えられますが、入道坊主登山口と結婚の森登山口間は林道で約5kmあるので、林道ランニングで運動負荷を増やす意図のない人にはあまりお勧めできません。また、小野子山と十二ヶ岳を結ぶ尾根コースについては小野子山のページを参照してください。

入道坊主登山口から往復

体への影響度
- 心肺機能：✚✚✚（傾斜）
- 筋骨格系：✚✚✚（傾斜）
- バランス：✚✚✚（足場の不安定さ）

- **コースデータ … 十二ヶ岳までの片道＝標高差 400m、距離 1.2km、標準タイム 60分**
- **アプローチ …… 林道峠山線 入道坊主登山口駐車スペース**

コースの特徴

十二ヶ岳の山頂に立つための最短ルートです。その分、全体を通じて傾斜が急で、上りでの心肺機能への影響、下りでの下肢関節への影響が大きくな

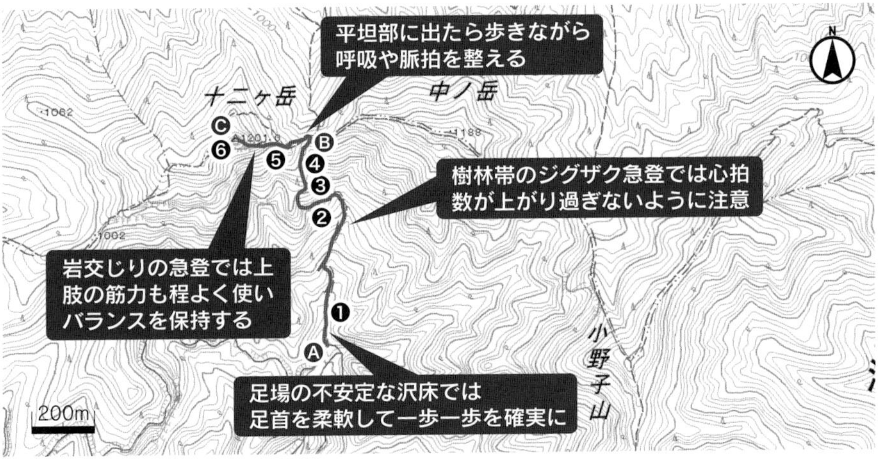

ります。足場の悪い沢筋、林間の連続する急登、ロープの張られた小岩場など、短い行程の中にさまざまな要素があるので、繰り返し通って体の弱点を克服していくためには便利なコースです。

入道坊主登山口Ⓐ …30〜60 分…▶ 小野子山への分岐Ⓑ …10〜20分…▶ 十二ヶ岳山頂Ⓒ

植林地帯を沢筋に沿って進みますⒶ。出だしの階段からきつめの傾斜です。動き始めの体には負荷が大きいので、心拍数が上がり過ぎないようにゆっくりしたペースで歩きましょう。すぐに不安定な石の堆積した沢床の道になります❶。足首を柔軟に使って着地を一歩一歩確実に行いましょう。沢床から林間のジグザグ道に入ると次第に傾斜が強くなっていきます❷。同じペースで歩き続けることがつらくなってきたら、ペースを段階的に落としていきます。ペースを変えて心拍数を変えない速

足元の不安定な沢床の登山道 ❶

電光型に標高を稼ぐ ❷

度にすることで、大休止を入れることなく標高を上げていくことができます。山腹を巻く平坦なトラバースに入る手前は立ち木や木の根につかまりながら体を持ち上げる感じです❸。

平坦なトラバース道を進むと程なく小野子山への分岐点です🅑❹。左に進むと男坂と女坂の分岐があります。傾斜の急な男坂で上り、下りに女坂を利用することで膝や足関節への負荷を軽減できます。男坂は山頂直前まで急な岩稜です❺。しかし、立ち木も多く、ポイントポイントにはロープも張られていて、足場も比較的しっかりしているので、不安に感じるところはないでしょう。傾斜がきついのでペースを落として、一歩一歩確実に上りましょう。立ち木や岩角、ロープなどをうまく利用することでバランスの保持が容易になり、体を引き上げる助けにもなります。山道で腕を上手に使うコツを習得することができるでしょう。急坂を上り終えれば視界良好な山頂です🅒❻。

大きなギャップを越えて進む ❸

尾根上の分岐に向かう ❹

男坂の岩稜 ❺

Column … ❻　登山と温泉

火山の多い群馬県では登山と温泉は大体セットになっています。大汗をかいた後に汗を流してサッパリするという効果はもちろんありますが、温泉にはそれ以外にもさまざまな効用があります。大抵の温泉の脱衣場には効能書きが掲示されており、さまざまな病名が列記されています。大きく分けると、体表面の細菌や真菌（カビ）、寄生虫を硫黄や炭酸などの消毒効果のある成分で洗い流す、手足の末梢血管を拡げて血流を改善する、お腹の内臓を温めて消化管の運動を整えるなどが主な効能のメカニズムです。

25. 十二ヶ岳【じゅうにがたけ】結婚の森登山口から

結婚の森登山口から

体への影響度
心肺機能：✚✚✚（傾斜）
筋骨格系：✚✚✚（傾斜）
バランス：✚✚✚（足場の不安定さ）

● コースデータ … 十二ヶ岳までの片道＝標高差 500m、距離 2.5km、標準タイム 80分
● アプローチ …… 林道峠山線 結婚の森登山口駐車スペース

コースの特徴

十二ヶ岳の山頂に向かう最も負荷の少ないルートです。山頂手前の一部を除いて傾斜が緩やかで、心肺機能への影響や下肢関節への影響を抑えられます。なだらかな里山の尾根歩きを楽しみながら徐々に傾斜地歩行に体をなじませていく際の導入プランに向いています。

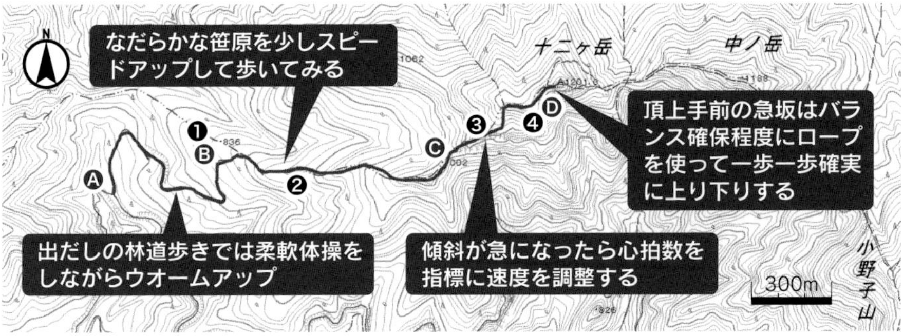

結婚の森駐車場（舗装林道 峠山線）Ⓐ …10～20分…▶ 結婚の森登山口（未舗装林道終点）Ⓑ …30～50分…▶ 見透し台Ⓒ …20～30分…▶ 十二ケ岳山頂Ⓓ

舗装林道峠山線を進むと案内板の設けられた立派な駐車場がありますⒶ。舗装林道から左手に未舗装の林道がさらに約 1 km 上部に伸びており、未舗装林道終点までは林道歩きです。林道脇の森の中にもやや不明瞭ながら登山道が付けられています。傾斜は緩いので、ウオームアップとしてストレッチングしながら歩くとよいでしょう。林道終点に十二ヶ岳登山口の道標がありますⒷ❶。

登山道に入ると笹原と植林帯を歩く緩やかな道が続きます❷。道幅は広く

林道終点の登山口❶

歩きやすい平坦な登山道❷

緩傾斜の登山道で山頂を目指す❸

ロープの張られた女坂❹

足元も安定しているのでスピードを次第に上げていくことができるでしょう。時速3～5kmぐらいまで上げて、心肺機能に多少負荷がかかるようにしたほうがトレーニングとしては適切な運動強度になります。しばらく単調な登山道ですが、見透し台が近づく辺りから傾斜が少しずつ強くなります©。負荷が大きい、心拍数が上がって胸が踊っていると感じたら、スピードを落とし、歩きながら負荷を調整するようにしましょう。短いコースでは、大休止を入れないで歩き続けられるペースを探るのが大切です。

見透し台を過ぎるといったん平坦になります❸。その後、再度傾斜が強まり、小さな岩場のようなところもありますが、終始足元は安定しているので不安に感じるところはないでしょう。明るく平坦な草原状の尾根道になると間もなく頂上直下の女坂の分岐です。そのまま直進しますが、このコースの中では傾斜が強い部分であるためかロープが張られています❹。上りではあえて使う必要もありませんが、下りではバランスの補助になります。ロープが終わるとすぐに頂上です❶。

26. 嵩山【たけやま】

嵩山は中之条のシンボルとも言える岩塔で形成された里山です。山麓の信仰の対象となっていたことから、たくさんの石仏が設置されています。渋川吾妻エリアの方々には頻繁に通って鎖場などでのバランス訓練をするのに便利な存在と言えるでしょう❶。

表登山道から東登山道へ周回

体への影響度
- 心肺機能：✚＋＋（傾斜）
- 筋骨格系：✚＋＋（傾斜）
- バランス：✚✚＋（足場の不安定さ）

● コースデータ … 表登山道から小天狗・大天狗を経て東登山道：周回＝標高差 250m、距離 1.6km、標準タイム 周回70分
小天狗から不動岩往復＝距離 200m、標準タイム 20分、
三社神社から胎内くぐり往復＝距離 200m、標準タイム 20分、
大天狗から五郎岩往復＝距離 600m、標準タイム 30分

● アプローチ …… 道の駅「たけやま」駐車場

コースの特徴

道の駅「たけやま」が2つの登山道の入り口となっていて、駐車場、トイレ、売店などが整備されています。メインルートを上り下りするだけであれば1時間でも往復できますが、岩塔や石仏を一つ一つ巡って行くとそれなりに時間がかかります。

道の駅「たけやま」駐車場Ⓐ …20～40分…▶ 表登山道経由小天狗Ⓑ …10～20分…▶ 大天狗Ⓒ …20～40分…▶ 道の駅「たけやま」駐車場Ⓐ（小天狗から不動岩Ⓓ往復20分、三社神社から胎内くぐりⒺ往復20分、大天狗から五郎岩Ⓕ往復30分）、東登山道から弥勒穴Ⓖ往復20分

表登山道から上り、東登山道で下るルートで紹介します。逆回りとしても大差ありません。道の駅裏の遊び場から階段が始まりますⒶ。傾斜はやや急なので、歩き出しは少しつらく感じるかもしれません。すぐに電光型に傾斜を緩めた登山道になるので、体が上りに慣れてきたところで、少しずつペースを上げるとよいでしょう。展望台や蝙蝠《コウモリ》穴などメインルートから少し外れた観賞スポットもあるので、時間に余裕がある時は一つ一つ丁寧に確認しな

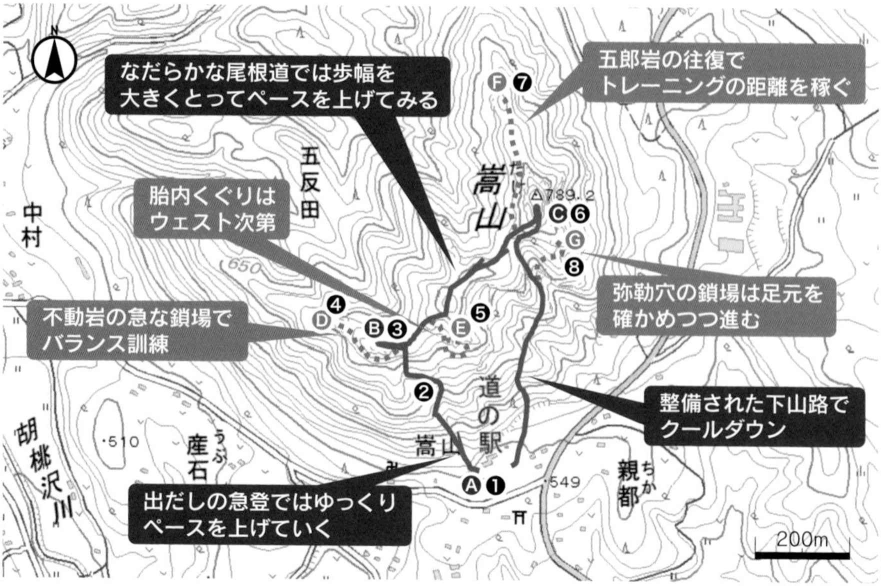

がら歩くのも一興でしょう。嵩山三十三観音には番号が付けてあり、これらを拝みながら歩くのも歴史散策としてお勧めです❷。なお、石仏は番号の振られていないものもたくさんあります。

中之条のシンボル嵩山 ❶

石仏の並ぶ登山道 ❷

傾斜が緩むと小天狗の手前で尾根に飛び出します。この平坦地は天狗の広場と名付けられています。まずは西に向かい小天狗を上りましょうⒷ❸。小天狗、大天狗、不動岩、五郎岩などの岩塔には鎖が付けられていて、最上部まで上ることができます。いずれの鎖場も、鎖がなくても上れる程度の傾斜で、岩には程よくホールド、スタンスがあるのであまり恐怖感なく鎖場歩きの練習ができるでしょう。

小天狗を往復したら不動岩に向かいます。不動岩の鎖場が嵩山の鎖場の中では一番傾斜があります。その分、岩塔上からは遮るもののない景色が楽しめますⒹ❹。不動岩からは同じ道を小天狗の下まで戻り、さらに東に向かいます。中天狗の手前、三社神社を右に5分ほど下ると胎内くぐりを楽しむことができますⒺ。回り道でいったん胎内くぐりの岩塊の下に回り込み、鎖を使って数体の石仏が設置された岩の洞窟へ入ります。上部には鎖と鉄製アングルが設置されていて岩の上に抜けることができます。そこからさらに岩の細い割れ目を通ると1周できます❺。特に難しい岩場ではありませんが、最狭部の幅は22cmなので、体のサイズが1周できるかどうかの分かれ目です。1周したら一段上り尾根に戻りましょう。なお、胎内くぐりは東登山道から上り返すことでも到達できるので、上りの距離を稼ぎたい時は、大天狗から東登山口を下る途中から上り返し、大きく1周するのもお勧めです。

小天狗から眺める不動岩 ❸

不動岩上の不動尊 ❹

岩の間をすり抜ける ❺

尾根に戻ったら中天狗に向かいます。中天狗は比較的平坦な小ピークなのであっという間に通り過ぎてしまうでしょう。たくさんの石仏が整然と並べられた実城の平を過ぎるとすぐに経塚と名付けられた尾根上の分岐点です。大天狗へは真っすぐに進み、長い鎖をほどほどに使いながら最高点の大天狗を上りますⒸ❻。鎖は付けられていますが傾斜の緩い岩場なので、鎖はバランス保持に利

祠のある大天狗山頂 ❻

用しましょう。

大天狗を往復したら、北側の五郎岩を往復しますⒻ。五郎岩の手前には先端の尖った烏帽子岩もあります❼。五郎岩は他の岩塔よりも小ぶりで地味な存在ですので、時間のない時にはスキップしてもよいでしょう。大天狗下の経塚からは東登山道を下ります。左には一升水付近のオーバーハングした岩脈が印象的に俯瞰できます❽。さらに一段下には弥勒穴と名付けられた岩穴がありますⒼ。弥勒穴の手前は縦横に張られた鎖場になっていて、嵩山の鎖場の中ではバランス力を試されるところです。足場はたくさんあるので、一歩一歩着地点を確認しながら歩きましょう。

弥勒穴を往復してさらにもう一段下ると東登山道から胎内くぐりに上がる道が分岐します。なお、分岐はもう一段下にもあり、途中で合流します。休石まで下れば登山口はすぐ下です。里山の散策道を快適なペースで歩くと道の駅「たけやま」の一画に到着です。

五郎岩手前の屹立した烏帽子岩 ❼

オーバーハングした柱状節理 ❽

Column … ❼　修験道の始まり

修験道は8世紀ごろに大和葛城山で活動していた役小角が開祖とされています。しかし、役小角の活動に関してはほとんど記述物がなく、その詳細は不明です。その後奈良時代になると、仏教僧の中に山林修行を行う者が多数現れ、更に平安期に入り密教が日本に伝えられると、密教の僧侶が主導して仏教の一派として修験道を広めていきます。奈良時代には、国家から危険視されて一時規制の対象となりましたが、真言密教を伝えた空海や、天台密教を伝えた円仁や円珍よって密教が隆盛を迎え、平安時代になると、験力、呪力、現世利益が期待されて社会的地位が高まりました。古典的な活動拠点は、葛城山・大峰山・金峯山・熊野三山などでしたが、富士山・羽黒山・彦山・御嶽山・大山・白山など全国各地に独自の拠点が発生し、それぞれの教義や修行法に基づいた組織を形成していきます。

27. 岩櫃山【いわびつやま】

山麓から急峻にそびえる岩櫃山 ❼

岩櫃山は中之条町郊外の特異な岩峰群が目を引く里山です。戦国時代の岩櫃城址とその関連遺構がコースの中に散りばめられており、歴史探訪と岩山歩きが同時に楽しめます。大河ドラマ「真田丸」で知名度が上がり、駐車場や登山道の案内板も整備されました。

平沢口から赤岩口経由周回

体への影響度

心肺機能：✚（傾斜）
筋骨格系：✚✚（傾斜）
バランス：✚✚（足場の不安定さ）

- **コースデータ** … 平沢口から岩櫃山:片道＝標高差 300m、距離 1.3km、標準タイム 60分
  平沢口-岩櫃山頂-密岩口-赤岩口-本丸址-平沢口:周回＝標高差 500m、距離 4.0km、標準タイム 150分
- **アプローチ** …… 平沢登山口駐車場

コースの特徴

沢通りや密岩通りは足元の不安定な部分が多く、鎖場もたくさんあるので、バランス力強化に向いています。急坂の上り下りやなだらかな尾根道部分もあり、1周すると登山のさまざまな要素の鍛錬になります。JR吾妻線が並走しているので、片道歩いて電車で戻るなども容易です。

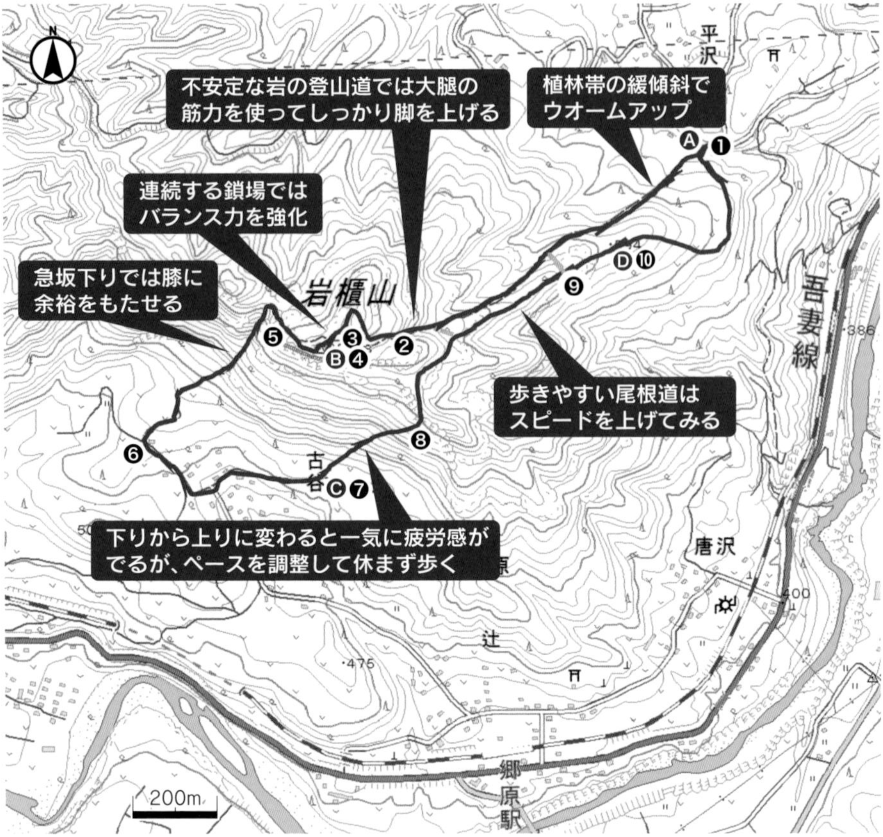

平沢登山口駐車場Ⓐ …40～80分…▶ 沢通り経由岩櫃山頂Ⓑ …20～40分…▶ 密岩通り経由赤岩登山口Ⓒ …30～50分…▶ 赤岩通り･尾根通り経由岩櫃城本丸址Ⓓ …10～30分…▶ 平沢登山口駐車場Ⓐ

平沢登山口からしばらくは植林帯の林道ですⒶ❶。ウオーミングアップにちょうどよい緩傾斜です。岩櫃城本丸址への分岐を左に分け、沢通りを進むと、足元がゴロゴロした岩の不安定な登山道になります。歩幅を調整しながら一歩一歩できるだけ安定した着地に努めましょう。次第に傾斜が強くなってきたら、スピードをだんだん落とし、休まずに歩き続けられるペースに調整します。心拍数があまり変化しないように速度を調節するとよいでしょう。鉄はしごや鎖が出てきたら、さらに一段速度を落とし、不安定な地形でも一歩一歩が安定して着地できるように、鎖場でも息が上がらないように努めます❷。

尾根に上がると傾斜が緩み、心肺機能への負荷は一気に少なくなります。山頂手前はヤセ尾根に付けられた鎖場となるので、手足をバランスよく使い、体勢を安定させます。山頂直下の鎖場はやや長いですが、傾斜はさほどきつくなく、足を置く岩の凸凹も多いので、足場をしっかり見据えながら上れば腕の筋力に頼る必要はほとんどないでしょう❸。時間に制約のある場合は山頂の往復だけでも十分なトレーニングになります🅑❹。

山頂からいったん鎖場を下りたら、西側の密岩通りへ進みましょう。距離はさほどないものの、蟻の門渡り状の天狗の架け橋前後は少し緊張する鎖場となっています。重心を低く保ち、手足を臨機応変に使うことで体勢を安定させることができます❺。岩場歩きに慣れていない人には非常に危険なので、何度か通って岩櫃山の鎖場に慣れてきてからこの部分を通過するようにするとよいでしょう。岩場をやり過ごすといったん明瞭な尾根道になり、すぐに古谷集落に下る急なザレ道になります。上部には鎖が付けられており、下りではバランス保持の助けになります❻。枯れ葉と小石が詰まった階段部分は意外に滑りやすいので、下りでもスピードを上げることなく、一歩一歩確実

植林帯の安定した登山道 ❶

はしごや鎖で標高を稼ぐ ❷

山頂手前の長い鎖 ❸

山頂からは 360 度の展望 ❹

に着地することが肝心です。

古谷集落に下りたら、いったん道路を歩き、赤岩登山口に向かいますⒸ❼。潜龍院跡の手前の登山口から赤岩通りの上り返しに入ると、下りのモードから上りモードに切り替わった時の特有の疲労感を感じると思います❽。まずはペースをグッと落とし、体が上りのペースに落ち着くまでやり過ごしましょう。崩壊しつつある赤い岩に付けられた鎖場までは傾斜がきつく、心肺機能のよいトレーニングとなります。尾根に上がると傾斜はほぼなくなり、そのまま岩櫃城本丸址までトレラン気分でスピードを上げることができます❾。途中に小さな岩場がありますが、巻道も付けられています。本丸址までの間に２カ所沢通りとの連絡路が付けられていて、平沢登山口から山頂までの区間でどちらのコースも随時選択できるように配慮されていますⒹ❿。

岩櫃城本丸址から平沢登山口まではしっかり踏まれた植林帯で、歴史散策のハイキングコースとして利用されています。下りの最後にスピードを上げて歩いてみるのに適した傾斜となっています。

岩登りの基礎技術が必要な岩場を通過 ❺

急坂で山麓に下る ❻

赤岩登山口から上り返す ❽

岩尾根で本丸址に向かう ❾

解説版のある本丸址 ❿

28. 浅間隠山【あさまかくしやま】

浅間隠山は、名前の通り、群馬県北部側からは浅間山を隠す位置にある標高1,756mのピークです。高崎市倉渕町から北軽井沢に抜ける道路は非常によく整備されていて、距離の割には高崎方面から容易にアプローチできます。標高は1,756mと意外に高く、山頂からの展望も良好です❶。

二度上峠 北東1km
道路沿い登山口から往復

体への影響度
心肺機能：✚✚✚（傾斜）
筋骨格系：✚✚✚（傾斜）
バランス：✚✚✚（足場の不安定さ）

- コースデータ … 片道＝距離 2.2km、標高差 400m、所要時間 90分
- アプローチ …… 登山口から100m 二度上峠方向に駐車場

コースの特徴

登山道はしっかり踏まれていて、登山口から山頂までの距離、標高差ともトレーニングとして繰り返し通うのが苦にならないレベルです。傾斜が何度か大きく変わるので、斜度と心肺機能への影響を確認しながら歩くことができます。

二度上峠 倉渕側1km手前 道路沿い登山口Ⓐ …20〜40分…▶ 北軽井沢方面への分岐Ⓑ …50〜70分…▶ 山頂Ⓒ

高崎市側から二度上峠に向かうと、峠の倉渕側1km手前の道路沿いに登山口がありますⒶ❷。多くの人がこの登山口を利用するので、立派な標識が立てられています。登山口を入るとすぐに岩のゴロゴロした歩きにくい沢床

二度上峠から望む浅間隠山 ❶

二度上峠東側手前の登山口 ❷

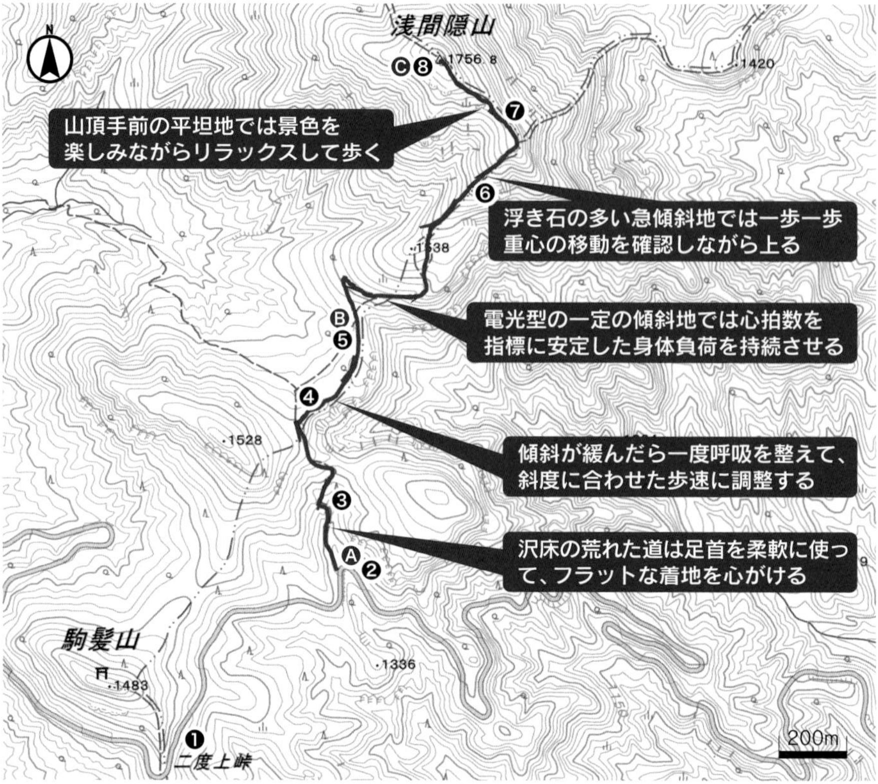

の道が始まります❸。コース全体の中で足元はここが一番悪いので、足首を柔軟に使って、着地点に靴底がフラットに着くように慎重に歩きます。すぐに沢床から斜面に取り付くので、そこからは足元がだいぶ安定してきます。しばらくは傾斜もあまりきつくないので、体を温めながら少しずつペースを上げていきましょう❹。

小尾根に出てさらに傾斜が緩むとすぐに二度上峠からの尾根(この尾根の二度上峠側には道はありません)を越え、北軽井沢方面へ下る分岐点に着きます🅑❺。ここで距離も標高差も山頂までのほぼ3分の1です。傾斜は次第にきつくなりますが、斜度が一定になるように電光型に道が付けられているので、心拍数をほぼ一定にして無理なく歩くことができます。1,538mの平坦地に出ると一度道が広くなりますが、この先がこのルートで一番傾斜の急なところです。足元も木の根や火山性の小石、土砂の流出した溝などで歩きにくくなります❻。ペースをぐっと落とし、一歩一歩の重心移動を意識しながら確実なステップで上りましょう。

傾斜が落ちて尾根が西方向に曲がると山頂は間近です❼。低い笹の草原状になり、視界も開けるので、少し歩幅も広くして、リラックスして山頂までの高原散歩を楽しみましょう🅒❽。

歩きにくい沢床の登山道 ❸

尾根上の平坦道 ❹

北軽井沢への分岐点 ❺

足元の不安定な急坂を上る ❻

山頂手前の笹の草原 ❼

明るく開けた浅間隠山山頂 ❽

Column … ❽　群馬の山岳信仰 2

群馬県内の山岳信仰の実態を把握するには山を歩いて実地検証することが欠かせません。実際、県内の山々を歩いていると、多くの石碑や長年に渡って使用された梯子、鎖などが確認でき、群馬県内においても修験道を中心とする山岳信仰が広く受け入れられており、多くの地域住民が信仰対象である山体の頂を目指して参詣したことがうかがえます。病難を癒し、禁厭を司る霊妙神を祀った霊神石碑は各所で散見され、榛名山相馬山では10を超える霊神石碑や地蔵像が確認できます。この山麓では疫病や乳幼児死亡に悩まされた時期が繰り返しあったことが想像されます。

子持山の山頂にある十二山神は12のつく日に木を植える山の神という意味のほかに、年に12人の子供を産む神という意味もあると言われており、多産の象徴とも考えられています。この山自体の山名が「子持山（南下する２本の尾根が子を抱く形という意味もある）」であること、小野子山を挟んで西方7kmには十二ケ岳があることなどからも、この地方では多産が強く祈願されてきたものと思われます。

前橋市大友町にある長見寺は修験道寺院で、修験道が廃された後、本山派の修験宗寺院として宗教活動を継続しています。収蔵書は群馬県立文書館に移管されていますが、その中の「産前産後秘伝ノ書（1848年）」は、名称のとおり、産前産後の療養に効果があるとされる漢方薬処方を紹介しています。「秘伝」とありますが、比較的当時広く認知されていた本草学の内容と考えられます。また、「備荒草木図（1834年）」は、絵図入りの飢饉時の食用植物図鑑で、麦門冬等の漢方処方に用いられる植物の記載があります。修験者が当時の漢方医学を参照して活動していたことが伺われます。一方、「諸秘法作法之大事」、「牛頭天皇宮祭文」、「病者祈祷観」、「死霊退散当病平癒」、「修験道極秘分七通聞書」、「験者作法」は病疫退治の呪詛の文言を含んでいて、前出の「伝法十二巻」と同様に、修験道においては主たる祈祷の一つとして疾病治癒があったことを反映していると考えられます。

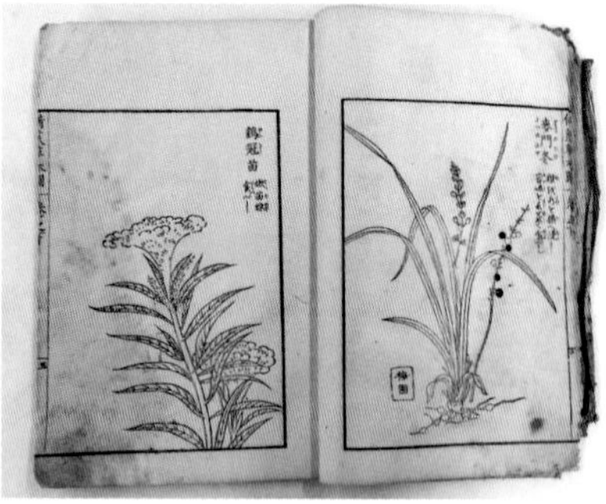

長見寺古文書写真

ユニークな岩峰が多い
妙義山エリア

妙義山の南西には「西上州」の名で親しまれている山塊があります。地質的な特性からユニークな形の岩峰を擁しているところが多く、マニアの間では根強い人気があります。その手前の鏑川、鮎川、神流川沿いにも手頃な健康登山向きのコースがあり、幹線道路からのアプローチも容易なことから、気軽に訪れることができます。

奇岩の宝庫西上州の代表妙義山

29. 神成山【かんなりやま】

富岡市の西部、妙義山の東側に伸びる丘陵地帯のピークをつないだハイキングコースの中に神成山はあります。単独の峰としては目立ちませんが、こぢんまりとした山嶺の中に登山のさまざまな要素が詰まっています❶。

神成山丘陵の全貌 ❶

富岡市立西中学校から新堀神社

体への影響度

心肺機能：**✚**✚✚（傾斜）
筋骨格系：**✚**✚✚（傾斜）
バランス：**✚**✚✚（足場の不安定さ）

● コースデータ … 標高差 累積 約 200m、距離：片道 2.5km、標準タイム 片道 90分
● アプローチ …… 富岡市 宮崎公園から西中学校側登山口 約 300m、上信電鉄神農原駅から西中学校側登山口 約1.0km、上信電鉄南蛇井駅から新堀神社側登山口 約1.5km

コースの特徴

小さなアップダウンが多く、地元住民の日頃の坂道トレーニングの場として、あるいは花の季節の散策路として訪問者が絶えないコースです。砂礫が多いので、足を滑らせない着地法が練習できます。

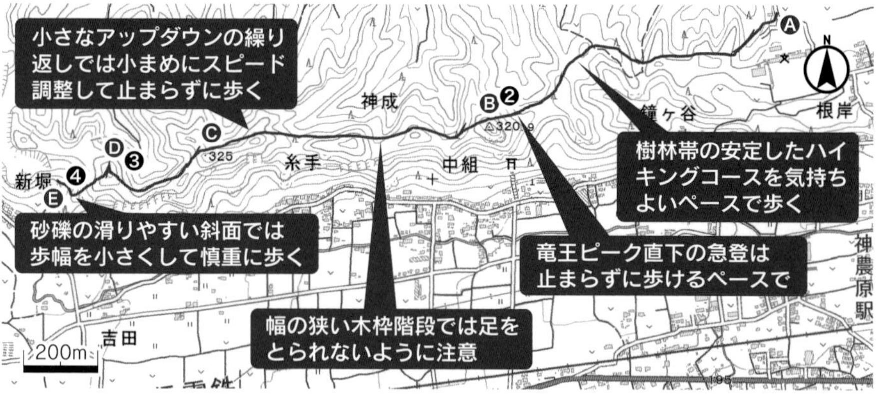

富岡私立西中学校Ⓐ …20〜40分…▶ 神成山（竜王ピーク、安芸神社山頂）Ⓑ…20〜40分…▶ 打越の御嶽山Ⓒ …10〜20分…▶ 吾妻山Ⓓ …10〜20分…▶ 新堀神社Ⓔ

上信電鉄神農原《かのはら》駅から徒歩で、あるいは宮崎公園駐車場に車を置いて富岡市立西中学校に向かいます。学校の北側に登山口があります🅐。出だしはほとんど平坦で足元も安定したハイキングコースなので、散策気分で歩くことができます。トレーニングとして歩く場合は少し歩速を上げてもよいでしょう。見晴台·姫天狗の標識を過ぎ、神成城跡の看板を過ぎると安芸神社へのエスケープルートが左に分岐します。そのまま直進すると傾斜がきつくなりますが、山頂までの距離は短いので極端に速度を落とすことなく山頂まで歩き切りましょう。木枠の階段をいくつか上ると神成山の山頂です。竜王ピーク、安芸神社山頂などの地名も付けられています🅑❷。

全体の距離も決して長くないので、各ピークでも大休止はせずに西へ向かいましょう。中村集落に下りる「緊急避難路」を左に分けると次のピークには旧安芸神社跡の標識が付けられています。さらに2つ先のピークまで進むと打越御嶽山の地名が付いた板碑があります🅒。この辺りから各ピークを巻いてしまう山腹側道も付けられていますが、練習のために小まめにピークを踏みながら西へ進むことをお勧めします。各ピークの上り下りはせいぜい20～30mです。

最後のピークは南西側に展望の開けた吾妻山です🅓❸。このピークから新堀神社までの下りは砂礫が詰まった窪地状になっているところもあり、かなり歩きにくくなっています❹。小さな歩幅で重心を低く保ち、大転倒にならないように注意して歩くことが肝心です。

神成山の山頂 ❷

丘陵西端の吾妻山 ❸

新堀神社への不安定な急坂 ❹

30. 鍬柄岳【くわがらだけ】

鍬柄岳の特異な岩塔 ❶

鍬柄岳は上信越自動車道からもよく見える、特異な形でそびえる岩塔です。上信電鉄千平《せんだいら》駅の高崎寄りから線路を渡り、舗装林道を北西に約1.5km進んだところに登山口があります。妙義山の前衛峰として、地元の信仰対象にもなっています❶。

千平駅北 林道脇登山口から往復

体への影響度

心肺機能：+ （傾斜）
筋骨格系：++ （傾斜）
バランス：++ （足場の不安定さ）

- コースデータ … 片道＝標高差 250m、距離 0.8km、標準タイム 50分
- アプローチ …… 林道脇 駐車スペース

コースの特徴

短い距離で一気に岩塔に上るため、傾斜はかなり急です。上部３分の１はほとんど鎖場になっていて、バランストレーニングに好都合の地形です。山そのものは高くありませんが、切り立った岩塔付近では高度感もあり、高所での恐怖感払拭にも効果が期待できます。

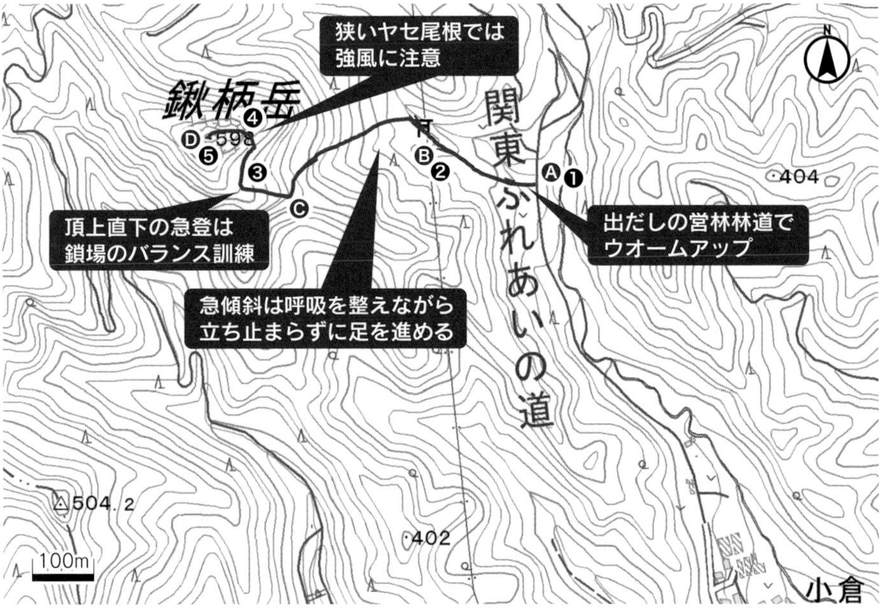

舗装林道脇 駐車スペースⒶ …5～10分…▶ 神社Ⓑ …20～30分…▶ 岩塔基部 大桁山分岐Ⓒ …15～25分…▶ 山頂Ⓓ

林道脇登山口Ⓐから西へ営林用林道を進むとすぐに古い木造の社殿がありますⒷ❷。社殿右脇の林道をさらに進むと左側に登山道が分岐します。この先しばらくは植林地帯に付けられた電光型の急な上りです。呼吸を整えながら立ち止まらずに歩き続けられるペースを保ちましょう。足元はしっかりしていますが、所々、浮き石もあるので下りでは注意が必要です。急登が終わるといったん広い尾根に出ますが、岩峰基部に向かってさらに上りが続きます。心拍数と呼吸数を一度落ち着かせてから先に進みましょう。出だしよりは急坂での歩速が安定してきているでしょう。

登山口の神社社殿 ❷

程なく岩塔基部に「鍬柄岳」のしっかりした道標が目に入ります。左側

長い鎖場の始まり ❸

岩塔上のヤセ尾根 ❹

山頂からの遮るもののない展望 ❺

下方向に大桁山への近道が分岐しますⒸ。山頂へは岩塔基部を右側に回り込みます。いったん少し下ると左側の岩場に付けられた長い鎖が見えてきます❸。この先、山頂までほとんどが鎖場ですが、傾斜はさほどきつくなく、露岩の足場や手がかりは豊富なので、鎖に必ずしも頼ることなく上れるところがほとんどです。鎖への頼り過ぎはかえってバランスを崩すことがあるので、その場その場で一番身体が安定するホールド、スタンスを選びましょう。鎖場はそれなりに長いので、一気に上ってしまおうと勢いづくことなく、一歩一歩確実に足を進めることが大切です。

山頂の北側でいったん鎖が終わり、ヤセ尾根上を左に進みます❹。かにの横ばい状態の鎖が何度か出てきますが、この辺りも鎖に頼り過ぎることなく、露岩のホールドをうまく利用して体勢を安定させましょう。岩塔上のため、風の強い日には風でバランスを崩さないよう注意する必要がありますⒹ❺。下りは同じコースを戻ります。岩場の下りでは、目の位置と次の足場が遠くなるので、上りの時よりは重心を低くして一歩一歩をより確実に移動させることが肝心です。比較的安定した場所では右手で鎖やホールドをつかみ、進行方向を見ながらしゃがみこむようにして歩くことで十分安定しますが、傾斜が急な場所、足場が小さいところでは、岩に正対する体勢をとったほうが体が安定するでしょう。鎖場を無事に下りると気が緩むかもしれませんが、その後の下りも急坂なので、浮き石や木階段で足をとられないように注意して足を進めましょう。

31. 妙義石門めぐり【みょうぎせきもんめぐり】

石門めぐりは登山の対象というよりは紅葉時期の観光ルートの印象が強いですが、奥にそびえる表妙義の稜線に足を踏み入れる前の練習としては避けて通れないエリアです。人の往来の少ない時期、時間帯に岩場歩きの練習として歩くことをお勧めします❶。

大砲岩から石門群方面 ❶

中之岳神社下駐車場から周回

体への影響度

心肺機能：✚（傾斜）
筋骨格系：✚（傾斜）
バランス：✚✚（足場の不安定さ）

- コースデータ … 周回：距離 1.3km、標高差 150m 所要時間 40分
  第四石門から大砲岩＝片道：距離 150m、標高差 30m 所要時間 15分
  中之岳神社から轟岩＝片道：200m、標高差 30m 所要時間 15分
- アプローチ …… 中之岳神社下駐車場から石門巡り入り口300m

コースの特徴

短い距離の中にさまざまな鎖場があり、短時間で鎖場歩きの練習ができます。第四石門から大砲岩への往復や、中之岳神社から轟岩《とどろきいわ》への往復を交えると、さらにさまざまな鎖場を体験することができます。

中之岳神社下駐車場Ⓐ …15〜25分…▶ 石門群を経て第四石門広場Ⓑ …5〜15分…▶ 見晴台Ⓒ …5〜15分…▶ 中之岳神社下駐車場Ⓐ
第四石門から大砲岩 片道15分
中之岳神社から轟岩 片道15分

中之岳神社下の駐車場Ⓐから舗装道路を200mほど北東に進むと石門巡りへの入り口があります。「かにのこて調べ」と名前の付いた数ステップの岩を越えると、石門を通らずに第四石門に達する道が右に分岐します。人の往来の多い時期には下山道として使用されています。分岐を正面方向に進めばす

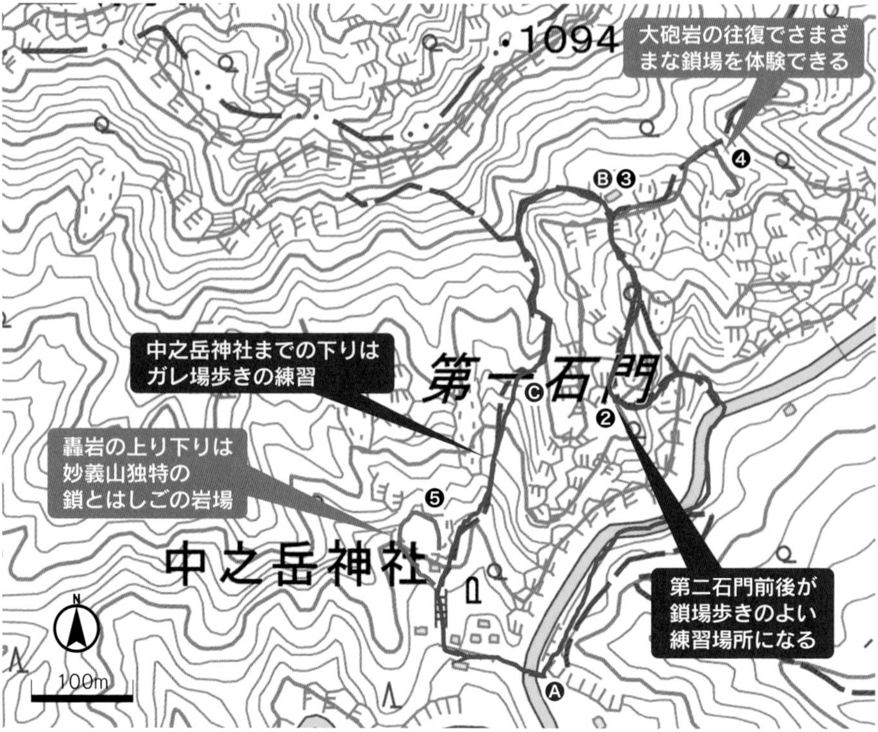

ぐに第一石門です。細い板状の直立した大岩に穴が開いており、その中をくぐるかたちで階段状の登山道を上に進みます。この辺りは急傾斜なので、大腿部の筋肉が鍛えられます。その次に「かにの横ばい」と名の付いた鎖場で第二石門の下を横断します。しっかりした鎖ですが、鎖はバランス保持に使い、岩に付けられたステップをたどりながら、足で進む感覚を大切にしましょう。横断し切ると鎖は直上し、細い岩のスリットをすり抜けるようにして第二石門を通過します❷。通過した後はすぐに急な鎖の下りになり、その先は「つるべ落とし」と名前の付いた鎖場です。下りの鎖場はバランス感覚を磨くのに最適です。体を岩に寄せ過ぎると視野が狭くなり、靴底と岩の接地面も狭くなるので、不安定になります。鎖でバランス保持をしつつ、足首を柔軟に使って靴底が岩の面と最大限接触するように足を置くのがコツです。また、体を岩から離し、広く視野が取れているか確認しつつ進みましょう。鎖場シリーズが終わると、先ほどの石門をスキップする登山道と合流します。

その先は急な石の階段が続きます。大腿部を大きく振り上げて大腿部と下腹部の筋肉をふんだんに使いましょう。第四石門の手前に第三石門への分岐があります。２～３分で第三石門をのぞくことができます。第四石門をくぐって中間道を東方向に進めば、中間道から右に分岐して大砲岩まで行くことができます🅑❸。この付近もさまざまな鎖場があり、妙義の岩場歩きの練習ができます❹。

第四石門から西方向に一段上がり、さらに西に進むと金銅山への熟達者ルートが分岐します。そのすぐ南に見晴台があります🅒。不思議な岩が林立する奇岩の山妙義の全体像が把握できます。見晴台から中之岳神社までは幅の広い下りです。思わずスピードを上げたくなるところですが、浮き石が多いので、着地を一歩一歩確実にして歩くことを心がけましょう。膝が伸び切らないように、若干重心を下げると安定して歩くことができます。神社まで到達したら、社殿の西側を回り込んで轟岩の上に上がることもできます。この岩にも鎖や鉄製アングルが設置されていて、岩場歩きの練習ができます❺。鎖のない岩場もそれなりに急傾斜なので、手で岩の出っ張りをつかみ、バランスを取りながら上り下りする練習ができます。なお、轟岩の西側は星穴岳からの下山道が交錯しているので、間違って星穴岳方向への踏み跡に入らないように注意が必要です。

第二石門の細いスリット❷

第四石門の広場 ❸

大砲岩岩稜 ❹

轟岩への上り ❺

32. 妙義中間道【みょうぎちゅうかんどう】

表妙義の稜線上は岩登りの技術を練習してから足を踏み入れるべきですが、その前に表妙義の全体像を把握し、合わせて妙義の地質の特性を理解するには、中間道を一度歩いてみるとよいでしょう。ただし、しばしば落石などで通行止めカ所が発生するので、出かける前に登山道の状況を地元の自治体等で確認することをお勧めします。

妙義神社から中之岳神社

体への影響度
心肺機能：✚✚✚（傾斜）
筋骨格系：✚✚✚（傾斜）
バランス：✚✚✚（足場の不安定さ）

● コースデータ … 妙義神社から＝片道:距離 4.5km、標高差 400m、所要時間 150分
中之岳神社から＝一本杉・金鶏橋経由妙義神社下駐車場:距離 3.5km、標高差 260m、所要時間 80分
中間道黒滝東屋から＝大人場:距離 0.5km、標高差 170m、所要時間 20分

● アプローチ …… 自動車利用の場合、中之岳神社から妙義神社への戻り3.5km

コースの特徴

表妙義の山腹を歩く中間道は稜線上ほどの技術や体力は要りません。しかし、崩壊しやすい妙義の絶壁の下を横切って進むので、足元の不安定なところや微妙なバランス力を必要とする部分は何カ所かあります。季節を変えて何度か歩いてみると、妙義特有の地形を楽しみながら歩くコツが習得できます。

妙義神社Ⓐ …30～50分…▶ 第二見晴分岐Ⓑ …30～50分…▶ 大人場への分岐Ⓒ …40～60分…▶ 第四石門Ⓓ …15～25分…▶ 中之岳神社Ⓔ
中之岳神社(一本杉経由)Ⓔ …60～100分…▶ 妙義神社Ⓐ

妙義神社下から石段を上り妙義神社の社殿まではウオームアップにちょうどよい距離ですⒶ❶。石段が急ですが、この先の登山道の練習になります。社殿で参拝を済ませたら左手の登山道に入ります。しばらくは杉林の中の緩傾斜道です❷。最初はスピードを控えめにして、体が温まってきたら心拍数を指標にして徐々にペースを上げてみるとよいでしょう。快適に歩けるときの心拍数を維持するように歩行速度を調整しましょう。大の字への分岐、第一見晴を過ぎると、沢の横断地点などで足場が悪くなってきます❸。第二見

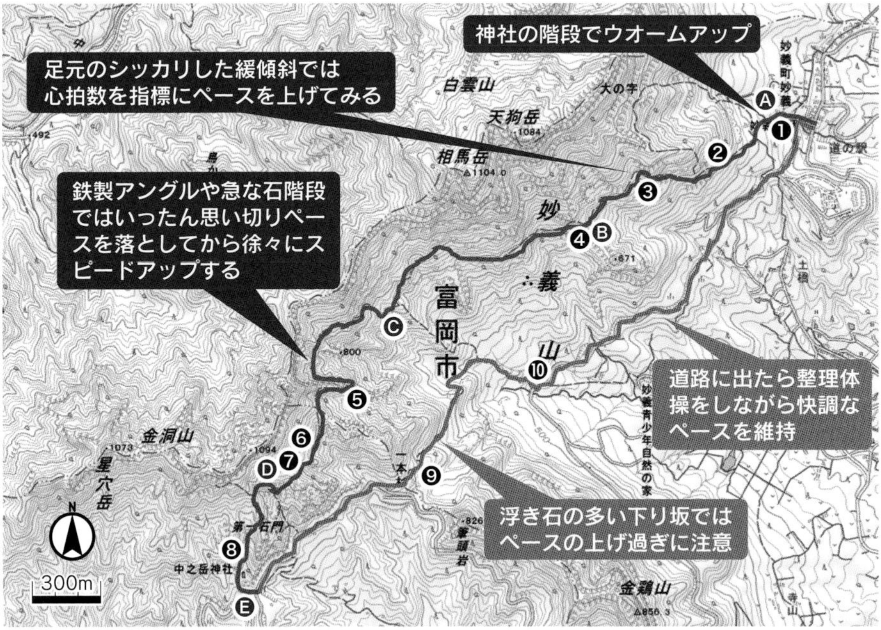

晴付近は2018年に大きな崩落があり、岩場を大きく迂回するように立派な鉄製アングルが設置されています🅑❹。歩幅を強制されるので、歩きにくく感じますが、安心感はあります。雨の後や朝露で濡れている時は滑りやすいので、階段を下る時には特に注意しましょう。

中間道の後半は稜線のすぐ下まで標高を上げるので、傾斜のきつい石階段や鉄製階段が次々と登場します。傾斜がきつくなったり、階段が出てきたら、一度ペースを思い切り落とし、そこから徐々にペースを上げていくようにしましょう。この辺りでも心拍数が増加し過ぎていないか、

妙義神社への石段でスタート ❶

杉林内の緩傾斜道が続く ❷

気にしてみましょう。また、足元の悪いところが多いので、不安定な石に乗って足首をひねることのないように、着地は一歩一歩確実に行うように心がけましょう。黒滝と呼ばれる稜線上のホッキリに上がる分岐の手前に立派な東屋がありますⒸ。ここから大人場という昔のキャンプ地を経て金鶏橋（表妙義周回舗装道路上の橋）へ下りる道が分岐します。この道は妙義には珍しい安定した尾根道で比較的短時間で道路に下りることができます。東屋から中間道をさらに西に進むと程なく長い鉄製アングルが出てきます❺。急な岩場に設置された階段ですが、足を置く板が狭いので、踏み外さないように注意深く上りましょう。傾斜が緩むと程なく大砲岩への分岐になります❻❼。そのすぐ上には稜線に上がる踏み跡も分岐しますが、気がつかないで通過する人が多いでしょう。大砲岩への分岐から一段下がれば第四石門の広場ですⒹ。

第四石門からは右手の急傾斜を一段上がり、中之岳神社を目指しましょう。金銅山への熟達者ルートの分岐を過ぎると左手に見晴台があります。ここからは幅の広い、石段状の下りです。最後を急ぎたくなるところですが、足元には相変わらず不安定な石がたくさんあるので、急ぐことなくスピードを抑え、少し膝に余裕を持たせて下りましょう。中之

大黒の滝の下を渡る❸

立派な鉄製迂回路❹

岩尾根に付けられた長いアングル❺

大砲岩手前でオーバーハングした岩をくぐる❻

岳神社に着いたら、最後の階段を下ります🅔❽。極めて急で、石段の幅も微妙なので、慌てることなく、手すりもしっかり使って下りてください。

中之岳神社から妙義神社に徒歩で戻るには、舗装道路を一本杉まで歩きます❾。このまま道路を進むと金鶏山を約4km回り込むことになり、時間を要しますが、道路を走る練習をする場合は、そのまま道路を進みましょう。一本杉から山道を東に進むと1km弱で金鶏橋までショートカットできます。特に微妙なバランスを要するような場所はありませんが、妙義の山道らしく浮き石はそれなりにあるのでスピードの出し過ぎには注意しましょう。金鶏橋で舗装道路に出たら❿、あとは道路を妙義神社方向に進みます。整理体操をしながら歩くとあまり気にならない程度の距離です。美術館・温泉センターの手前で左手に進むと500mほど近道で妙義神社下に戻ることができます。

大砲岩への分岐点 ❼

轟岩基部の中之岳神社 ❽

一本杉の常夜灯 ❾

金鶏橋下で道路に合流 ❿

33. 碓氷峠旧道【うすいとうげきゅうどう】

旧中山道《なかせんどう》の歴史をたどる峠道です。毎年「安政遠足」マラソン大会が開催されるので、コースはよく整備されています。山道は約半分で、残り半分は作業用のオフロード車両であれば通れそうな幅の林道です。軽井沢側から、国外からの旅行者に日本の自然を体験していただくためのガイド付きツアーも企画されています❶。

国道18号旧道 碓氷茶屋
登山口から熊野神社往復
（下り めがね橋経由）

体への影響度
心肺機能：✚✚✚（傾斜）
筋骨格系：✚✚✚（傾斜）
バランス：✚✚✚（足場の不安定さ）

● コースデータ … 国道18号旧道 碓氷小屋登山口から安政遠足コース経由
熊野神社＝距離 片道:7.5km、標高差 670m、所要時間 180分
熊野神社から旧中山道経由子持山分岐、栗が原、めがね橋を経てアプトの道経由 碓氷小屋登山口へ＝距離:片道 7.5km、標高差 670m、所要時間 120分
● アプローチ …… 国道18号旧道めがね橋 約2km東に碓氷茶屋登山口

コースの特徴

出だしの約2kmは山登りの歩き方になりますが、その後はジョギングタイプの歩き方で爽快にペースを上げられます。ただし、浮き石や木の根の張り出した部分もあるので、着地点の安定度を常時注意する必要があります。少し距離は長いですが、街中歩きから一歩踏み出す時の体慣らしには最適です。

国道18号旧道 碓氷小屋登山口Ⓐ …60〜120分…▶ **栗が原Ⓑ** …30〜60分…▶ **子持山分岐Ⓒ** …30〜60分…▶ **熊野神社Ⓓ**
熊野神社Ⓓ … 30〜60分（旧中山道）…▶ **子持山分岐Ⓒ** …30〜60分…▶ **めがね橋Ⓔ** …20〜40分（アプトの道）…▶ **国道18号旧道 碓氷小屋登山口Ⓐ**

国道18号旧道を坂本宿から上っていくと、霧積温泉への道と分岐したすぐ上、めがね橋の約2km手前に碓氷小屋登山口がありますⒶ❷。登山口からの歩き始めは木枠階段の急坂で、足元も不安定な浮き石が多く、この後7kmもこの道かと思うと気が重くなりますが、急な悪路は出だしの2kmぐらいです。歩き始めで体も坂道歩きのモードになっていないので、一歩一歩ゆっ

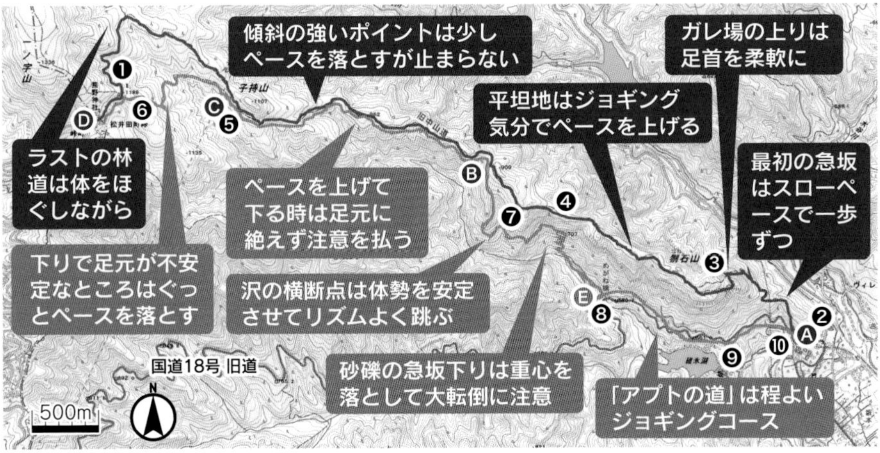

くりと歩きましょう。杉林の中の流水で掘れた道は、その後もあまり歩きやすくありません。森が濃く、視界も悪いので、爽快感もない歩きが続きます。道が広がり、足元がガレ場状になるところでは、足首をひねらないように、着地が安定していることを確認しながら歩きましょう。正面に地学の教科書に載りそうな柱状節理が見え、そのすぐ後に石碑が続きます❸。「覗《のぞき》」の説明板の辺りでようやく東方向の視界が開けます。「馬頭観世音碑」「風穴」「弘法の井戸」などの説明板に目をやりながら、傾斜の落ちてきた斜面を上って行くと、「刎石《はねいし》茶屋跡」「四軒茶屋跡」を経て「碓氷坂の関所跡」に着きます。ここで最初の急坂は終わり、休憩用の東屋が設置されています。

刎石山の平坦な尾根道に出れば、しばらくは足元も安定していて、安心してスピードアップできます。傾斜がなく足元が安定していると、かくも歩きやすいものかと実感できるでしょう。わずかな下りと上り返し

旧碓氷峠 熊野神社が安政遠足のゴール❶

国道18号旧道碓氷小屋が登山口❷

があるものの、スピードを変えるほどの距離でも傾斜でもありません。「堀り切り」、「南向馬頭観世音」、「北向馬頭観世音」、「一里塚」、「座頭ころがし」と説明板が続きますが、歩くモードを変えるほどの傾斜はないので、ほぼ一定のペースで「栗が原」まで歩けます❹。

「栗が原」で「めがね橋」への道が左側に分岐します🅑。その先もほぼ平坦な林間の歩きやすい道が続き、「入道くぼ」、「山中茶屋」と続きます。この辺りで距離はほぼ半分で、標高差は半分以上稼いでいます。「山中茶屋」の手前から石垣のある林道状になり、建物やバスの残骸が目に入ります。道はオフロード仕様の車なら入れるレベルなので、所々傾斜は強くなるものの、走ろうと思えば走ることもできるでしょう。

「山中茶屋」から「山中坂」を上り切ると、「陣場が原」、「子持山」の説明板のある「旧中山道」との分岐です🅒❺。どちらも熊野神社に向かいますが、距離はあるものの歩きやすいのは正面方向です。「安政遠足」マラソンも正面の林道コースを使用していて、「安政遠足　ゴールまであと2.2km」の案内板もあります。森が開けてきて傾斜もほぼなくなると、熊野神社と霧積温泉を結ぶ未舗装林道に合流します。そのまま左方向に進み、一般車両も通れるサイズ

柱状節理の曲がり角 ❸

座頭ころがしと名付けられた坂 ❹

子持山下の分岐点 ❺

山道らしい登山道 ❻

の道を約1km南に進めば熊野神社ですⒹ❶。体力に余裕があれば、侍が走った時代を想像しながら、軽く走ってみるのもいいでしょう。

熊野神社には軽井沢側からのバス路線もあり、ほぼ観光地の風情です。バスなどを利用して軽井沢駅に出て、そこからJRバスに乗り継げば、横川駅に下りることもできます。時間に余裕があれば、7.5kmを同じルート、もしくは以下に紹介するルートで「めがね橋」経由で下りるのも、いいトレーニングになります。心肺機能への負荷はほとんどないので、大腿部の筋力に余力があるかどうかで判断しましょう。

熊野神社からは少し来た道を戻り、「旧中山道」の案内板に従って、林道から右に下ります。山道らしい少し歩きにくい道なので、浮き石で足を取られないように注意して下りましょう❻。林道に比較すれば幅は狭いですが、登山道としては普通のレベルです。小沢を渡ると平坦になり、テンポよく歩けばすぐに見覚えのある「陣場が原」、「子持山」の三叉路ですⒸ。しばらくは上りで使った尾根道を「山中茶屋」、「栗が原」へと進みますⒷ。「栗が原」から

めがね橋の下に到着 ❽

沢の源頭を横断する❼

アプトの道のトンネルを通過❾

碓氷小屋の真下に位置するトンネル❿

は右に折れ、「めがね橋」を目指しましょう。こちらも幅の広いよく整備された登山道です。急傾斜地では電光型に道が付けられていて、極端に不安定なところはありませんが、浮き石の多いところもあるので、スピードの出し過ぎには注意が必要です。膝に余裕を持たせ、重心も低めに保つことを心がけましょう。沢の横断が数カ所あり、流れ出した石の間を水が流れています❼。足元の安定していることを確認しながらテンポよく水流を横断しましょう。

　急坂を下り切って、水流の多い沢を飛び石伝いに渡ると、コンクリート舗装の林道に合流します。案内板に従って、左に折れ、沢を左手に見ながら軽快に足を進めれば、上の方に旧鉄道の橋が見えてきます。そして、その先にはレンガ造りの「めがね橋」があります🅔❽。「めがね橋」からは国道18号の旧道を歩いて出発点に戻れますが、車やバイクの通行も多いので、いったん、右手の急な階段で「めがね橋」の上に上がり、そこから「アプトの道」で下ることをお勧めします。鉄道マニアのハイキングコースになっていて、簡易舗装されています。レトロなトンネルをいくつかくぐりながら下る方がアスファルト舗装の道路で下るよりも楽しく歩けるでしょう❾。整理体操をしながら歩くのにちょうどよい傾斜です。距離も約2kmで、道路とほとんど変わりません。1kmほど進むと碓氷湖を右に見下すようになり、そこからトンネルを1つくぐって橋を渡ると、次のトンネル入り口のすぐ右側に「旧中山道」の道標があります❿。木階段を上り、振り返れば出発点の「碓氷小屋」登山口です🅐❷。

34. 鬼石 桜山【おにし さくらやま】

寒桜で有名な鬼石町の桜山は、整備された公園ながら坂道が全周に配されています。山頂公園からは秩父方面の遠望もきき、四季それぞれの花木をめでながら歩くことで心も体もリフレッシュできます❶。

飯塚翁銅像脇から山頂

体への影響度
心肺機能：＋＋＋（傾斜）
筋骨格系：＋＋＋（傾斜）
バランス：＋＋＋（足場の不安定さ）

- コースデータ … 上り 距離 0.3km、標高差 80m、所要時間 15分
- アプローチ …… 桜山公園内各駐車スペースから上り出しまで10～200m

コースの特徴

街中の公園散歩から山歩きへ脱皮する際の練習にはもってこいです。一度の山頂往復で物足りない時は、山頂に各方向から付けられた階段道をいくつか組み合わせて体への負荷量を調整するとよいでしょう。

第一駐車場と第二駐車場の中間点「飯塚翁」の銅像脇からⒶ …10～20分…▶ 桜山山頂Ⓑ

第一駐車場 …10～20分…▶ 桜山山頂Ⓑ

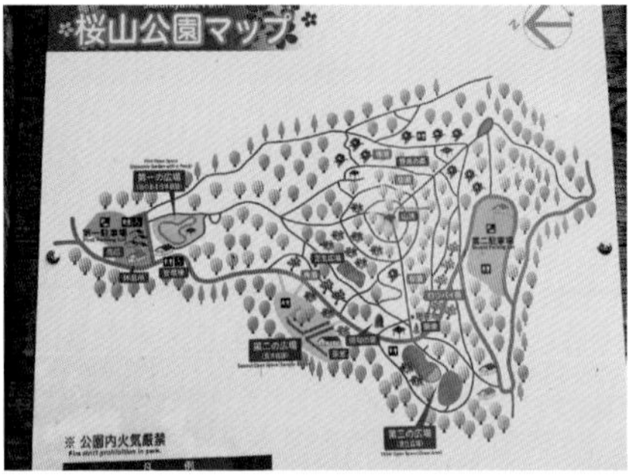

山頂に向かって多くの坂道がつくられている ❶

山頂手前のよく整備された道 ❷

山頂手前からの展望 ❸

桜山の山頂へは各駐車場から山頂に向かって階段と坂道で構成された散策道が付けられています。水平方向には道路と作業道があるので、どの道で山頂に向かい、どの道で山頂から下りても、横方向の道で出発点に戻ることができます。山腹には多くの花木園や展望地が配されていて、季節ごとに遠望や自然鑑賞が楽しめます。最短コースの「飯塚翁」銅像からの道はしっかりした階段で構成されています🅐。「急な階段や坂道が続きます　体力に自信のない方や高齢者の方などはご注意ください」と丁寧な案内板も付いています。傾斜はほぼ一定なので、この速度で歩くとこの程度の心拍数になるのかと、脈を時々触れながら歩いてみるとよいでしょう。階段の土留もしっかりと整備されていて、崩れているところはほとんどありませんが、コンクリート製のものが多いので、雨の後や朝露で濡れている時は置いた足が滑らないように注意しましょう🅑❷。

桜山の山頂へは山麓の集落から舗装道路と並行して複数のハイキングコースが設定されています。時間がある時は車で山頂付近の駐車場まで上がってしまわずに、標高差300m程度のハイキングコースを使って上り下りするのもよいトレーニングになります。山頂付近からは奥多野の山々の展望が広がります❸。

35. 藤岡 子王山【ふじおか こおうやま】

子王山は藤岡市日野地区にある北側に展望のきく里山です。古くからの信仰の山であり、戦国時代には山城もつくられたと山頂の解説板に記されています。藤岡の里山として坂道歩きのトレーニング場所になっています。

かあちゃん茶屋から子王山山頂、みはらし茶屋経由周回

体への影響度
心肺機能：✚✚✚（傾斜）
筋骨格系：✚✚✚（傾斜）
バランス：✚✚✚（足場の不安定さ）

● コースデータ … 山頂まで＝片道:距離 0.7km、標高差 200m、所要時間 30分
周回:距離 2.2km、累積標高差 250m、所要時間 60分
● アプローチ …… かあちゃん茶屋の駐車スペースまで車両通行可能

コースの特徴

北側の尾根には二千階段と名付けられた階段状の登山道が付けられていて、南側もみはらし茶屋まで約400段の階段状の登山道です。それぞれの茶屋には広い駐車スペースがあり、両茶屋間もコンクリート舗装の「遊歩道」と標識された林道でつながっています。

かあちゃん茶屋Ⓐ …15～25分…▶ 男坂･女坂分岐Ⓑ …5～15分…▶ 子王山山頂Ⓒ …5～15分…▶ みはらし茶屋Ⓓ …15～25分…▶ かあちゃん茶屋Ⓐ

すれ違いが難しい舗装林道を二千階段の標識に導かれて進んでいくと、かあちゃん茶屋の広い駐車スペースに着きますⒶ。参詣者に茶菓を提供する売店の建物があります。歩き始めは水平な散策道なので、準備体操やウオームアップをしながら歩けます。道が直角に曲がると二千階段が始まりますが、登山道によくある木枠階段なので、寺社の階段を想像しているとイメージが違うかもしれません❶。傾斜は終始急ですが、それでも出だしはやや緩やかです。心拍数が上がり過ぎないペースを確認しながら歩き、ペースが整ったら、それを維持するように歩速を調整しましょう。

山頂までほぼ絶え間なく階段が続く❶

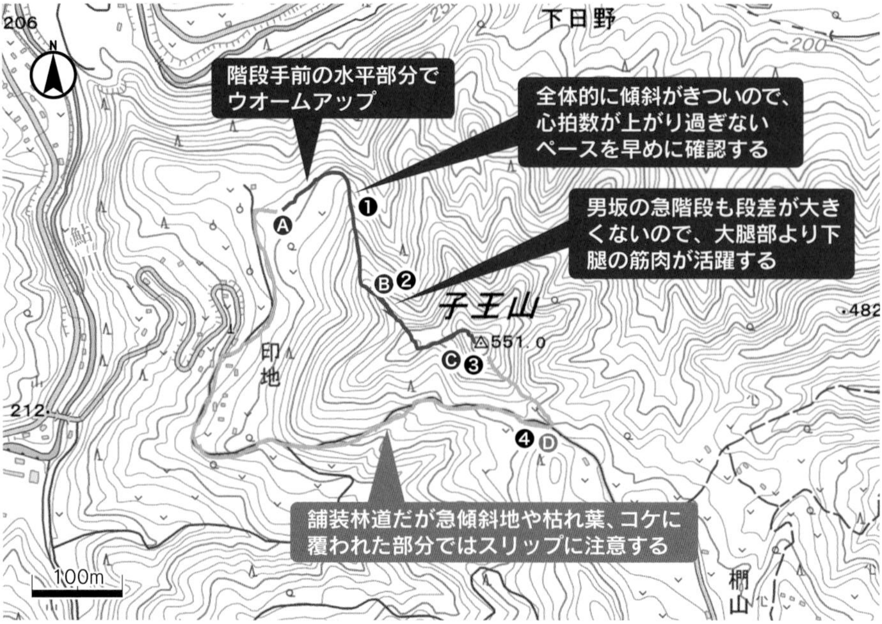

男坂と女坂の合流部 ❷

舗装された遊歩道 ❹

階段の脇にはかなりの部分で補助ロープが張られていますが、ロープをつかんで体を引き上げる必要はなく、一歩一歩確実に足関節の蹴り出しで標高を稼ぎましょう。傾斜は急ですが、階段の段差が狭いので、大腿部を大きく持ち上げる動作は多くありません。

半分少々のところで男坂と女坂に分かれますⒷ。傾斜地歩行の練習の意味では男坂を上ることをお勧めします。傾斜は急ですが、距離は短いので、バテるほどの心肺機能負荷にはなりません。男坂と女坂は尾根上の平坦地で再合流します❷。合流部から少し下って、再度傾斜がきつい階段になるとほどなく山頂ですⒸ。山頂からは北側の展望が良好です❸。南側の一段下には稲荷神宮の社があります。

出発点に戻るには往路の階段を戻ることも容易ですが、むしろ、緩傾斜地を少し長い距離歩くことで膝関節への負荷を軽減してもよいでしょう。山頂から南側のみはらし茶屋までは約400段の階段を下ります。こちらも傾斜はきついですが、階段の段差は大きくありません。コンクリート製の「木枠」は濡れていると滑りやすいので、スリップ、転倒に注意しましょう。みはらし茶屋には広い駐車スペースがあり、舗装道路に面していますⒹ。

みはらし茶屋から出発点のかあちゃん茶屋までは「遊歩道」と標識に記された舗装林道を1,400m歩きます❹。ほとんど下りで、最後に標高差50m弱の上りがあります。乾いていればジョギングモードで走ることもできますが、傾斜の急なところや枯れ葉やコケで滑りやすいところもあるので、速度を上げて下る場合はスリップに十分注意しましょう。

山頂からの北方向の展望 ❸

36. 西御荷鉾山【にしみかぼやま】

御荷鉾山は古くから山岳信仰の対象で、現在も多くの石碑や修験道の修練場の跡が見られます。西御荷鉾山の中央登山口にも山頂にも不動様の立派な像が立てられていて、定期的に祭事が営まれています❶。

スパー林道中央(南)登山口から西登山口へ周回

体への影響度
- 心肺機能：✚✚✚（傾斜）
- 筋骨格系：✚✚✚（傾斜）
- バランス：✚✚✚（足場の不安定さ）

● コースデータ … 周回＝距離 2.7km、上り＝距離 0.7km、標高差 220m、所要時間 70分

● アプローチ …… スーパー林道脇駐車場向かいに登山口

コースの特徴

中央登山口からの登山道は、御荷鉾スーパー林道脇の立派な駐車場から山頂を結ぶ、山頂までの最短コースです。山頂から伸びているどの登山道もしっかりしているので、何度か通える時は上り下りで選択する登山口の組み合わせをいろいろ変えてみるとよいでしょう。

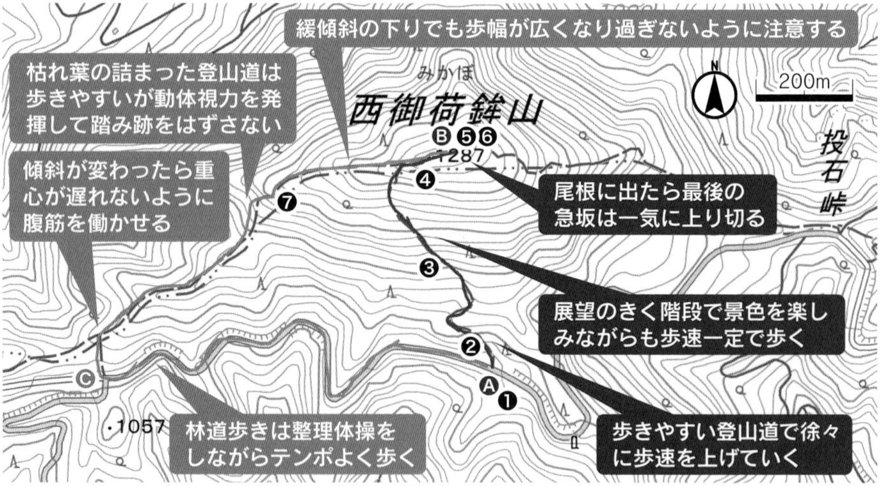

中央(南)登山口駐車場Ⓐ …20～40分…▶ 山頂Ⓑ …20～30分…▶ 西登山口Ⓒ …10～20分…▶ 駐車場Ⓐ

中央（南）登山口からは広い営林用作業道で上り始めますⒶ❷。すぐに右に登山道が分かれ、傾斜がきつくなります。この辺りはやや足元に浮き石が多いので、少しペースを落として心拍数の上がり過ぎに注意しましょう。再度、営林道に出ると今度は左側に斜上する木枠階段になります。傾斜はややきつめですが、南側に広い景観が広がるので、景色を楽しみながら、立ち止まらないで歩き続けられるペースで上りましょう❸。再度、森に入るとすぐに山頂に続く尾根に飛び出します。山頂手前は露岩が数カ所出ていますが、登山道の段差は大きくないので極端に大腿部に負荷がかかることはありません❹。それまでのペースを保って山頂まで歩き切ってしまいましょうⒷ❺。

山頂からは南方向によい展望が得られます❻。同じルートを戻ると林道歩きの必要はありませんが、時間に余裕があれば、気持ちのよい緩傾斜の西登山口に下りてみましょう。林間の登山道はよく踏まれていて、テンポよく歩けます❼。尾根を乗り換えるところでは傾斜が少し急になりますが、足元はしっかりしているので極端に膝への負担がかかることはありません。季節によっては枯れ葉で踏み跡がわかりにくくなるので、足元だけでなく、少し先の地形を気にしながら尾根をはずさないように歩きます。林道に下りる最後のとこ

中央登山口脇の巨大な鉾 ❶

営林作業道で始まる ❷

階段で尾根を目指す ❸

露岩の目立つ山頂手前の尾根 ❹

ろでは、尾根から左側に折れて急坂を数十m下りますⒸ。傾斜が急になったら重心が遅れないように腹筋をしっかり使って姿勢を保ちましょう。

山頂の不動明王とたくさんの鉾 ❺

西御荷鉾山西登山口への尾根道 ❼

山頂からの秩父方面の展望 ❻

37. 東御荷鉾山【ひがしみかぼやま】

東御荷鉾山は西御荷鉾山よりも40mほど標高が低く、西御荷鉾山よりも地味なピークです。東御荷鉾山の山頂にも信仰の石祠があります。

西登山口から山頂往復

体への影響度
心肺機能：✚✚✚（傾斜）
筋骨格系：✚✚✚（傾斜）
バランス：✚✚✚（足場の不安定さ）

● コースデータ … 片道＝距離 1.4km、標高差 200m、所要時間 40分
● アプローチ …… 投石峠西側駐車スペースから西登山口まで200m

コースの特徴

山頂の東側も西側も全体として一定の傾斜の林間道で、展望に乏しい分、歩き方の練習に集中的に取り組めます。東登山口に下りると、出発点の西登山口に戻るには、舗装林道を2.5km歩くことになります。

西登山口Ⓐ …30〜50分…▶ 山頂Ⓑ

東御荷鉾山の西登山口は投石峠の少し東側のスーパー林道脇にありますⒶ。道路から尾根に上がるまでは急坂で、出だしにいきなりロープが下がっています❶。急傾斜で足元も滑りやすいので、一歩ごとに靴底をフラットに着地させ、地面と靴底との摩擦が最大限に発揮されるように歩きます。足首を柔

東御荷鉾山西登山口の急な取り付き ❶

なだらかな林間の尾根道 ❷

露岩の多い登山道 ❸

東御荷鉾山山頂の不動明王像 ❹

軟に曲げ伸ばしする必要があります。尾根に上がると緩傾斜の林間登山道です❷。しばらくは尾根の南側斜面を緩く斜上していきます。傾斜はほぼ一定なので、心拍数を指標にして体への負荷が一定となるように歩速を調整します。

いったん尾根に出て平坦になりますが、すぐまた1,184mのピークを巻く山腹の林間道になります。再度尾根に出ると、その先は山頂まで所々露岩の出た尾根道です❸。傾斜が急になるところでは歩速を若干落とし、休まずに歩き続けられるペースにします🅑❹。

山頂から同ルートを戻る場合は、スーパー林道に下りる直前の急坂以外は同じペースで軽快に下ることができます。膝や足首に負担になるような急傾斜や不安定な部分もないので、知らず知らずにスピードが上がってしまうかもしれません。下りでスピードを上げるときは重心が遅れないように、また、体が伸び切らないように、姿勢を安定させることを心がけましょう。

38. 赤久縄山【あかぐなやま】

赤久縄山は標高1,522mと御荷鉾山よりも高く、西上州エリアを代表する山の一つです❶。山頂からの遠望もきき、天気のよい日には富士山までよく見えます。南側の栗木平からは標高差約700mの周回コースも設定されていて、1日がかりの登山の対象にもなります。

北登山口から山頂を経て西登山口へ

体への影響度

心肺機能：✚✚✚（傾斜）
筋骨格系：✚✚✚（傾斜）
バランス：✚✚✚（足場の不安定さ）

- コースデータ … 周回＝距離 1.5km、上り＝距離 0.4km、標高差 120m、所要時間60分
- アプローチ …… 御荷鉾スーパー林道脇北登山口に駐車スペース

コースの特徴

御荷鉾スーパー林道からドライブついでに坂道歩行エクササイズをする場合には、最短コースの北登山口から上り、西登山口に下りて、林道で北登山口に戻るコースがお手頃です。こぢんまりした周回コースですが、西上州の里山の基本パターンが体験できます。

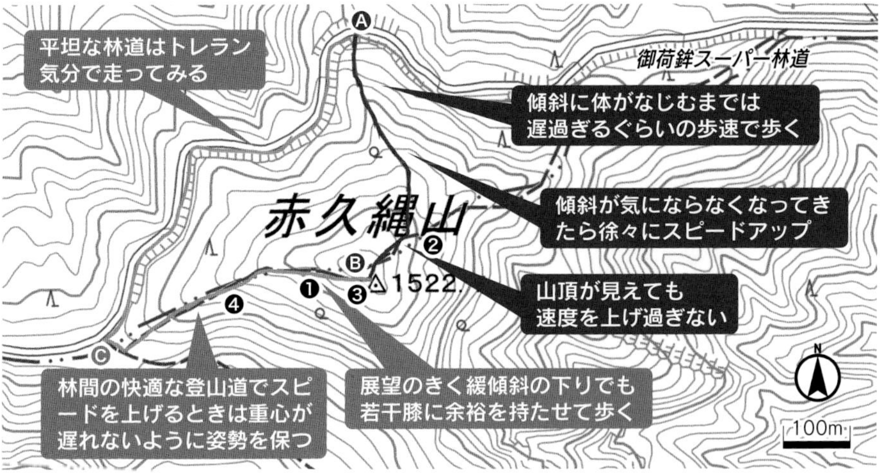

御荷鉾スーパー林道北登山口Ⓐ …20～40分…▶ 山頂Ⓑ …10～20分…▶ 西登山口Ⓒ …10～20分…▶ 北登山口Ⓐ

御荷鉾スーパー林道が村道名無村線から分岐すると未舗装になり、県立みかぼ森林公園に入ります。スーパー林道を公園管理棟の西へ進むと赤久縄山北登山口が林道脇にありますⒶ。北登山口から山頂まではほぼ一定傾斜の明るい林間登山道です。距離は短いですが、最初はゆっくりしたペースで歩き始めましょう。体が傾斜に慣れてきてスピードが徐々に上げられるようならば、心拍数が上がり過ぎない程度に歩速を上げてみましょう。体が温まり始めるぐらいのところで、東登山口からの登山道と合流します❷。右に曲がれば山頂まであとわずかですが、急に歩速を変えないで山頂まで一定のペースで歩くことを心がけましょうⒷ❸。

山頂を西登山口側に一段下ったところからは南側によい眺望が得られます❶。スーパー林道の車窓からでは得られない、歩きならではの風景を存分に楽しみながら歩きましょう❹。傾斜の緩い、足元のしっかりした登山道では下りでオーバーペースになりがちです。ペースを上げる時は重心が遅れないように腹筋群をしっかり使って姿勢を保ちましょう。また、膝に余裕を持たせることで不意の足元の不安定さにも耐えることができます。林道に下りたらⒸ未舗装の平坦道路をテンポよく歩いて出発点の北登山口に戻りましょう。体力に余裕があれば、トレラン気分で軽く走ってみてもよいでしょう。実際、このエリアでは「神流マウンテンラン&ウォーク」という大会が行われています。

赤久縄山から眺める富士山 ❶

山頂手前の合流点 ❷

明るく開けた赤久縄山山頂 ❸

赤久縄山の西登山口に向かう ❹

里山と森林浴が楽しめる
県北部エリア

利根・沼田エリアでは県境の稜線を構成する山々の知名度が高く、訪問者数も圧倒的です。しかし、その手前にも標高1,000m程度のお手頃な山がたくさんあり、気象条件の影響も県境よりは受けにくいことから、頻繁に坂道歩きのトレーニングに通うには便利な存在です。

冬の戸神山から沼田盆地を見下ろす

39. 戸神山・高王山【とかみやま・たかおさん】

戸神山と高王山は沼田市街のすぐ北に位置し、迦葉山《かしょうざん》から南に伸びる尾根の先端部を構成しています。発地《ほっち》集落の人々の里山的存在ですが、戸神山からは市街を見下ろす眺望もよく、高王山の山頂にかつては山城があったこともうなずけます。北に目を転ずると上州武尊山や谷川岳連峰も俯瞰できます。標高差はさほどなく、登山道も整備されているので、沼田エリアの方々が頻繁に足を運んで脚力を鍛えるには絶好のポイントと言えるでしょう。なお、戸神山は石尊山とも呼ばれています。

発知ふれあい広場から 戸神山経由高王山	体への影響度	心肺機能：**✚**✚✚（傾斜） 筋骨格系：**✚**✚✚（傾斜） バランス：**✚**✚✚（足場の不安定さ）

● コースデータ … 周回＝標高差 350m、距離 5.0km、標準タイム 周回 120分
● アプローチ …… 発知ふれあい広場駐車スペース

コースの特徴

植林帯を上り、尾根の平坦地を歩き、下りは電光型に標高を下げるコンパクトなコースです。急傾斜地はあまりないので、やや速めのペースで歩き続ける練習ができます。頻繁に通って坂道歩きを習慣にするのに適したコースです。

発知ふれあい広場Ⓐ …5～10分…▶ 観音寺Ⓑ …20～40分…▶ 戸神山頂Ⓒ …20～40分…▶ 林道高王山線分岐Ⓓ …5～10分…▶ 高王山頂Ⓔ …5～10分…▶ 林道高王山線分岐Ⓓ …10～20分…▶ 観音堂への分岐Ⓕ …10～20分…▶ 観音堂（観音寺とは場所が異なります）Ⓖ …5～10分…▶ 発地ふれあい広場Ⓐ
（林道高王山線分岐 …10～20分…▶ ニュースポーツ広場Ⓗ …10～20分…▶ 発地ふれあい広場Ⓐ）

下発知の発地ふれあい広場には十分な駐車スペースとトイレなどがあるため出発点として便利ですⒶ。舗装道路を沼田市街方向に少し戻ると下発知バス停のすぐ南側に観音寺の案内板があります。案内板に従って西に向かい、まず観音寺の本堂まで上りましょうⒷ。こちらにも参拝者・登山者用の駐車スペースが用意されています。ここまでは山道ではないので、準備体操をし

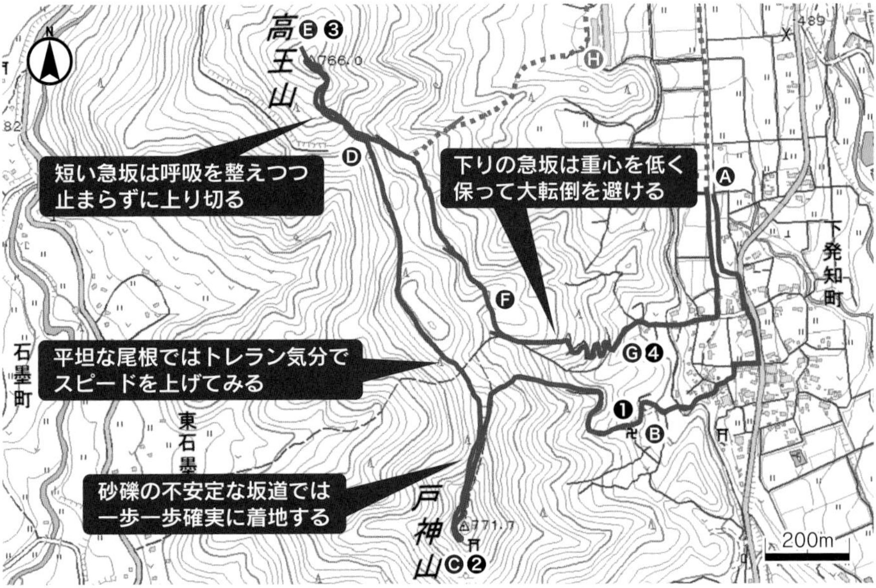

ながらの歩行ができます。

本堂の左手裏に立派な鳥居のある戸神山(石尊山)登山口があります。動物よけの鉄線をまたぐと林間の登山道が始まります。傾斜はさほどなく幅も広いので、上りでも少し速めのペースで歩けるでしょう。やや単調な上りを続けていると北の高王山方面に直接進む道と観音堂に下る道が右に分岐します。まずは、左に進み戸神山頂を目指しましょう。すぐに尾根に上がり、高王山への道が北に分岐します。山頂へは左へ進みます。足元は砂礫と岩場の混じったやや滑りやすい道になります。一歩一歩確実に着地させ、無駄な筋力消費を避けましょう。足首の柔軟性が試されるポイントです。一部傾斜のきついところもありますが、道脇に補助ロープが張られていてバランスを取る補助になります。少し息が弾んでくる頃に360度展望のきく山頂に飛び出します。山頂からは沼田市街地が見下ろせ、振り返ると上州武尊山や谷川岳が間近に見渡せますⒸ❷。

山頂で小休止したら、北の高王山を目指しましょう。途中まで同じルートを戻ると、尾根の西側から高王山に向かう登山道に入ります。ほとんど平坦なのでスピードアップできます。トレラン気分で快調に北へ進むと林道高王山線の終点部に合流しますⒹ。そのまま直進すると高王山山頂に続くやや傾

観音寺の階段がスタート❶

山頂から見る上州武尊山❷

城跡のある高王山山頂❸

ミズバショウの咲くミニ湿原❹

斜の強まった山道です。急傾斜ですが距離はわずかなので、休憩を入れずに一気に上ってしまいましょう。山頂には城跡の解説板と電波塔があります🅔❸。

帰路はいったん林道高王山線の終点地点まで戻ります。今度は尾根の東側をたどる山道に入りましょう。少し進むとニュースポーツ広場🅗に下る道が分岐します。出だしの発地ふれあい広場に戻るにはこちらの方が近道ですが、舗装道路を歩く距離が若干長くなります。真っすぐ進むと、もう一本下の集落（西ノ入）に直接下る道が分岐します。ここも真っすぐ戸神山方向に進むと枯れ葉の詰まった広い営林道になります。緩い下りで足元もしっかりしているので、スピードアップして歩くことができます。程なく観音堂へと下る道が左に分岐します🅕。真っすぐ進むと往路で利用した観音寺方向への登山道と合流しますが、ここは左に下る方がお勧めのようです。急な斜面に電光型に道が付けられており、しっかり踏まれているので足元もあまり不安はないでしょう。竹林に入ったら集落はすぐ下です。集落の最奥部にはミズバショウの湿原がつくられていて、早春期には見事なお花畑となります❹。

観音堂🅖を右に見ながら集落内の舗装道路を下っていくと下発知のバス停に出ます。北に舗装道路をたどれば出発点の発地ふれあい広場です🅐。集落内の緩やかな下り坂は整理体操をしながら歩くとよいでしょう。

40. 三峰山【みつみねやま】河内神社から

三峰山は沼田市の北部、みなかみ町月夜野の東部に位置するテーブル状の里山です。山頂台地にある農業用貯水池の三峰沼は、美しい広葉樹林に囲まれており、人工的な雰囲気はなく、野鳥のさえずりの中で森林浴やトレラン的なトレーニングができます❶。

月夜野から見上げる台形型の三峰山 ❶

河内神社下駐車場から
三峰山山頂往復

体への影響度

心肺機能：✚✚✚（傾斜）
筋骨格系：✚✚✚（傾斜）
バランス：✚✚✚（足場の不安定さ）

● **コースデータ … 片道＝距離 5.5km、標高差 380m 所要時間 120分**
● **アプローチ …… 河内神社下駐車場**

コースの特徴

河内神社からのコースは、山頂までの標高差が少なく、尾根上の登山道も明瞭で平坦部分が多いため、三峰山のゴールデンコースです。街中のウオーキングから山道トレーニングに移行する際の入門コースとして適しています。平坦部分はできるだけ速く歩くように心がけ、所要時間の推移を定期的に比較すると脚力の付き具合を評価することができます。

河内神社下駐車場Ⓐ …10～20分…▶ 河内神社Ⓑ …10～20分…▶ FM電波塔Ⓒ …20～40分…▶ 三峰沼への北側分岐Ⓓ …20～40分…▶ 町営温泉センターへの分岐Ⓔ …20～40分…▶ 三峰山頂Ⓕ
三峰沼の周回 10～20分

山麓の月夜野集落からつづら折りの舗装林道で標高を稼ぐと広い河内神社下の駐車場ですⒶ。駐車場の先も数百ｍ舗装は続きますが、道幅は狭く駐車スペースもこの上にはありません。ウオームアップとして準備体操をしながら何回かヘアピンカーブを曲がると神社の参道を兼ねた山道になります。神

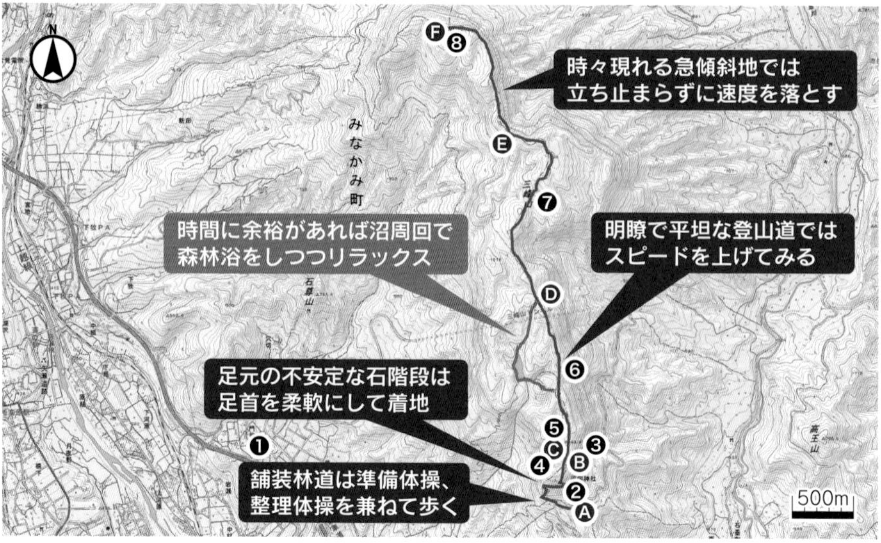

社までは石段状の緩やかに斜上する道ですが、足元はやや不安定で、足首の柔軟性も試されます❷。

神社を参拝したら社殿左手の登山道に入ります🅑❸。一段上のパラグライダー離陸場❹、その上のFM電波塔までは少し傾斜が強まりますが、距離はわずかです🅒。電波塔上の小さな石の社が2つ並んだ地点に追母峰の目立たない標識があります❺。ここから先は極めて平坦な道が続きます。山麓からテーブル状に見えるテーブルの上を歩いていることになります❻。左手に三峰沼へ下りる標識が2回出てきます🅓。時間に余裕のある時は、行き帰りのどちらかで沼を回ってみると、森林浴気分を満喫できるでしょう。登山道は明瞭で道幅も余裕があるので、平坦部では極力速度を上げてみることをお勧め

登山道に入ると大岩が点在する ❷

頂上台地の南端に鎮座する河内神社 ❸

します。小さな上り下りがありますが、できるだけ同じペースを保つように心がけることで、山道歩きのトレーニングになります❼。

町営温泉センターへ下る道を左に分けると山頂まではあと一息です🅔。林間の似たような道が続くので少し飽きてくるかもしれません。また、傾斜がややきつい部分があるので、速度を少し抑え、山頂まで休まず歩き続けられるペースに切り替えることが必要です。傾斜と心肺機能への影響を実感しながら歩きましょう。山頂は静かな森の中です🅕❽。

標高差が少ないので、このコースの往復では行きも帰りも体への負荷はほとんど変わりません。所要時間も同様と考えておきましょう。

展望のよい離陸場 ❹

小ぢんまりした追母峰 ❺

平坦な頂上台地上 ❻

同じペースで歩き続けられる登山道 ❼

静かな三峰山山頂 ❽

41. 三峰山【みつみねやま】中央ルートから

パラグライダースクール手前
登山口から河内神社、三峰沼、
石切場跡周回

体への影響度

心肺機能：✚✚✚（傾斜）
筋骨格系：✚✚✚（傾斜）
バランス：✚✚✚（足場の不安定さ）

- コースデータ … 河内神社まで＝片道:距離 1.6km、標高差 430m、所要時間 40分
  三峰沼経由石切場跡へ＝周回:5.1km、標高差 500m、所要時間 90分
- アプローチ …… 登山口駐車スペース

コースの特徴

山麓の農村地帯から切り立った三峰山の側面を上る傾斜の変化の大きいコースです。傾斜と心肺機能への負荷の関係がよく認識できるので、体力増強に好都合です。

パラグライダースクール下登山口Ⓐ …20〜40分…▶ 河内神社Ⓑ …10〜20分…▶ FM電波塔Ⓒ …10〜20分…▶ 三峰沼への南側分岐Ⓓ …5〜10分…▶ 三峰沼西端 師集落への分岐Ⓔ …20〜30分…▶ 石切場跡登山口Ⓕ

林間の緩やかな登山道 ❶

台地上の森林浴道 ❸

国道から登山口までは集落の間の細い道が多く、車でのアプローチでは、道に迷わないように注意が必要です。少し遠まわりになりますが、望郷ラインからパラグライダースクールの看板に従って進んだ方が、三峰山の登山口へは容易に到達できます。パラグライダースクールの手前には三峰山の標識が複数あるので、標識をたどることで小さな石塔のある登山口に至りますⒶ。

出だしは森の中の緩傾斜です❶。準備体操のつもりで呼吸を整えながら少しずつペースを上げていきましょう。次第に傾斜はきつくなりま

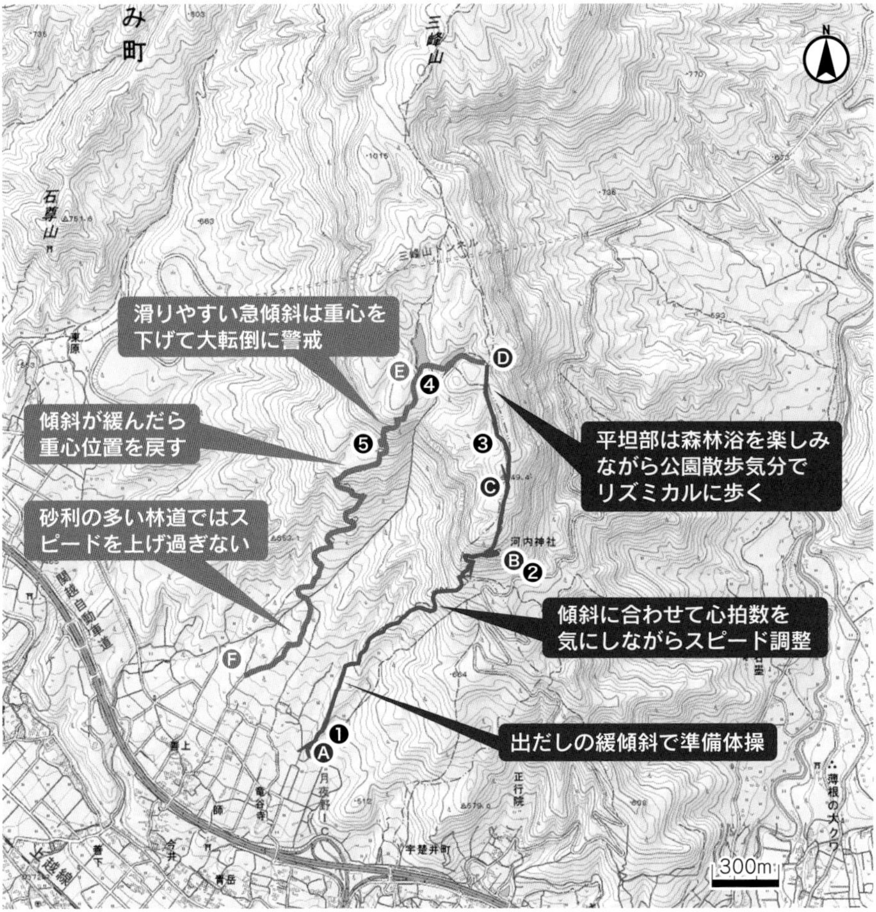

すが、程よく電光型に傾斜を緩めて登山道が設置されているため、急傾斜に喘ぐような場面はありません。若干スピードを落としていくだけで、立ち止まらずに神社手前の舗装林道に合流できるでしょう。舗装林道に入ると足元の不安定さはありませんが、傾斜はきつくなります。足元が歩きやすくなってもスピードはむしろ落とし気味で進みましょう。パラグライダー用の軌道を過ぎて階段を一上りすれば河内神社です❸❷。

短時間展望を楽しんだら大休止せずに北に進みましょう❸。傾斜はほとんどなくなるので、トレラン気分でスピードアップして歩くことができます❸。三峰沼付近は森林浴気分を満喫できるので、テンポよくリラックスして歩くことで筋肉の緊張度もほぐれます🅓❹。沼の西端に出ると師集落への下山道が分岐します🅔。出だしは引き続き森林浴気分ですが、すぐに三峰山側壁の急斜面を下る電光型登山道になります。露岩や砂礫が多いためバランスを崩しやすい足元です❺。十分重心を低くして大転倒とならないように注意深く足を進めましょう。道幅は広く、よく整備されているので、転落のリスクはありません。約100m標高を下げると、一気に傾斜が緩みます。傾斜が緩んだら、通常の重心位置に戻し、少しずつスピードアップしていきましょう。里山らしく作業道が複数分岐しますが、一番歩きやすい道を選んでいくと舗装林道に合流します🅕。「石切場跡を経て三峰沼・山頂へ」の小さな標識がありますが、目立たないので気づかずに通り過ぎてしまうかもしれません。舗装林道を下り、パラグライダースクールの標識に沿って舗装道路を約1km歩くと、出発点の登山口に戻ることができます。舗装林道・農道は整理体操を兼ねて歩くとよいでしょう。

山上の静かな沼 ❹

露岩の多い急坂 ❺

神社前からの南側展望 ❷

42. 三峰山【みつみねやま】温泉センター側から

町営温泉センター上手の
望郷ライン登山口から
山頂往復

体への影響度
心肺機能：＋＋＋（傾斜）
筋骨格系：＋＋＋（傾斜）
バランス：＋＋＋（足場の不安定さ）

● コースデータ … 片道＝距離 3.5km、標高差 500m、所要時間 80分
● アプローチ …… 望郷ライン路側帯駐車スペース

コースの特徴

山頂を往復する最短コースです。山頂台地の尾根に出るまでは急登があり、登りの体力強化に向いています。一部、枯れ葉や下草で登山道のわかりにくいところがあり、ルートファインディング能力の養成にもつながります。

望郷ライン登山口Ⓐ …40～60分…▶ 山頂台地尾根分岐Ⓑ …20～40…▶ 三峰山山頂Ⓒ

月夜野から望郷ラインを東に向かうと、町営温泉センターへの分岐を分け、三峰山トンネルの西側入り口手前200m付近の左側路肩に登山口がありますⒶ。立派な案内板が立てられていて、営林用の林道の分岐にもなっています。道標に従い、林道を進みます。なだらかな広い林道なので、準備体操をしながら歩けます❶。約５分で右手に登山道の道標が現れ、ここから山道が始まります。営林用と思われる目立つテープが小まめに付けられていて、道の判別に役立ちます。一部、登路とは異なる方向に付けられているものがあるので、盲目的にテープを追わず、しっかりと足元を確認しながら進みましょう❷。

平坦な林道歩きでスタート ❶

踏み跡を確認しながら上る ❷

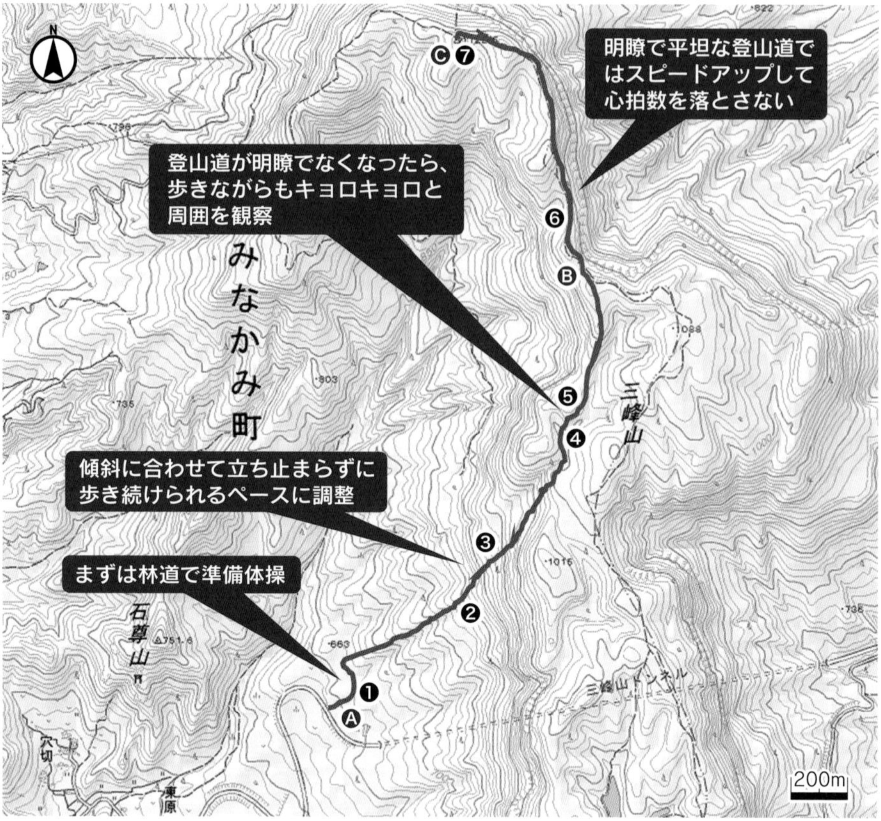

出だしは傾斜が緩やかですが、次第に傾斜が強くなるので、スピードを傾斜に合わせて落としていくとよいでしょう❸。足首を柔軟に使って、靴底をフラットに置き、大腿部の筋肉でしっかりと体を押し上げます。左に沢音が近づくと傾斜が緩んできます。沢を渡り、沢床に沿って歩くようになると、ほとんど平坦になります❹。足元を確認しながら今度はスピードアップしてみましょう。沢床から小尾根に上ると少し傾斜がきつくなりますが、前半ほどの傾斜ではないので、極端にペースを落とす必要はないでしょう❺。この辺りも落ち葉や下草で登山道がわかりにくい部分があります。歩きながらもキョロキョロと周囲を観察し、正しい登路を判別します。

道が北向きになると右手からの頂上台地上の登山道と合流しますⒷ。頂上台地上の登山道は通行者も多いので、ルートは明瞭です❻。小さなアップダウンはありますが、ペースを落とす必要を感じるような急傾斜はありません。トレラン気分でスピードを上げて頂上を目指しましょう。大きく登山道の方向が西方向に変わりだすと、やや急な下りとなり、下りきって今度は一気に上りに転じると頂上の広場に飛び出します❻❼。

台地上に向かって傾斜が強まる ❸

沢の上部を横断 ❹

沢床から小尾根に上がる ❺

台地上の明瞭な登山道 ❻

頂上台地北端に位置する山頂 ❼

43. 月夜野 石尊山【つきよの せきそんさん】

月夜野石尊山はみなかみ町月夜野の信仰対象の里山です。こぢんまりした山体ですが、岩塔が複数あり、変化に富んだ地形です。その地形を利用した洞窟遺跡があります。短時間のエクササイズに適した距離、標高差で、繰り返し歩くのに向いています。神社より上部は踏み跡がわかりにくいので、ルートファインディングの練習になります。

穴切地区登山口から
八束脛神社経由、
石尊山山頂往復

体への影響度
心肺機能：✚✚✚（傾斜）
筋骨格系：✚✚✚（傾斜）
バランス：✚✚✚（足場の不安定さ）

● コースデータ … 片道＝距離 610m、標高差 230m、所要時間 60分
● アプローチ …… 穴切地区登山口駐車スペース

コースの特徴

山頂までの距離・標高差が少なく、コンパクトな山歩きトレーニングができます。神社から上部は足元が不安定で踏み跡も不明瞭なため、下山時に迷うことのないように、ポイントを確認しながら、場合によってはマークを付けながら上るとよいでしょう。

穴切地区登山口駐車スペースⒶ …20〜40分…▶ 八束脛神社Ⓑ …20〜40分…▶ 石尊山山頂Ⓒ

山麓の穴切地区登山口には立派な案内板があります。神社の由来やルートマップをしっかり確認してから歩き始めましょうⒶ。出だしは畑の間の緩やかな道です❶。軽い準備体操になります。鳥居を過ぎると次第に傾斜がきつくなります❷。急斜面を直登するので、下腿後面の腓腹筋、ヒラメ筋が強化されます。傾斜が緩むと東原地区への分岐があります。上部に進路をとると程なく石階段が見えてきます。石階段は小ぶりで急傾斜

畑の間からスタート ❶

なため、かなり歩きにくいです。そのため左側に迂回路も付けられています。階段を上り切り、右側の露岩を上ると神社です❸。石の洞窟の下から２段目にはめ込まれていますⒷ❹。この辺りではバランス保持に適宜腕を使い、体を柔軟に上げ下げすることが肝心です。

神社の脇を突き抜けるようにして上部への踏み跡へ進みます。一段上の岩塔上部までは急斜面をはい上がるようにして上ります。岩塔の上か

鳥居をくぐって参道に進む❷

洞窟遺跡のある月夜野石尊山 ❸

らは沼田方面の視界が良好です❺。岩塔からは山頂に続く尾根をたどります。尾根に出ると少し踏み跡が明瞭になりますが、一段上で岩に行く手を阻まれ、左に枯れ葉の詰まった斜面を斜上して隣の尾根に移動します❻。この辺りは踏み跡が交錯しているので、下山時に備えて、よく地形を確認しながら歩きましょう。自信のないところではマークを付けてもよいでしょう。山頂直下の尾根には小さな社があり、社の上で傾斜が緩むと山頂は間近です🅒❼。

岩にはめ込まれた神社 ❹

岩塔上からの展望 ❺

小尾根を詰める ❻

森の中の地味な山頂 ❼

44. 迦葉山【かしょうざん】

迦葉山は沼田市のシンボル的な存在です。中腹の弥《み》勒《ろく》寺は天狗の面で有名な名刹で、多くの観光客が足を運びます。和尚台の岩塔往復を除けば、全体的にのんびりしたハイキングコースです。参拝と合わせて、森林浴を兼ねたトレーニングができます❶。

弥勒寺駐車場から迦葉山山頂往復

体への影響度
心肺機能：✚✚✚（傾斜）
筋骨格系：✚✚✚（傾斜）
バランス：✚✚✚（足場の不安定さ）

● コースデータ … 片道＝距離 1.1km、標高差 400m、所要時間 60分
● アプローチ …… 弥勒寺駐車場

コースの特徴

和尚台の岩塔往復以外は、傾斜の緩急はあるものの、安心して歩けるコースです。急傾斜部は速度を落として、平坦部は速度を上げて歩き、心拍数の変動が少なくなるよう心がけるとよいでしょう。和尚台の岩塔往復はちょっとした岩登りとなっていて、下部は溝の中のインサイドクライミング、上部は傾斜の緩いフェースクライミングが練習できます。ここでは弥勒寺駐車場からの往復のみ紹介しますが、下部の参道入り口から寺までの参道を追加すると距離は1km、標高差は200m追加となり、運動負荷量を増やすことができます❷。

弥勒寺駐車場Ⓐ …5～10分…▶ 弥勒寺Ⓑ …20～30分…▶ 和尚台Ⓒ …20～40分…▶ 迦葉山山頂Ⓓ

迦葉山のシンボル天狗 ❶

弥勒寺の参道を忠実にたどるとさらによい運動に ❷

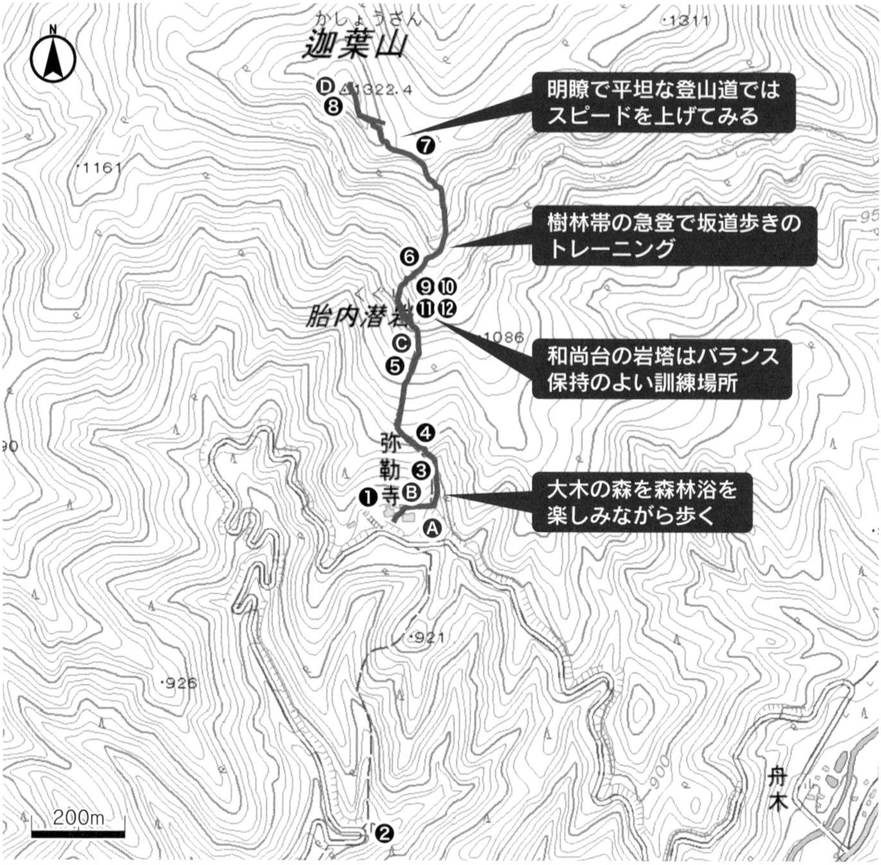

弥勒寺の駐車スペースから一段上がり、寺の境内に入りますⒶ。そして、山頂への道標に従って僧院間の渡り廊下の下をくぐると登山道に入りますⒷ❸。出だしは鬱蒼とした森の中を電光型に上る登山道です。足元のシダ類をめでながら徐々にペースを上げていくとよいでしょう❹。体が少し温まったぐらいのところから尾根上の急傾斜に移行します。木の根とガラガラした小石に足を取られやすいので一歩一歩確実に着地します。大

弥勒寺の境内から山中へ ❸

きな段差を上る部分では、手で木の枝や根をしっかりつかみバランス保持の補助に使いましょう。傾斜がさらにきつくなったと感じる辺りで和尚台の白い岩塔の基部が樹間に見えてきます。

シダ類の美しい登山道 ❹

和尚台基部を回り込む ❺

岩のスリットを通過 ❻

和尚台の木組みの社の下で岩塔へ上るルートが分岐しますⒸ。岩塔を上らない場合はそのまま正面左手に斜上する山頂への道へと進みます❺。岩塔はこの地点からの往復になるので、上る場合もこの地点に戻ってきます（岩塔往復については後記）。山頂への道は和尚台の岩塔を左手から巻いて尾根に上るようになっています。一部急な岩のステップや細い岩の割れ目をくぐるようなところがありますが、足場や手がかりはしっかりしており容易に通過できます❻。傾斜は中程度なので、脈拍が程よく上がる程度のペースを保って立ち止まらずに歩き続けるように心がけます。傾斜が緩んでくると山頂まではわずかです❼。道は明瞭で足元もしっかりしているので、緩傾斜に合わせてスピードを上げ、街中の散策のペースで山頂まで進みましょうⒹ❽。

（和尚台岩塔往復：岩登りの経験必要）

和尚台は風化の進んだデコボコの多い岩です❾。傾斜の強い部分もありますが、足元の摩擦は大きく、手がかりや足場は豊富です。鎖が山頂までほぼ切れ目なく付いていますが、鎖に頼らない方が体が安定する部分も多いので、よく周囲を見渡しながら、自然の出っ張りをうまく使うとよいでしょう。

出だしはチムニー（煙突を半分に縦切りしたような地形）状の岩溝です。鎖が垂らされており、上の岩棚に小さな社がはめ込まれています❿。鎖は所々バランス保持程度に使い、基本は体の両脇の岩と靴底の摩擦でせり上がります。岩の内側なので高度感はなく、鎖場に馴れた人ならば容易に中段まで上がれます。

中段でいったん岩塔の裏側に出て、木の根を頼りに上段のフェースへと右側に回り込みます。一度木の陰に入って視界が狭まりますが、すぐに上部が見渡せる鎖の下がったステップに出ます⓫。鎖は概ね３段に分かれていて、最下段の鎖から中段の鎖へは、一度鎖なしでフェース中段のステップを10m程度トラバースすることになります（下りでは中段の鎖を振ることで、鎖から鎖に持ち替えが可能です）。手がかりや足場はしっかりありますが、岩登りに慣れていないと高度感が気になるかもしれません。中段の鎖から上段の鎖は傾斜の緩い、足場の多い上りになるので、鎖をバランス保持に使いながら、足でしっかり体を押し上げるようにして、腕の力にはあまり頼らずに、岩塔頂上まで進みましょう。当然ながら岩塔上からは山頂側の北方向以外は遮るもののない展望を楽しめます⓬。

山岳信仰碑のある尾根道 ❼

静かな山頂 ❽

社の脇から取り付く ❾

岩の裂け目に潜り込む ❿

下りは全く同じルートを戻ります。目の位置と次の足場が上りよりも遠くなるので、体を柔軟に使い、しっかりと次の足場を確認しつつ下りましょう。岩から体を離した方が、良好な視野が得られ、バランスのよい安定した下りが可能になります。

長い鎖場を見上げる ⓫

360度展望のある岩塔上 ⓬

Column … ❾　迦葉山

迦葉山自体も弥勒寺を中心とした山岳信仰の霊山ですが、谷を隔てた対岸にも弘法岩という信仰対象の大岩があります。群馬県内には弘法大師ゆかりの温泉や湧き水が複数ありますが、国土地理院の地図に「弘法」の文字があるのはここだけのようです。しかしながら、歴史研究家によると、弘法大師空海自身が東日本を訪れたことはないようで、弘法大師が日本に広めた密教を信仰し山岳修行を実践した高野聖や修験僧にゆかりのある地名に「弘法」の名が付けられているようです。

45. 玉原高原・鹿俣山【たんばらこうげん・かのまたやま】

上州武尊山の西側斜面を形成する玉原高原のピークです。玉原湖、玉原湿原、玉原スキー場を見下ろし、南西方向に視界がきく展望地になっています。スキー場は夏季にはラベンダーパークとなり、積雪期にはスノーシュートレッキングにも至適な地形です。四季を通じて傾斜地歩きと自然探訪が楽しめるエリアです。

玉原高原センターハウスから
玉原湿原、鹿俣山、
キャンプ場 周回

体への影響度
心肺機能：✚✚✚（傾斜）
筋骨格系：✚✚✚（傾斜）
バランス：✚✚✚（足場の不安定さ）

● コースデータ … 周回＝距離 9km、標高差 450m、所要時間 180分
● アプローチ …… 玉原高原センターハウス駐車スペース

コースの特徴

平坦地と緩傾斜道で形成される心肺機能への負荷が少ないルートです。距離は10km弱と山の練習コースとしては長めですが、湿原やブナの森、南西方向の遠望を楽しみながら歩けば決して長くは感じないでしょう。平坦地や傾斜のごく緩い部分では山道でも少しペースを上げて歩いてみることでトレーニング効果が上がります。スキー場を横断する部分やキャンプ場内では歩行可能な踏み跡が交錯するので、ペースを上げても方向を見誤らないように注意が必要です。

玉原高原センターハウスⒶ …5〜15分…▶ 玉原湿原Ⓑ …20〜40分…▶ ブナ平（ブナ地蔵）Ⓒ …50〜70分…▶ 鹿俣山山頂Ⓓ …40〜60分…▶ キャンプ場Ⓔ …20〜40分…▶ 玉原高原センターハウスⒶ

玉原高原センターハウスには立派な案内板とビジターセンターがあり、駐車スペースも十分ありますⒶ。一般車両通行止めの舗装道路を下り始めるとすぐに銅金沢沿いにスキー場から下ってくる登山道が分岐します。さらに道路を下ると右側に湿原への入り口があり、木道に導かれて湿原遊歩道へと進みますⒷ。湿原内では木道上を歩くことになるので、風景をめでながら準備体操のつもりで歩きましょう❶。湿原の反対側に到達するとブナ平への分岐

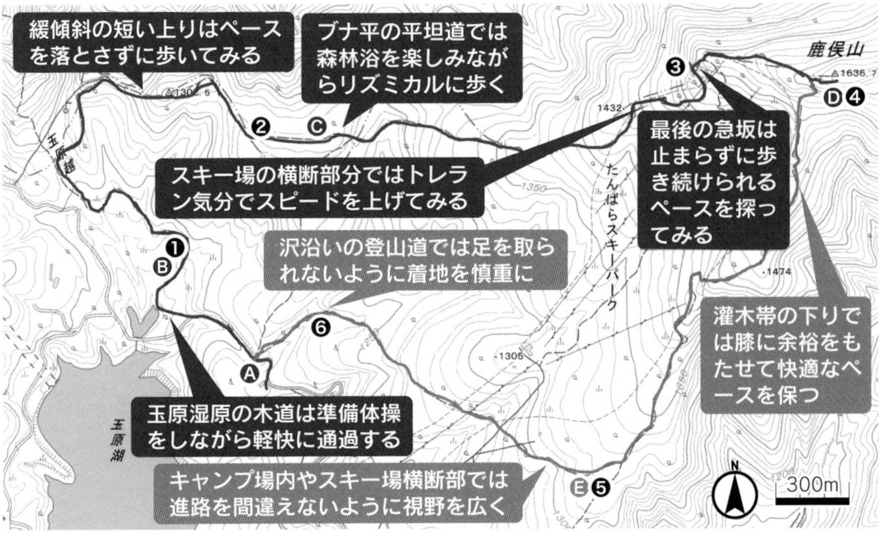

が現れます。湿原からブナ平への登路は複数あり、どれを選択しても大きな違いはありません。緩い傾斜で標高を上げてゆくとブナの森の尾根に飛び出します。尾根上の道は平坦部が多く、足元も安定しているのでペースを上げて歩くことができます❷。

ブナ平のほぼ中央に位置するブナ地蔵はブナの大木の根元にできた天然の木製地蔵ですⒸ。尾根をさらに東に進むと次第に傾斜がついてきますが、急なところはありません。後半部分はスキー場のコースを西から東、東から西へと横断しながら滑降コースの両脇に付けられた山道を歩くことになります❸。少し興醒めですが、南方向の視界は良好です。スキー場最上部に出るところでは一度傾斜が急になります。傾斜がきつくなったら一気にペースを落とし、しかし立ち止まらずに歩き続けること

木道の伸びる湿原内 ❶

緩やかな尾根上の登山道 ❷

に努めましょう。傾斜と心肺機能への負荷の関係が明瞭に感じられる部分です。急坂が終わると、いったんわずかに下り、平坦路になります。下りに使うスキー場東側の道への分岐を過ぎて、傾斜が少し急になった登路をもう一息上れば鹿俣山の山頂ですⒹ❹。

下りは距離が少し短いスキー場東側のコースをとります。灌木帯と笹原で構成された緩傾斜の下りです。膝に少し余裕を持たせることに心がけつつ、快適なペースで下りましょう。何度かスキー場に出ますが、道標に導かれつつ森の中を下るとキャンプグラウンドですⒺ❺。キャンプグラウンドから下はほぼ平坦路が続き、道路やスキー場内の林道、リフトなどと交差しながら銅金沢へ向かいます。途中で山桜の巨木の下を通ります。沢沿いに出ると木の根やぬかるみで足を取られやすくなります。足元に注意して少しペースを落としましょう。湿原を通らずに直接ブナ平へ上がる登山道を右に分けると間もなく舗装道路に合流します❻。整理体操をしながら道路を左に進めばすぐにセンターハウスですⒶ。

スキー場上部を通過する ❸

最高地点の鹿俣山山頂 ❹

キャンプ場もある森の小径 ❺

沢を渡って道路へ合流 ❻

46. 大峰山【おおみねやま】大峰沼から周回

北に上越県境の山々を俯瞰する月夜野集落の裏山です。大峰沼をはじめいくつかの湖沼を山腹に持ち、森林浴エリアとしても貴重な存在です。電車駅から集落を抜けて往復することも、峠越えの舗装林道からアプローチすることも容易です。北側の吾妻耶山とセットにして距離を伸ばすことも可能です。なお、夏場の湿度の高い時期には大峰沼周辺に山ヒルが多いため、足回りはしっかりとガードしておきましょう。

大峰沼から周回
（見晴荘上林道駐車場から）

体への影響度
心肺機能：✚✚✚（傾斜）
筋骨格系：✚✚✚（傾斜）
バランス：✚✚✚（足場の不安定さ）

- **コースデータ … 標高差380m、周回距離 6km、標準タイム150分**
- **アプローチ …… 車道1km以下**

コースの特徴

林道、森の中の散策路、尾根に上がる急登、稜線上の急階段など短い中にさまざまな要素が含まれています。大峰沼の静かな佇まいを周回するのも森林浴的にとても効果的です。山頂付近の電波塔群や、展望が限られていることは欠点ですが、全体としてとても雰囲気のよいエクササイズコースです。

林道駐車場登山口Ⓐ …20〜40分…▶ 大峰沼Ⓑ …（沼北東伐採地経由）40〜80分…▶ 山頂Ⓒ …20〜40分…▶ 大峰沼Ⓑ …（大沼超経由）20〜40分…▶ 林道駐車場登山口Ⓐ

舗装林道からさらに未舗装林道を数百mでトイレのある駐車場に着きますⒶ。ここからも舗装–未舗装林道を大峰沼まで歩きます。極めて緩傾斜なのでウオームアップとして適切な運動になります。途中に古沼が左手にありますが、時間があれば帰りに寄り道するぐらいでよいでしょう。大峰沼に到着すると古いキャンプ場跡ですⒷ❶。沼を湖面に沿って1周することもできますが、それも山頂往

キャンプ場跡から大峰沼 ❶

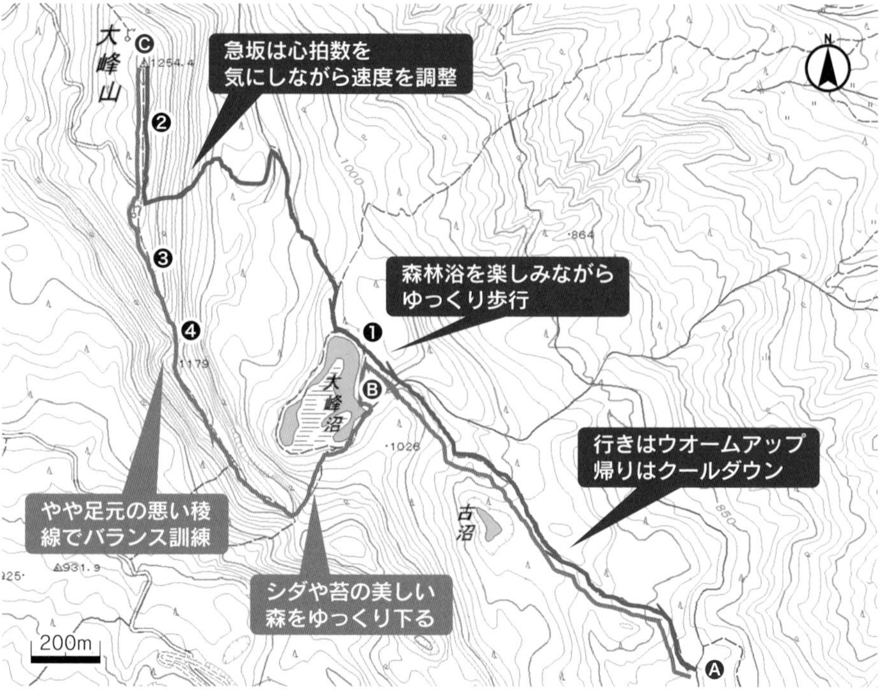

山頂手前の展望台 ❷

岩尾根を南に進む ❸

復後の整理体操として利用するのがお勧めです。

いったん、北東側へ進むとすぐに吾妻耶山・大峰山頂方面の道が北に分岐します。一段上がると、今度は吾妻耶山方面と大峰山頂方面の道が分岐するので、左側の大峰山頂方面へ進みましょう。少し傾斜がきつくなりますが、すぐに平坦な伐採地に出ます。伐採地の向こう側には斜上する登山道が見えるでしょう。

伐採地から山頂稜線まではこのルートで最も傾斜のきついところです。電光型に道が付けられていますが、少しペースを調節しないと一気に頂上稜線まで上がるのがつらいかもしれません。特に、稜線直下の階段状のところは補助ロープが設置されているぐらいの傾斜です。しかし、距離は決して長くないので、速さを調節すれば休みなしで山頂まで歩き続けられるでしょう。

稜線に出ると平坦になり西側斜面から未舗装林道が合流します。稜線に沿って３本の電波塔が並んでいて、この間は北側の山頂までかなり速度を上げて歩けます🅒❷。山頂からはさらに北の吾妻耶山まで登山道が続いています。標高差はさほど大きくないので、時間と体力に余裕があれば、吾妻耶山頂を往復して、ノルン水上スキー場から大峰山東側の登山道で大峰沼に戻るルートも取れます。

大峰山頂から直接大峰沼に戻る場合は、上りとはルートを変え、大沼越経由で大きく大峰沼を回り込むルートがお勧めです❸。途中、95段の鉄階段を急登することになりますが、西側の沢源頭や東側の大峰沼を眺めながらバリエーションのある稜線歩きが楽しめます❹。ちょっとしたバランス能力のトレーニングにもなります。大沼越の十字路では左に曲がり、大峰沼に向かってシダと苔の茂った斜面を下ります。この下りはあっという間で、大峰沼の南端に下り立ちます。沼周回道をたどり、いったん旧キャンプ場管理施設まで戻り、そこからは上りでたどった林道を駐車場まで歩きます。足元にほとんど不安はなく、整理体操にちょうどよい傾斜です。

切通し部の急階段 ❹

47. 大峰山・吾妻耶山【おおみねやま・あづまやさん】

群馬サイクルスポーツセンターから周回

体への影響度
心肺機能：✚✚＋（傾斜）
筋骨格系：✚＋＋（傾斜）
バランス：✚＋＋（足場の不安定さ）

● コースデータ …… 林道ゲートから大峰林道経由大峰山頂まで＝片道:距離 4.0km、標高差　上り320m、所要時間 80分
大峰山頂から吾妻耶山頂まで＝片道:距離: 2.2km、標高差
下り＝距離 80m、上り 170m、所要時間 70分
吾妻耶山頂からスキー場経由大峰沼まで＝距離:片道 3.2km、標高差
下り 340m、所要時間 80分
大峰沼から大沼越経由大峰林道ゲート＝片道:距離: 1km、標高差 上り 100m、下り 150m、所要時間 40分
（全コース合計10.4km、累積標高差590m）
● アプローチ …… 未舗装林道ゲートまで舗装道路から1.1km

コースの特徴

大峰山西側の林道から大峰山頂を経由して吾妻耶山頂に至り、下りはスキー場経由で大峰沼に下りてから、沼の西側の大沼越峠を越えて、林道に戻るルートです。林道部分が多く、足場の悪いところは少ないので、スピードを上げて比較的長い距離を歩くトレーニングができます。悪天候の時などは林道ゲートから大峰山頂を往復するだけにして、坂道を歩くトレーニングのみとすることができます。また、東側や北側の登山道と組み合わせて、距離や標高差を調節してみてもよいでしょう。

大峰林道ゲート登山口Ⓐ …40～60分…▶ 猿ヶ京方面林道分岐Ⓑ …20～40分…▶ 大峰山山頂Ⓒ …20～40分…▶ 赤谷越峠Ⓓ …20～40分…▶ 仏岩方面分岐Ⓔ …5～15分…▶ 吾妻耶山頂Ⓕ …20～40分…▶ 赤谷越峠分岐Ⓖ …20～40分…▶ 一本鳥居Ⓗ …15～25分…▶ 大峰沼Ⓘ …15～25分…▶ 大沼越Ⓙ …15～25分…▶ 大峰林道ゲート登山口Ⓐ

群馬サイクルスポーツセンター入り口から北側に約200m進むと北東に未舗装の広い林道が分岐します。サイクルスポーツセンター内の舗装コースの上側を橋で越え、次にコースの下を橋でくぐると林道入り口から約1kmの地点で林道が分岐します。道標に従って、右手のやや急な林道を100m進む

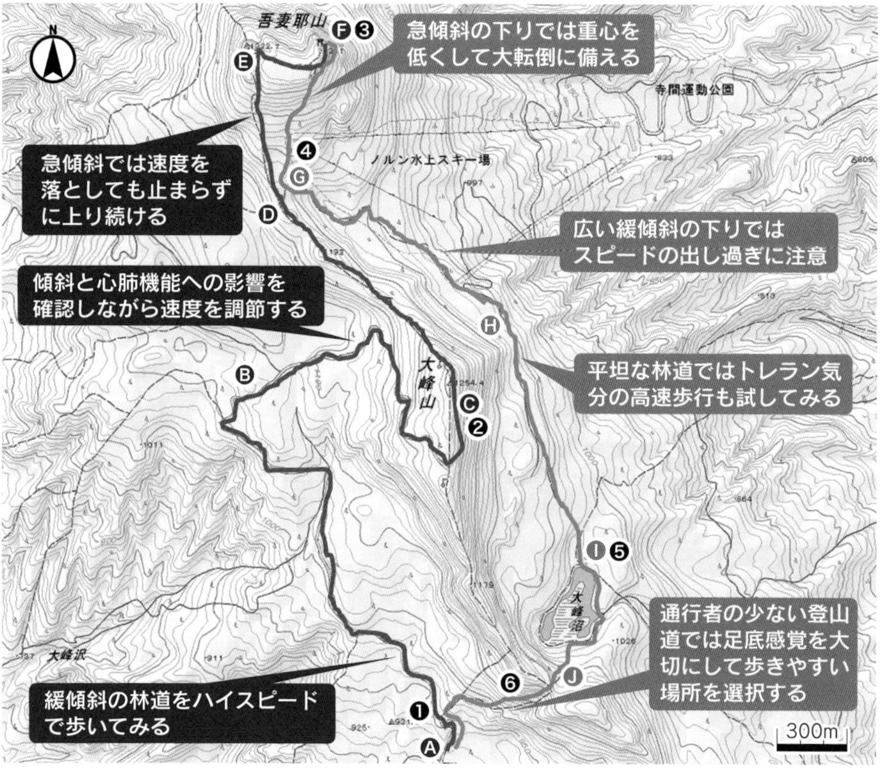

と登山口の林道ゲートです🅐。駐車スペースが２台分程度あります。

ゲートの脇を通り、さらに200mほど進むと大沼越への登山道が東に分岐します❶。こちらからでも大峰山頂に進めますが、まずは傾斜の緩い林道を一定の速度で歩く練習をお勧めします。街中のウオーキングのペースよりも多少遅い程度の速度で歩くことができる傾斜です。猿ヶ京方面への林道分岐を過ぎると傾斜が急になります🅑。足元に不安がないので、傾斜と心肺機能への負荷の関係を明瞭に自覚できます。傾斜の強いところで歩行速度を上げると途端に心拍数が増え、呼吸が荒くなることがわかるでしょう。分岐ごとの道標に大峰山頂方面が明瞭に記載されているので、道が

林道奥から大峰山へ ❶

不案内になることもなく、歩きに専念してトレーニングができます🅒。

大峰山頂からは往路を戻ることも、いったん南に大沼越まで尾根道を歩いてから西側の林道に戻ることも、東側の大峰沼に下りてから再度大沼越まで上り返し、そこから西側の林道に戻ることもできます。時間や体調、気象条件に応じて適宜運動負荷量を調整するとよいでしょう。ここでは、時間に余裕がある時向きの、さらに吾妻耶山頂を踏むルートで紹介します❷。

大峰山頂から電波塔の東側を通って、北西に伸びる尾根道を進みます。下り始めの傾斜はやや急ですが、すぐに緩傾斜になります。木の根や小岩のデコボコはあるものの比較的歩きやすい登山道です。標高差80mほど下ると赤谷越峠の分岐で最低鞍部となります🅓。ここからの上りは本ルートの中では最も急坂です。電光型に傾斜の緩和が図られているものの、ペースは一気に落ちるでしょう。上りの距離は長くないので、心拍数を指標にして、息が上がり過ぎないペースを保ち、大休止せずに仏岩への分岐まで上り切りましょう🅔。仏岩への分岐を北北西に分けると頂上台地の平坦な登山道となります。傾斜がなくなると心肺機能への負荷が一気に小さくなることが実感されると思います。吾妻耶山の山頂へはほぼ平坦な道を東方向に進みます。スキー場への下山道を分岐するとすぐに石の祠が並ぶ山頂です🅕❸。

下りは山頂から往路をわずかに戻り、左手のスキー場への下山道へと入ります。傾斜はやや急ですが、足元の障害物は少なく、比較的安定しています。重心を低めに保って大転倒を避けるようにしましょう。傾斜が緩み、シダの見事な林間の道になるとスキー場の最上部に飛び出しま

大峰山山頂付近から各方向に登山道が分岐する ❷

吾妻耶山頂の平坦地 ❸

スキー場上部の草原 ❹

静かな大峰沼 ❺

植林帯の急な下り ❻

す。草の少ない時期にはそのままスキー場内を下ることもできますが、登山道はゲレンデの右端の林間に付けられています❹。往路で通過した赤谷越峠への短い接続路を右に分けⒼ、もう一段林間を下ると再度スキー場コース内の林道に合流します。道標がわかりにくくなっていますが、路なりにゲレンデ内の歩きやすいところを下っていくと、ゲレンデ南端のスキーリフト降り場で大峰沼方面、寺間方面への林道がそれぞれゲレンデから南方向、南東方向へと分岐します。大峰沼方向へは貯水池の脇を通り、一本鳥居の方向に進みますⒽ。しばらくは広い林道で、スピードを上げてトレラン気分で歩く、走ることができます。下りで速度を上げても心肺機能への負荷は大きくなりませんが、膝や足首の関節には大きな力がかかるので、それらの関節周囲の筋肉を鍛えていない人は速度の上げ過ぎに注意しましょう。林道が上りに転じるところで左に大峰沼へのハイキングコースが分岐します。道標がありますが、目立たないので速く歩いていると見過ごすかもしれません。林道を行き止まりまで進んでも、大峰沼から大峰山への直登登山道と直交するので、回り道ながら大峰沼へも抜けられます。大峰山への分岐、上牧への分岐を分けると大峰沼に到着ですⒾ❺。

大峰沼からは沼の周回道で沼の南端に回り込み、そこから大沼越へと約100m上ります。崩れかけた木階段がありますが、それほど歩きにくくはありません。距離も短いので特段スピードを落とさなくても峠まで上り切れるでしょうⒿ。大沼越からは大峰山頂へと続く尾根道を乗り越え、植林地帯を西方向に下ります。しばらくは林間の急坂ですが、次第に傾斜が緩み山腹の伐採地をトラバース気味に下るようになります❻。通行者が少ないため、夏季は雑草で道が判別し難くなっています。それでも歩きやすいところを選ぶようにして進めば、大沼越から150mの標高差を下ったところで往路の林道に合流します。林道を左に下ればすぐにゲートに到着ですⒶ。

48. 吾妻耶山【あづまやさん】仏岩【ほとけいわ】側から

東の水上温泉と西の猿ヶ京温泉の中間に位置し、周辺集落の信仰の対象となっている独立峰です。北に谷川岳連峰をひかえ、県境稜線からは離れているものの、脊梁山脈に近い気象環境にあります。南東斜面は山頂近くまでスキー場となっていますが、登山道の付けられているエリアは鬱蒼《うっそう》とした森林地帯で、森林浴を楽しみながらトレーニングができます。

仏岩トンネル東側
登山口から往復

体への影響度
心肺機能：✚✚✚（傾斜）
筋骨格系：✚✚✚（傾斜）
バランス：✚✚✚（足場の不安定さ）

- コースデータ … 片道＝標高差 500m、距離 2.4km、標準タイム 90分
- アプローチ …… 車道1km以下

コースの特徴

頂上台地にせり上がるまでの標高差200mはかなりの急坂ですが、全体として、なだらかな尾根道歩きが続きます。鬱蒼とした森林の中を歩くので、展望はききませんが、天候の影響を受けにくく、ゆったりとした森林浴が楽しめます。

仏岩トンネル東側登山口Ⓐ …20～40分…▶ 赤谷越Ⓑ …40～60分…▶ 大峰山方面分岐Ⓒ …5～15分…▶ 吾妻耶山頂Ⓓ

仏岩トンネルの東側入り口の南側に駐車スペースがあり、トイレや案内板が設置されていますⒶ。休憩用の東屋の脇から登山道が始まります❶。所々、電光型に傾斜を落としながら、赤谷越の峠に向かって上っていきますが、上りの心肺負荷に体を慣らす程よい傾斜です。しっかりした道標の付けられた峠に上がると平坦な尾根道になりますⒷ❷。すぐに左手に巨大な仏岩が現れますが、森に覆われた登山道からは、岩峰の最上部が木々の間にかすかにのぞける程度で、ほとんど基部しか見えません❸。全体像を確認するには紅葉シーズンの終わり頃、木の葉の少なくなったシーズンに訪れるしかありません。

尾根上のほぼ平坦な部分は足元も安定していて、安心してスピードアップして歩くことができます。多少の起伏があってもあまりスピードを変化させ

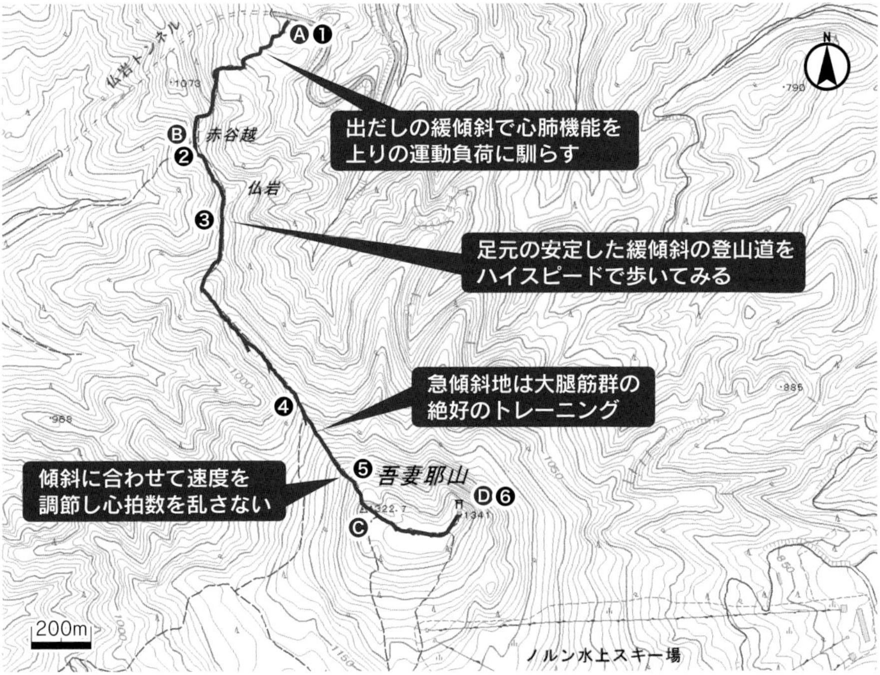

ることなく、一定のペースを保ちつつ歩いてみるとよいでしょう。約1kmの平坦部の後、山頂台地直下の急登になります。木の根の張った急斜面を大腿部の筋肉をふんだんに使って腿上げトレーニングの要領で高度を稼ぎます。山頂を巻く猿ヶ京方面への道を右手に分けると、一段と傾斜がきつくなります❹。足元は比較的安定していますが、心拍数を指標にオーバーペースにならないようスピードを調整しながら上りましょう。

急坂がいったん終わり、左手が柱状節理の岩壁となっている沢床に下

トンネル脇から始まる登山道 ❶

尾根に上がると平坦に ❷

りると頂上台地の直下です❺。沢床からもう一段急坂を上ると頂上台地の緩斜面となります。右側から大峰山方面からの登山道が合流するところで道は完全に平坦になりますⒸ。そのまま東方向に向きを変えながらスピードを上げて進むと、わずかな上りで吾妻耶山の山頂です❻。傾斜の変化で心肺機能への負荷が大きく変わることが実感できるコースです。

巨大な仏岩の基部を通過する ❸

平坦部から急坂へ ❹

頂上台地直下の苔むした沢の源頭部 ❺

吾妻耶山頂の石祠群 ❻

Column … ⑩　吾妻耶山

群馬県には「吾妻」「東」「四阿」などの漢字があてられた「あづ(ず)ま」と発音する地名が多数あり、本書にも複数登場します。日本武尊命《やまとたけるのみこと》が弟橘媛《おとたちばなひめ》をしのんで「あづまはや」と歎いた地にこの名を付けたと「日本書紀」に記されているようですが、それにしても、いろいろなところで歎かれたものです。おそらくは、方角の東や、簡易建屋の東屋、吾妻姓を名乗った山麓住民なども、山名に関係しているものと思われます。仲間と「明日は『あづまやま』に登ろう」と相談した際に、別の山に行かないように注意が必要です。

高山散策が楽しめる県境エリア

最後に群馬県境付近の道路から簡単に取り付けるおすすめコースをいくつか紹介します。毎週通うのはちょっと大変ですが、高速道路を使えば県央部から登山口まで１時間から１時間30分程度です。天気の安定した時に訪れれば、小旅行を兼ねて爽快なトレーニングができます。

八間山-白砂山間の爽快な尾根道

49. 湯ノ丸山【ゆのまるやま】

湯ノ丸山は長野県との県境に位置する、群馬県のほぼ西端のピークです。2100mを超える標高がありますが、登山口の地蔵峠の標高も高いので、比較的お手軽に高山散策が楽しめます。冬場にはスノーシューハイキングとスキーの両方が楽しめ、アウトドア愛好家には利用価値の高い山域です❶。

真冬の湯ノ丸山山頂 ❶

地蔵峠から山頂・角間峠経由周回

体への影響度
心肺機能：✚✚✚（傾斜）
筋骨格系：✚✚✚（傾斜）
バランス：✚✚✚（足場の不安定さ）

- コースデータ … 地蔵峠から湯ノ丸山 山頂＝片道：距離 2.0km、標高差 400m、所要時間 90分
  地蔵峠から山頂・角間峠経由＝周回：距離 8.2km、標高差 630m、所要時間 210分
- アプローチ …… 地蔵峠 湯の丸スキー場 駐車場向かい側に登山口

コースの特徴

地蔵峠は群馬県嬬恋村と長野県東御市の境に位置し、標高は1,732mあります。6月末のツツジの時期はハイカーも多く訪れますが、それ以外の時期は静かです。道路からすぐに快適なトレイルが始まり、山頂往復、ここで紹介する角間峠を回る周回、烏帽子岳までの往復追加など、その時の気象条件や体調、時間の余裕に合わせて運動量を調整することも容易です。

地蔵峠Ⓐ …20～40分…▶ 鐘分岐Ⓑ …40～80分…▶ 湯ノ丸山 山頂Ⓒ …20～40分…▶ 角間峠Ⓓ …20～40分…▶ 標高1650m 旧スキー場広場Ⓔ …20～40分…▶ 鐘分岐Ⓑ …20～40分…▶ 地蔵峠Ⓐ

地蔵峠から湯の丸スキー場の西側ゲレンデに進むと、すぐに湯ノ丸山への登山口を示す道標がありますⒶ。ゲレンデ内はどこでも歩けるので季節によっ

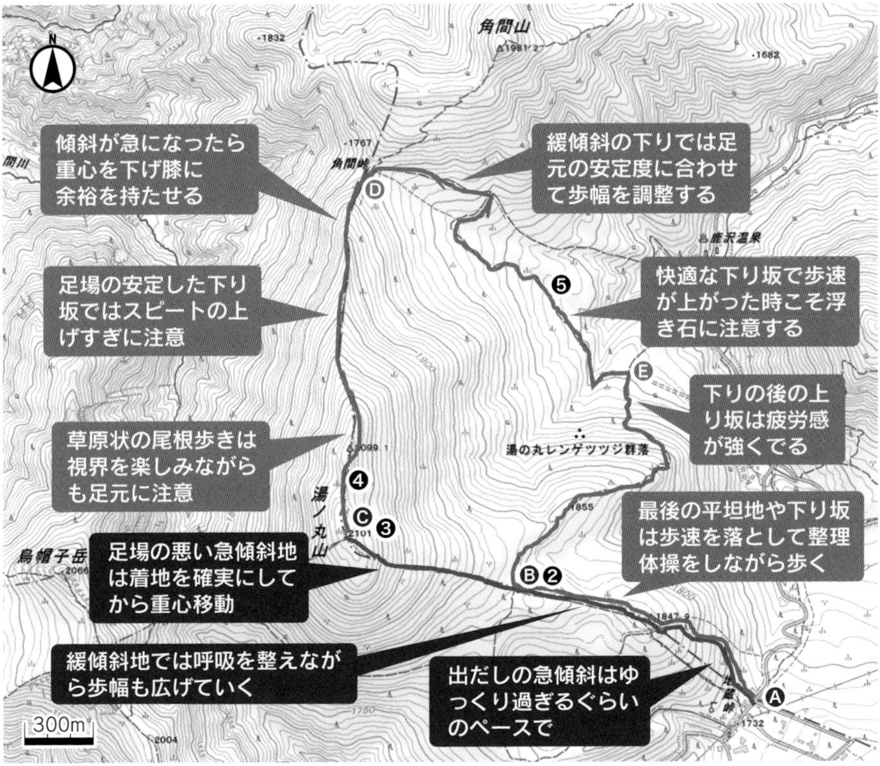

ては踏み跡が不明瞭かもしれません。地図上の登山道はリフトの右手(北側)にありますが、どの踏み跡をたどってもリフト終点を目指せば大差はありません。いずれにしても、歩きだしにしてはかなり急なので、遅いペースから徐々にピッチを上げていくことをお勧めします。

リフト終点には立派な案内板と道標があり、ほぼ平坦な道を湯ノ丸山山頂方向に進みます。登山道の道幅は広く、足元も安定しているので、呼吸を整えながらペースを上げていくことができます。案内板と鐘のある「鐘分岐」からは山頂まで急坂が続きます🅑❷。出だしから徐々に傾斜がきつくなっていくので、傾斜に合わせてペースを調整していきます。もっとも快適に歩ける時の心拍数を指標にして、その心拍数を維持するようにしましょう。足元も不安定な尖った石が多く、岩の段差を乗り越えるところもあるので、距離の割には時間がかかるところです。灌木がなくなり、笹の草原状になると山頂までわずかです🅒❸。

鐘分岐から急坂に ❷

広く展望のきく山頂 ❸

山頂から上りと同ルートを戻る場合は、足場の不安定な急坂で足を取られないように慎重に足場を確認しながら下ることが必要です。重心を低めにして、膝に余裕を持たせ、もし足が滑っても大転倒とならないようにしましょう。距離は長くなるものの、足場も安定していて、足首や膝関節への負担が少ないのは、角間峠を経由するルートです。下り始めは低い熊笹の草原ですが、すぐに灌木帯に入ります❹。傾斜がきつい部分が角間峠の手前にありますが、距離はわずかですⒹ。角間峠からは、

草原から灌木帯へ ❹

直進して角間山を経て鹿沢スキー場へ向かうルートと旧鹿沢温泉、地蔵峠(九十番観音)方面に出るコースに分かれます。地蔵峠の出発点に戻るには右の旧鹿沢温泉、九十番観音方面に曲がります。かつてはスキー場、牧場だったところなので、傾斜も緩く、灌木が増えたものの歩きやすい道が続きます。500mほど緩斜面を下ると旧鹿沢温泉に真っすぐ下るコースと九十番観音、地蔵峠方面へのコースに分岐します。出発点に戻るには右へ進みます。傾斜はさらに緩くなるのでスピードを上げて下ることも容易ですが、小沢を渡るところや土砂の流出部もあるので、足元の変化には注意を払いましょう❺。

登山道が林道状に変わったところから、わずかに上ると東屋のある広場に出ますⒺ。スキー場時代にリフト乗り場や建物があったところですが、現在は草原になっています。ここは十字路になっていて、旧鹿沢温泉に下りる道と、直進して未舗装林道で舗装道路の九十番観音と名付けられた地点に出る道、右に折れて鐘分岐に上り返す道に分かれます。道路歩きが入りますが、地蔵峠に最短で戻るには直進です。体力に余裕があれば標高差が約200mありますが、上り返して鐘分岐に戻りましょう。下りの後の上り始めは使う筋肉が変わり、心肺機能への負荷が急に増えるので、最初の上りよりもきつく感じるはずです。下りの歩速から一気にペースを落とし、遅過ぎるぐらいの速度から徐々にペースを上げるようにしましょう。鐘分岐までの前半はスキー場時代に上級者コースだったところなので、傾斜はかなり急です。灌木がまばらになり、笹の草原状になると傾斜は一気に緩みます。進行方向左に東屋が見えるようになると、道はほぼ平坦になり鐘分岐までわずかですⒷ。

鐘分岐まで戻ったら、スキー場南側のキャンプ場を経由するコースとゲレンデに戻るコースのどちらを選んでも大差なく出発点の地蔵峠に戻れますⒶ。足元はスキー場側の方が安定しています。周回の最後は整理体操をしながら快適なペースで歩き切りましょう。

牧場内の広い登山道 ❺

50. 四阿山【あずまやさん】

四阿山は群馬県と長野県の県境に位置する古くからの信仰の山です。登山道や山頂には山岳信仰の石碑や社が多くあり、現在でも多くの人が参詣目的で山を訪れていることがわかります。全体的に森に覆われていますが、標高は2,300m以上あるので、視界のきくポイントからは雄大な風景を楽しむことができます❶。

鳥居峠林道奥駐車場から華童子の院跡経由山頂、的岩経由下山

体への影響度
心肺機能：＋＋＋（傾斜）
筋骨格系：＋＋＋（傾斜）
バランス：＋＋＋（足場の不安定さ）

- コースデータ … 鳥居峠林道奥駐車場から華童子の院跡経由山頂＝片道：距離 4.2km、標高差 730m、所要時間 180分
  山頂から的岩経由鳥居峠林道奥駐車場＝距離 3.9km、標高差 下り730m、所要時間 150分
- アプローチ …… 鳥居峠から林道奥駐車場まで未舗装林道 3km

コースの特徴

2,000mを超える高峰ながら、登山道はよく整備されていて、危険を感じ

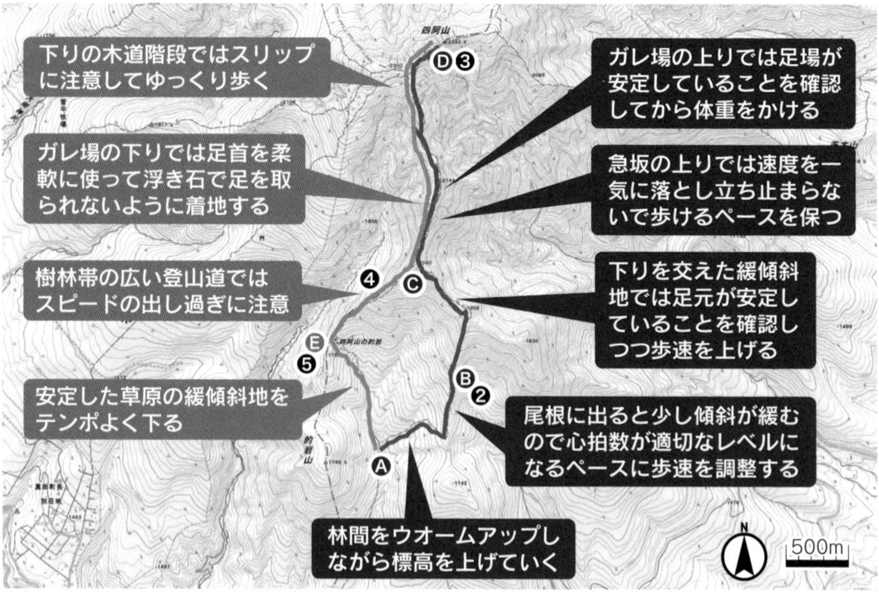

るような場所はなく、高原の散策気分で歩けるコースです。ある程度の標高差を極端な急傾斜なく上り下りするので、心肺機能を徐々に強化していく際に登ってみるとよいでしょう。

鳥居峠林道奥駐車場Ⓐ …30〜70分…▶ 華童子の院跡Ⓑ …30〜70分…▶ 的岩コース分岐Ⓒ …60〜100分…▶ 四阿山 山頂Ⓓ …40〜80分…▶ 的岩コース分岐Ⓒ …40〜60分…▶ 的岩Ⓔ …30〜50分…▶ 鳥居峠林道奥駐車場Ⓐ

国道144号鳥居峠から未舗装の林道が北に伸びており、3km奥の登山口まで車で入れるようになっていますⒶ。この林道が通れない場合は片道1時間弱の林道歩きが上り下りで追加されるので、運動量が多くなります。駐車場は華童子の院跡を経由するコースと的岩コースの合流部に位置していて、行き帰り別のコースを歩いても同地点に戻れるので登山者には好都合です。どちらから上っても距離的には大きな差はありませんが、華童子の院跡を経由するコースのほうが視界は良好です。

駐車場からほぼ真東に向かって笹の緩斜面を上り始めます。山腹に斜めに道が付けられているので、傾斜はそれほどきつくありません。足元も安定しているので、立ち止まらずに歩き続けることができるペースを保ち、ウオームアップしながら上りましょう。尾根に上がると傾斜が緩みます。登山道はよく整備されているので、少しペースアップできるでしょう。木階段を上ると華童子の院跡に到着ですⒷ❷。この辺りで心拍数を1回チェックしておきましょう。的岩コースとの分岐点までも緩傾斜の上りですⒸ。一定の速度で歩き続ける練習に向いています。

湯ノ丸山から見た雲海に浮かぶ四阿山 ❶

所々、木道も設置されている登山道 ❷

的岩コースとの分岐を過ぎると平坦地になり、山頂方向への登山道が笹の草原を縫うように付けられていることがわかります。傾斜が急になってきたら歩速を落とし、心肺機能への負荷が大きくなり過ぎない速度に調整します。短い距離ながらガレ場の上りがあるので、重心を移動させる前に着地点の安定性を確認しながら歩くことを心がけましょう。浮き石で足をとられると、体力、筋力のロスになります。

気持ちのよい草原状の登山道が森の中に入ると、いったん傾斜が緩みます。わずかな下りもありますが、ここではペースを上げることなく最後の上りに備えましょう。嬬恋清水から先で若干傾斜がきつくなりますが、足元がしっかりしているのであまり気にならないでしょう。急傾斜地には木枠階段が付けられていますが、濡れている時は苔むした板面でスリップしないように気を付けましょう。上田側からの登山道、根子岳からの登山道を順次合わせると山頂はすぐですⒹ❸。

下りで的岩コースを使う場合も的岩コースと華童子の院コースの分岐までは上りと同じコースを歩きます。登山道はしっかりしていますが、濡れた木製階段やガレ場の浮き石でスリップしないように慎重に足を運びましょう。華童子の院コースを左に分けると、コメツガ原生林の林間を緩い傾斜で下るようになります❹。県境トレイルのロープがかなりの長さで張られているので、道も明瞭です。思わずスピードを上げたくなりますが、木の根に足を取られないようにほどほどのペースに抑えましょう。的岩に着くと登山道は直角に折れ、駐車場まで笹の草原にほぼ直線状に付けられていますⒺ❺。足元もしっかりしているので、森林浴気分でクールダウンしながら歩くことができますⒶ。

山頂から南方向の展望 ❸

コメツガ原生林を下る ❹

城壁状の的岩 ❺

51. 四阿山【あずまやさん】パルコール嬬恋【つまごい】スキー場から

パルコール嬬恋スキー場から野地平、浦倉山経由山頂、茨木山経由周回

体への影響度
心肺機能：✚✚✚（傾斜）
筋骨格系：✚✚✚（傾斜）
バランス：✚✚✚（足場の不安定さ）

ゴンドラ利用の場合

体への影響度
心肺機能：✚✚✚（傾斜）
筋骨格系：✚✚✚（傾斜）
バランス：✚✚✚（足場の不安定さ）

- **コースデータ … パルコール嬬恋スキー場登山口から野地平・浦倉山経由 四阿山山頂、鬼岩・茨木山経由周回　周回＝距離 17.5km、累積標高差 1,100m、所要時間 430分**
  パルコール嬬恋スキー場からゴンドラ利用の場合＝片道：距離 3.2km、標高差 300m、所要時間 100分
- **アプローチ …… パルコール嬬恋スキー場脇に登山口**

コースの特徴

パルコール嬬恋スキー場のゴンドラを利用すると四阿山の山頂に一番容易に到達できるルートです。スキー場が営業している時期には当然冬山装備が必要になります。サマータイム営業をしている時期（毎年変わるので、利用する場合は事前に確認が必要です）には、日本百名山の山頂に標高差300m程度で到達できるので、人気があります。あえてスキー場ゴンドラを利用しないで、ゴンドラ山麓駅の脇から野地平を経由して浦倉山に登り、ゴンドラ山頂駅の上段を通過して山頂に向かえば、標高差900mの充実した登山コースになります。下りも自力で鬼岩、茨木山を経由して下りることで、1周17km超のロングコースになります。全体を把握しておくと、その日の気象条件や体調で、往復ゴンドラ使用、片道使用など工夫することができます❶。

嬬恋のキャベツ畑から眺める四阿山 ❶

パルコール嬬恋スキー場ゴンドラ山麓駅 登山口Ⓐ …30～50分…▶ 野地平Ⓑ …60～100分…▶ 浦倉山Ⓒ …5～15分…▶ ゴンドラ山頂駅上段Ⓓ …40～80分…▶ 茨木山分岐Ⓔ …30～50分…▶ 四阿山山頂Ⓕ …20～40分…▶ 茨木山分岐Ⓔ …30～60分…▶ 鬼岩Ⓖ …20～40分…▶ 茨木山山頂Ⓗ …40～60分…▶ 嬬恋の湯下 舗装道路Ⓘ …30～60分…▶ パルコール嬬恋スキー場Ⓐ

スキー場のゴンドラ山麓駅のすぐ下に大きな駐車場があります。野地平への登山道はゴンドラ駅の下を北に進み、スキー場のコースを500mほど上ってから右に入っていきますⒶ。スキー場内は歩きにくく、標識も小さいものがあるだけなので、登山道への入り口を見落とさないように注意が必要です。

登山道に入ると笹の草原を緩傾斜で上っていきます。所々、雨水で登山道が掘れているのであまり歩きやすくはありません。浮き石や不意のスリップで足首をひねらないように慎重に足を着地させましょう。また、木道も所々にありますが、濡れていると非常に滑るので、こちらも気が抜けません。

一汗かくぐらいのところで野地平の南端に着きますⒷ。野地平には木道で周回できるように散策路がつくられています❷。時間に余裕があれば、草津白根山を背景にした草原を少し歩いてみてもよいでしょう。

浦倉山への登山道はこの辺りから徐々に傾斜がきつくなっていきます。下腿の筋肉だけでなく、大腿の筋肉にも負担がかかります。時々呼吸を整えながら、心拍数が上がり過ぎないペースを維持しましょう。浦倉山の山頂が近づくと傾斜が緩み、山頂付近はほぼ平坦ですⒸ。若干下り気味に尾根を南に進むとすぐにスキー場が見えてきます。

スキー場のゴンドラ山頂駅は尾根の一段下に設けられています。尾根上には東方向を見渡すための小さな展望台がありますⒹ。ゴンドラを利用するとここがスタート地点になります❸。ゴンドラ駅から南へは、スキー場の広い作業道をたどりますが、リフト駅舎の手前に登山道の入り口があり、その先は樹林帯の登山道です。登山道に入るといきなり木の根と大岩の歩きにくい道です。足首を柔軟にして、靴底をしっかり着地させることを心がけましょう。いったん、20mほど下ると道は平坦になり、その先はしばらく歩きやすい尾根上の道です。傾斜の緩いところでは少しペースを上げて歩くことができます。比較的単調な林間の道をたどると、茨木山への道を左に分けますⒺ。この辺りから一気に傾斜がきつくなります。ちょっとした岩場が幾つかあり、鎖やロープが張られていますが、足場は豊富にあるので、上肢はバランス保持に使い、脚力で体を押し上げるように努めましょう。所々、木道歩きを交えながら、両側が切り立った狭い尾根を詰めていくと、程なく四阿山山頂に到着ですⒻ❹。

下りにスキー場のゴンドラを利用する場合は同じルートを戻ります。岩場の下りでは、十分に重心を落とし、手のホールドでしっかりとバラ

木道で周回できる野地平 ❷

スキー場上端部の草原 ❸

山頂西の社殿 ❹

ンスを取りながら慎重に足を進めましょう。また、下りの木道では足を滑らせないように、一歩一歩慎重に足を置くことが大切です。

自力で茨木山を経由して下山する場合は、茨木山への分岐を直進しますⒺ。分岐後少し進むと非常に急な樹林帯の下りになります。ここも重心を低めに保ち、両脇のしっかりした灌木をつかみながら慎重に下りましょう。大岩の下を右側から通りすぎると、傾斜がいったん緩みますが、その後も急な傾斜地が何度も現れます。足元は比較的安定しているので、スピードの出し過ぎに注意すれば、特に危険なところはありません。鬼岩を右に見ながら通過すると、尾根の途中に２回ほど30m程度の上りがありますⒼ❺。下りの途中に現れる上りでは、急に心肺機能への負荷がかかるので、思い切りペースを落としてから上り始めることをおすすめします。

茨木山の山頂で道はほぼ直角に曲がり、北側の沢に向かって下っていきますⒽ。極端に傾斜が急なところはなく、足元も安定しているので、少しペースを上げて下ることができますが、木の根などに足を取られないように足元には十分注意しながら歩きましょう。沢床に下りて、水流を幾つか横切ると山腹を巻く緩傾斜の下りになります。一部に土砂の流失した場所や、崩壊地を高巻きするところなどがあります。宇田沢を立派な吊り橋で渡ると間もなく舗装道路に飛び出しますⒾ❻。

舗装道路に出たら、出発点のパルコール嬬恋スキー場に戻るには左に折れて道路を上っていきます。舗装道路歩きですが、上り坂で２km少々あるので、それなりに時間がかかり、15kmの山道歩きの後の足腰には結構応えます。焦らずに高原野菜の畑や浅間山の風景を楽しみながら歩きましょう。

鬼岩脇を通過する ❺

吊り橋を渡って道路へ ❻

52. 八間山【はちけんざん】

八間山は野反湖周囲の山の中でシンボル的な存在です。南方向の展望もよく、春夏の高山植物や秋の紅葉も見事です。登山道はよく整備されていて、花や風景の写真撮影のために訪れる人も少なくありません❶❷。

富士見峠から山頂往復

体への影響度

心肺機能：✚ （傾斜）
筋骨格系：✚ （傾斜）
バランス：✚ （足場の不安定さ）

● コースデータ … 富士見峠から山頂＝片道：距離 2.0km、標高差 400m、所要時間 100分
● アプローチ …… 富士見峠道路脇に登山口

コースの特徴

山頂の往復だけであれば心肺機能への負荷も大きくなく、山歩き初心者の入門コースです。体力に自信ができてきたら、白砂山へ足を延ばしたり、野反湖北端に下りて湖畔周回道で出発点に戻ったりと、気象条件や体調に合わせて体への負荷を調節することができます。

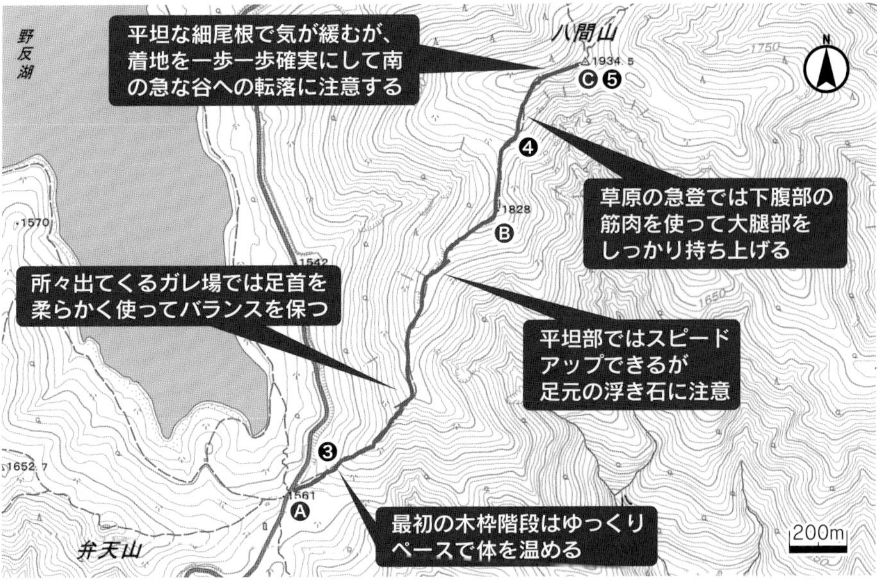

富士見峠（野反湖南端）Ⓐ …40〜80分…▶ イカイワの頭Ⓑ …20〜60分…▶ 山頂Ⓒ

富士見峠周囲には立派な駐車スペースが複数あり、八間山登山口は峠の道路脇ですⒶ。高山植物保護のためにロープが張られていて、立派な木枠階段も付けられているので登山道は明瞭です❸。出だしの階段は少し急ですが、足元はしっかりしているので、体をウオームアップしながら、徐々にペースを上げていきましょう。ガレ場を斜上すると１段目の急坂は終わります。

しばらく平坦になるので、呼吸を整え、心拍が適切な範囲に収まっているか確認しつつ歩きましょう。イカイワの頭までは特に急なところはないので、一定のペースを保って歩くことができるでしょうⒷ。足元は概ね安定していますが、所々、ガレ場になっている場所もあるので、十分な注意を払う必要があります。

イカイワの頭を少し下ると笹の草原の中を急坂で上るようになります❹。足元も水流で掘れて不安定になっています。下腹部の筋肉を使い、一歩一歩大腿を大きく持ち上げる動作が必要です。急坂が終わるといきなり平坦なヤセ尾根になります。北側は森ですが、南側は沢の源頭に向かって崖状になっているので、平坦でも着地点はしっかり確認しながら進みましょう。北側の森が切れると広い山頂広場に到着ですⒸ❺。

イワカガミの咲く初夏の登山道 ❶

砂礫の間に咲くコマクサ ❷

よく整備された登山道 ❸

笹の草原を上る ❹

明るく開けた山頂 ❺

53. 恵比山【えびやま】

恵比山は野反湖を西側から見下ろす笹の草原状のピークです。八間山に比較すると人は少なく、静かにトレイルハイキングを楽しむことができます。終始、野反湖を展望しながら爽快に歩くことができます。

富士見峠から弁天山・恵比山 山頂を経て、野反湖キャンプ場テントエリアから野反湖湖畔遊歩道で周回	体への影響度	
	心肺機能：✚	（傾斜）
	筋骨格系：✚	（傾斜）
	バランス：✚	（足場の不安定さ）

● コースデータ … 富士見峠から弁天山を経て恵比山山頂＝片道：距離 3.1km、標高差 300m、所要時間 120分
富士見峠から弁天山・恵比山 山頂を経て、野反湖キャンプ場テントエリアへ下り、野反湖湖畔遊歩道で富士見峠まで＝周回：距離 9.1km、累積標高差 360m、所要時間 250分

● アプローチ …… 富士見峠休憩舎脇に登山口

コースの特徴

登山道に険しさを感じるところはほとんどなく、街中のウオーキングから山歩きに脱皮する際の入門コースとして最適です。山頂を同じルートで往復するよりは湖畔の周回散策路と合わせて歩くことをお勧めします。歩く距離は少し長くなりますが、湖畔の周回道はよく整備されているので、距離はあまり気にならないでしょう。湖畔の風景を楽しみながら、坂道、平坦道の歩き方の違いを明瞭に実感することができます。

富士見峠Ⓐ …20～40分…▶ 弁天山Ⓑ …70～110分…▶ 恵比山 山頂Ⓒ …30～70分…▶ 野反湖キャンプ場テントエリア（テン場のお花畑）Ⓓ …30～50分…▶ 恵比平Ⓔ …30～50分…▶ 富士見峠Ⓐ

富士見峠休憩舎の脇に明瞭な案内板があり、弁天山方向の道、湖畔方向の道が分岐しますⒶ。弁天山山頂まで終始緩やかな傾斜の上りです。足元もしっかりしているので、少しずつ体を坂道に馴らしながら歩いているとあっという間に弁天山の山頂に着きますⒷ❶。山頂からの下りはロープの張られた急坂です。しかし、数十mで平坦になるので、階段を下りる要領でゆっくり下り始めればほとんどストレスにはならないでしょう。

しばらく白樺林の林間散策路を歩いていくと、視界が開け、笹の草原になります。次第に恵比山に向かって緩傾斜で上り始めますが、右方向の野反湖や八間山の展望を楽しみながら歩くことができます。草原が終わり灌木の間を上るようになると傾斜が次第に増してきます。極端な急傾斜や足元の悪いところはありませんが、大腿部の筋肉で膝を伸ばしながら体を押し上げる動作の繰り返しになります。傾斜に合わせて速度を調節し、心拍数が速くなり過ぎないように注意しましょう。傾斜が緩み、再度、笹の草原状になると恵比山山頂はすぐです❸❷。

山頂からは西北西に進みます。ほぼ平らですが、エビの見晴台まではわずかに上りになっています❸。見晴台で野反湖の展望を楽しんだら、野反湖キャンプ場のテントエリアに向かって緩やかに下っていきます。ごく一部、水流で登山道が掘れて足元の不安定な場所がありますが、ほとんどは白樺林や草原を快適なペースでストレスなく歩くことができます。それでも、スピード

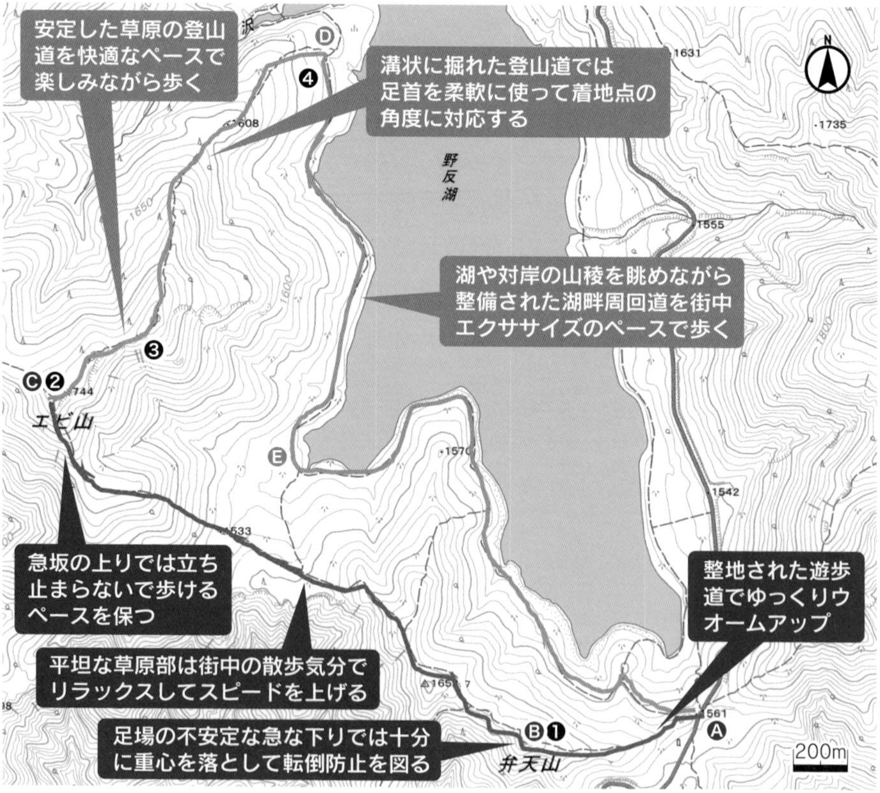

を出し過ぎると、思わぬ段差や浮き石でバランスを崩す恐れがあるので、足元の確認は怠らずに進みましょう。

湖が近くに見えてくるとキャンプ場のテントエリアですⒹ。炊事場の施設が整備されていて、その間に湖畔周回道が付けられています。野反湖北端のビジターセンターに出て、道路で（バスが走っている時期もあります）富士見峠に戻ることもできますが、湖畔周回道はよく整備されているので、約４kmのほぼ平坦な道を風景を楽しみながら歩くことをお勧めします❹。これまで歩いた傾斜のある道と、平坦な道の違いが明瞭に感じられるでしょうⒺ。

なお、弁天山、恵比山を結ぶ登山道からは、途中で湖畔に下りる道が複数付けられていて、気象条件や体調によっては中途で湖畔周回道に下りてしまうことも容易です。また、湖畔周回道には小まめに案内道標が付けられていて、現在地や目的地までの距離を簡単に確認することができます。

弁天様の鎮座する山頂 ❶

恵比山山頂の平坦地 ❷

見晴台からの眺望 ❸

キャンプ場南側のお花畑エリア ❹

54. 野反湖【のぞりこ】1周(三壁山【みつかべやま】・高沢山【たかざわやま】・恵比山【えびやま】・弁天山【べんてんやま】・八間山【はちけんざん】)

野反湖は湖畔に設置された遊歩道でも周回できますが、その外側の山嶺を巡ることでも周回でき、程よい体力強化が図れます。八間山、恵比山を単独で登り、少し物足りなさを感じるようであれば、野反湖周回にチャレンジしてみるとよいでしょう❶。

野反湖キャンプ場から三壁山、高沢山、恵比山、弁天山、八間山を経て野反湖キャンプ場まで周回

体への影響度

心肺機能：+++（傾斜）
筋骨格系：+++（傾斜）
バランス：+++（足場の不安定さ）

- コースデータ … 周回＝距離 13km、累積標高差 1,150m、所要時間 400分
- アプローチ …… 野反湖キャンプ場駐車場からキャンプ場内歩道約200mで登山口

コースの特徴

三壁山から高沢山付近を除けば、通行者は多く、登山道もよく整備されています。三壁山への上り標高差が約500m、八間山への上り標高差が約400mありますが、それら以外にはまとまった上りはなく、歩行速度を上げることもできます。

野反湖を取り囲むピークを周回 ❶

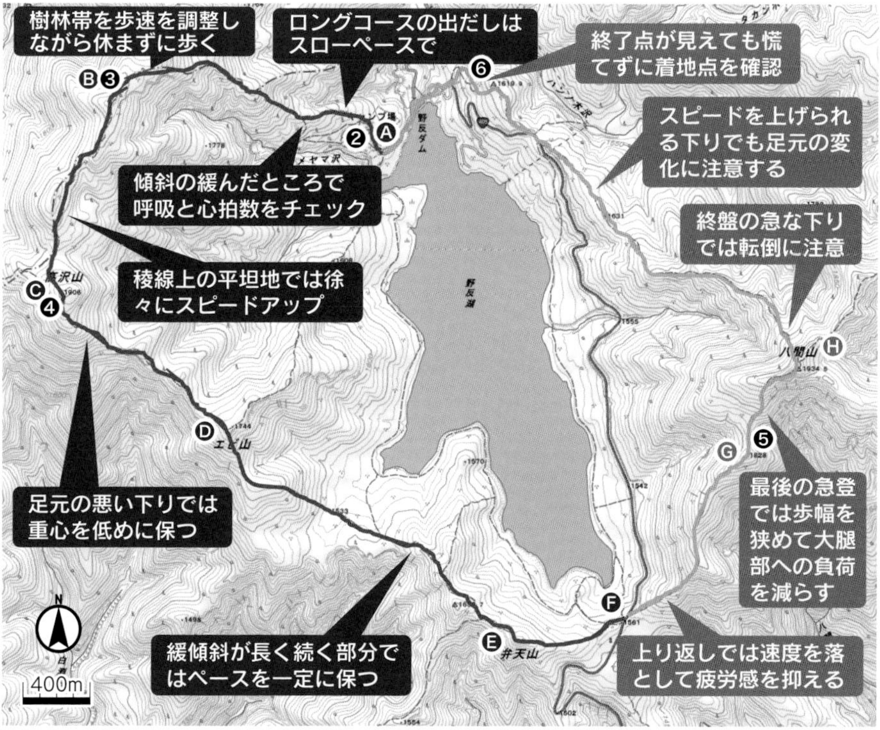

野反湖キャンプ場 駐車場Ⓐ …50〜90分…▶ 三壁山Ⓑ …30〜50分…▶ 高沢山Ⓒ …30〜50分…▶ エビ(恵比)山Ⓓ …30〜50分…▶ 弁天山Ⓔ …30〜50分…▶ 富士見峠Ⓕ …40〜80分…▶ イカイワの頭Ⓖ …20〜60分…▶ 八間山Ⓗ …50〜90分…▶ 野反湖キャンプ場 駐車場Ⓐ

野反湖キャンプ場駐車場のすぐ上に三壁山への道標がありますⒶ❷。キャンプ場内の舗装道路をたどるよりも、道標に従って登山道をたどった方が一段上の三壁山登山口へは早く到達できます。立派な道標から先は笹薮内の上りです。ここから三壁山までの間に、全周回コースの中で最も傾斜が急な部分があります。ロ

キャンプ場から登山口へ ❷

森の中の三壁山山頂 ❸

静かな高沢山山頂 ❹

草原の急坂で山頂を目指す ❺

ダムとキャンプ場を見下ろしながら最後の下り ❻

ングコースの出だしなので、ペースを落として体力を温存しましょう。２回ほど平坦地があるので、そうした地点で呼吸や心拍数を整えましょう。ただし、ロングコースこそ、長い休憩をとらないことが大切です。休憩したくなったら、歩行速度を思い切り落とし、歩き続けることを心がけましょう。針葉樹林帯を抜けて、草原部分が出てくると山頂は間近ですが、このエリアでは森林限界を超えないので、三壁山の山頂北東側の尾根はすっかり森の中です🅑❸。

三壁山から高沢山まではほぼ同標高の尾根歩きです。スピードを上げたいところですが、登山道上に木の根やぬかるみが多いので、あまり歩速は上がりません。ただし、心肺機能への負荷は少ないので、足元に注意しさえすればストレスなく歩ける部分です。高沢山の山頂手前で県境トレイルの大高山へ向かう道が分岐します🅒❹。

高沢山の山頂からは急な下りになります。滑りやすい土質なので、転倒に十分注意が必要です。傾斜が緩むと高沢平の標識があり、その先の草原状の部分を越えるとエビ山の山頂です🅓。エビ山からは緩傾斜で下り始めますが、すぐに見晴らしのよい急坂になります。湖と手前の笹の草原が美しく俯瞰できますが、足元はよくないので、しっかり重心を下げて大転倒に注意しましょう。坂を下り切ると笹の草原の中に、湖畔周回道への連結道が分岐します。ここから弁天山までは格段に急なところはないものの、上り坂が続きます。足元はしっかりしているので、体力に余裕があれば少しペースを上げたいところです。

弁天山の山頂を経由しないで湖畔周回道に下りる道、富士見峠へ出る道が順次左側に分岐しますが、ここは忠実に尾根をたどりましょう。距離的には弁天山の山頂を経由しても、しなくても大きな差はありません。弁天山の山頂付近は上り、下りとも補助ロープが張られている急坂ですが、その距離はわずかですⒺ。急坂部分が終わると一気に視界が開け、富士見峠はすぐ下ですⒻ。

富士見峠から八間山の山頂までが本コースの最後の上りです。標高差は約400mあるので、スローペースで上り始め、体力的な余裕に合わせて徐々にペースを上げていきましょうⒼ。頂上手前の稜線に上がるところが急な上りなので、その辺りでは歩幅を狭くして、大腿部の筋肉への負荷を抑えるとよいでしょう❺。草原の急坂が終わり、頂上稜線の森に入れば、道は平坦になり、山頂まではわずかの距離ですⒽ。

八間山の山頂からは、いったん、白砂山方面に進みます。30mほどで白砂山方面への道とキャンプ場に戻る道が分岐します。キャンプ場方面への道はここから急な下りになります。登山道も水流で荒れているので、足元に十分注意する必要があります。ここまでの上り下りで大腿部、下腿部の筋肉も疲労しているはずなので、一歩ごとに慎重に着地しましょう。傾斜は次第に緩み、道もだんだん安定してきます。脚力に余裕がある場合は、少しずつスピードを上げることもできる部分ですが、所々、、木の根やぬかるみに足を取られやすいところがあるので、スピードアップもほどほどにしましょう。「野反湖見晴」、「茅の尾根」と記載された道標を過ぎると道路に一度でます。そのまま道路で戻ることもできますが、歩行者は、「池の峠」の道標に沿って登山道で出発点に戻る方が距離も短く、山らしい雰囲気で歩くことができます。ダム東側の駐車場に下りる手前には急な階段があるので、最後を急いで転倒しないよう、気を抜かないことが大切です❻。駐車場に出たら、あとは舗装道路でダムを渡れば、出発点のキャンプ場駐車場は目の前ですⒶ。

55. 三国山【みくにやま】

三国山は国道からのアプローチが容易で標高差も手頃なことから、トレーニング目的で頻繁に訪れやすい山です。歴史的に三国街道の要所であるため中間点の三国峠には神社社殿があり、登山道はよく整備されています❶。

三国トンネル群馬県側から山頂往復

体への影響度

心肺機能：+++（傾斜）
筋骨格系：+++（傾斜）
バランス：+++（足場の不安定さ）

● コースデータ … 片道＝距離 1.7km、標高差 550m、所要時間 100分
● アプローチ …… 国道17号三国トンネル群馬県側口の南250m路肩に駐車場

コースの特徴

上越国境の山並みの中では標高も1,636mと低めなため、山頂でも灌木が林立します。しかし、上部は笹の草原状のところが多く、南西方向の視界は良好です。

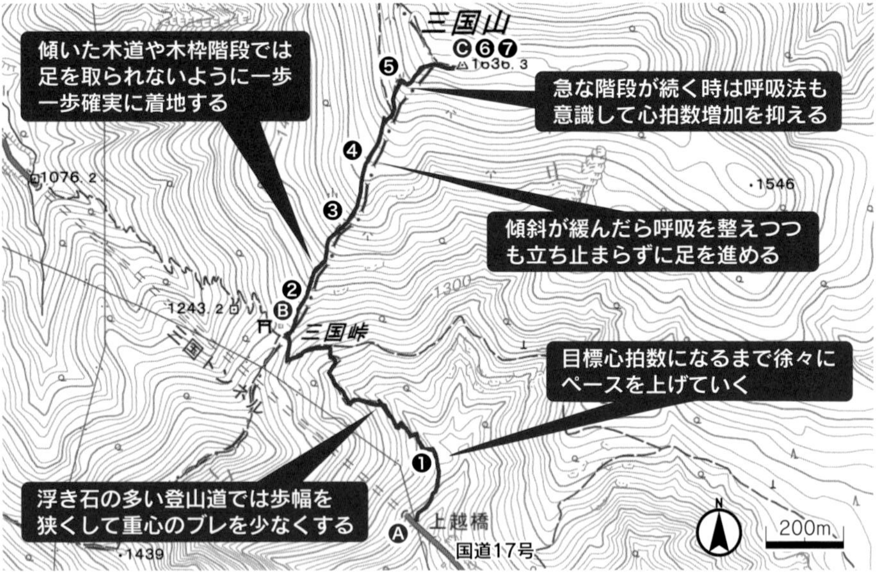

国道17号三国トンネル群馬県側口Ⓐ …30〜50分…▶ 三国峠Ⓑ …50〜70分…▶ 山頂Ⓒ

国道17号三国トンネルの群馬県側、新潟県側のそれぞれに登山口があります。群馬県側はトンネルの入り口すぐ右手から登山道が始まります🅐。最初は広葉樹林帯の斜面を緩やかに斜上していきます。沢音を右手に聞きながら進むと登山道は電光型に高度を稼ぎ始めます❶。道幅は十分広く、よく踏まれていますが、浮き石が多いので傾斜のきついところでは着地を確実にして、足首をひねらないように注意が必要です。木階段で沢の源頭を横切ると、一段上で猿ヶ京方面から伸びている三国街道旧道と合流します。電光型にもう一段標高を上げると、傾斜は緩み三国峠に到着です。全体の距離の約３分の１の地点です。峠の神社前には歴史的な沿革が石碑や案内板に記されています🅑❷。

三国峠で呼吸を整えたら山頂へ向かいます。出だしは緩傾斜ですが、木階段が出てくる辺りから傾斜が急になります❸。中段の平坦地以外は概ね同じような急傾斜で、木道、木階段がほぼ切れ目なく続きます。心拍数を一定に保つようにペースを調整する練習には好都合です❹。木階段の間の地面は浮き石が多く、木階段も濡れていると非常に滑るので、一歩一歩の着地には細心の注意が必要です。

明るい樹林帯を緩やかに上る ❶

三国峠に立つ神社社殿 ❷

急坂を木階段で上る ❸

中段の平坦地で呼吸を整える ❹

見上げるばかりの連続木階段❺を上り切ると、平標山方面への尾根道を分け、ほぼ平坦な道を右手に５分ほどで山頂です🅒❻。山頂からは南西方向の視界が良好です❼。谷川岳連邦の稜線は灌木の枝の間からわずかにのぞき見ることができます。

下りを同ルートで戻る際には、木階段で足を取られないように慎重に足を進める必要があります。道が明瞭なのはありがたいですが、傾斜した木道は非常に滑りやすくなっています。重心と足の着地点が離れ過ぎないように歩幅を狭くしましょう。また、転倒しても大転倒とならないように、膝に余裕を持たせて、重心を低く保つことを心がけましょう。三国峠から新潟県側に下りて、トンネルの中を歩いて出発点に戻ることもできますが、大型車両の通行も多いので、狭いトンネル内で交通事故に遭わないよう注意が必要です。

山頂手前の長い階段 ❺

南西側に開けた三国山山頂 ❻

積雪期の三国山山頂から眺める浅間山と上越国境の山々 ❼

56. 鳩待峠【はとまちとうげ】から尾瀬ヶ原【おぜがはら】

尾瀬ヶ原は全国的にも知名度の高い高層湿原で、群馬県の自然愛好家としては、一度は訪れておきたい場所です。特に鳩待峠から尾瀬ヶ原のコースは、尾瀬エリアの中でも最も訪問者の多いコースです❶。

鳩待峠から往復

体への影響度

心肺機能：✚✚✚（傾斜）
筋骨格系：✚✚✚（傾斜）
バランス：✚✚✚（足場の不安定さ）

- **コースデータ** … 鳩待峠から山ノ鼻ビジターセンターまで＝片道：距離 3.2km、標高差180m、所要時間 90分
- **アプローチ** …… 鳩待峠駐車場から登山口100m

コースの特徴

登山道は非常によく整備されていて、行きが下りなので散歩気分で尾瀬ヶ原に到達できます。山ノ鼻の往復だけではもったいないので、時間に合わせて尾瀬ヶ原を東側に少し歩いてみることをお勧めします。帰りは標高差180mの上りになるので、その分の体力をしっかり残しておきましょう。

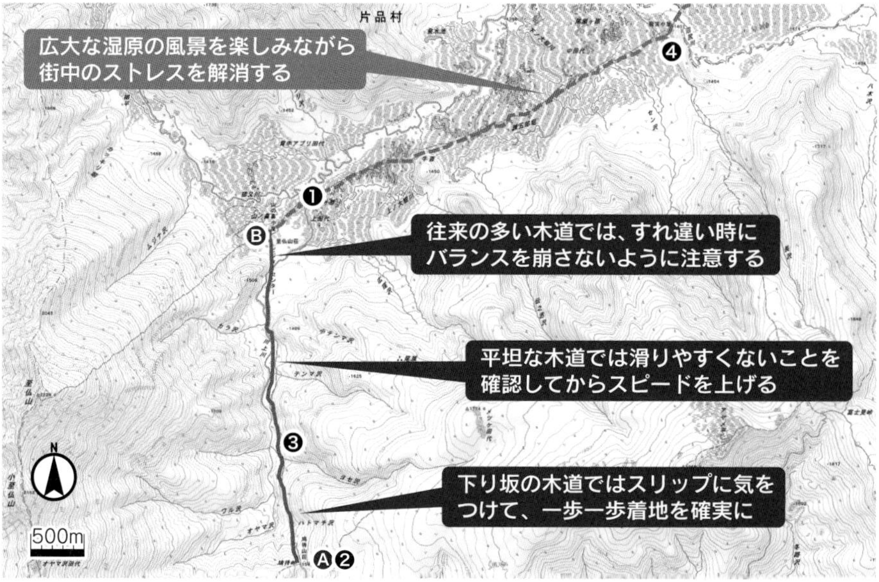

鳩待峠登山口Ⓐ …60〜120分…▶ 山ノ鼻Ⓑ

鳩待峠から石畳や木道、木階段で緩やかに下っていきます🅐❷。滑りやすいところには木道の上に横木があててあったり、滑り止めマットが付けられていて、転倒防止の配慮がなされています。それでも、木道の上で足を滑らせて転倒し、足やついた手にケガをする事故が頻繁に起こっています。特に雨の後や木の葉が乗っている季節、霜が下りた後などは、慎重過ぎるぐらいゆっくり足を進めましょう。また、上半身が遅れて、重心と足の着地点が離れると後ろに倒れてケガをする恐れがあります。膝に余裕を持たせ、下りでは歩幅が広くなり過ぎないように注意する必要があります。

傾斜が徐々に緩み、左手に川が見えると、ほぼ平坦に川沿いを歩くようになります❸。木道脇に小さな湿原もあります。木道が滑らなければ、少し歩速を上げ、街中のウオーキングよりは少しだけ遅い程度の速度で歩いてみましょう。ずっと木道の上を歩くので、足元の不安はほとんどありません。川を渡るとほどなく山ノ鼻のビジターセンターや山小屋が見えてきます🅑。

山ノ鼻の至仏山側は湿原植物が観察できる木道の植物園になっています。また、時間に余裕があれば尾瀬ヶ原の広大な高層湿原を体感するために、東方向に木道を進んでみましょう。山ノ鼻から龍宮小屋まで4.2km、山ノ鼻から見晴まで6.0kmありますが、ほぼ平坦な木道歩きなので、心肺機能への負荷は大きくありません❹。

ミズバショウの尾瀬ヶ原は群馬の大自然の代表格 ❶

鳩待峠からスタート ❷

川上川に沿った登山道 ❸

龍宮小屋付近から壮大な湿原を眺める ❹

57. 大清水【おおしみず】から尾瀬沼【おぜぬま】

群馬県と福島県の県境にまたがる尾瀬沼は北側の燧ヶ岳を背景にして素晴らしい景観をなしています。尾瀬沼の周辺にはたくさんの池塘や湿原があり、さまざまな高山植物、湿原植物が訪問者を楽しませてくれます❶❷。

尾瀬沼の背後にそびえる早春の燧ヶ岳 ❶

木道脇の日光キスゲ群落 ❷

大清水から往復

体への影響度
- 心肺機能：✚□□（傾斜）
- 筋骨格系：✚□□（傾斜）
- バランス：✚□□（足場の不安定さ）

● コースデータ … 大清水から尾瀬沼ビジターセンターまで＝片道：距離 7.4km、標高差 540m＋帰り三平峠上り返し90m、所要時間 180分

● アプローチ …… 大清水各駐車場から登山口100m以内

コースの特徴

鳩待峠から尾瀬ヶ原に下るコースよりは往来者が少なく、繁忙期を外せば静かな尾瀬を楽しみながら坂道歩きのトレーニングができます。一ノ瀬休憩所から三平峠を越えるところまでが登山道と考えていいでしょう。

大清水登山口Ⓐ …60～80分…▶ 一ノ瀬休憩所Ⓑ …50～70分…▶ 三平峠Ⓒ …20～40分…▶ 三平峠下（尾瀬沼畔）Ⓓ …10～30分…▶ 尾瀬沼ビジターセンターⒺ

（夏季の繁忙期には大清水から一ノ瀬まで小型バスが往復するようになりました。これを利用すると大清水から一ノ瀬バス停までの林道3.5kmを歩く必要がなくなります。一ノ瀬から三平峠下の尾瀬沼畔まで2.7kmとなるので、運動量は30％程度少なくなります）

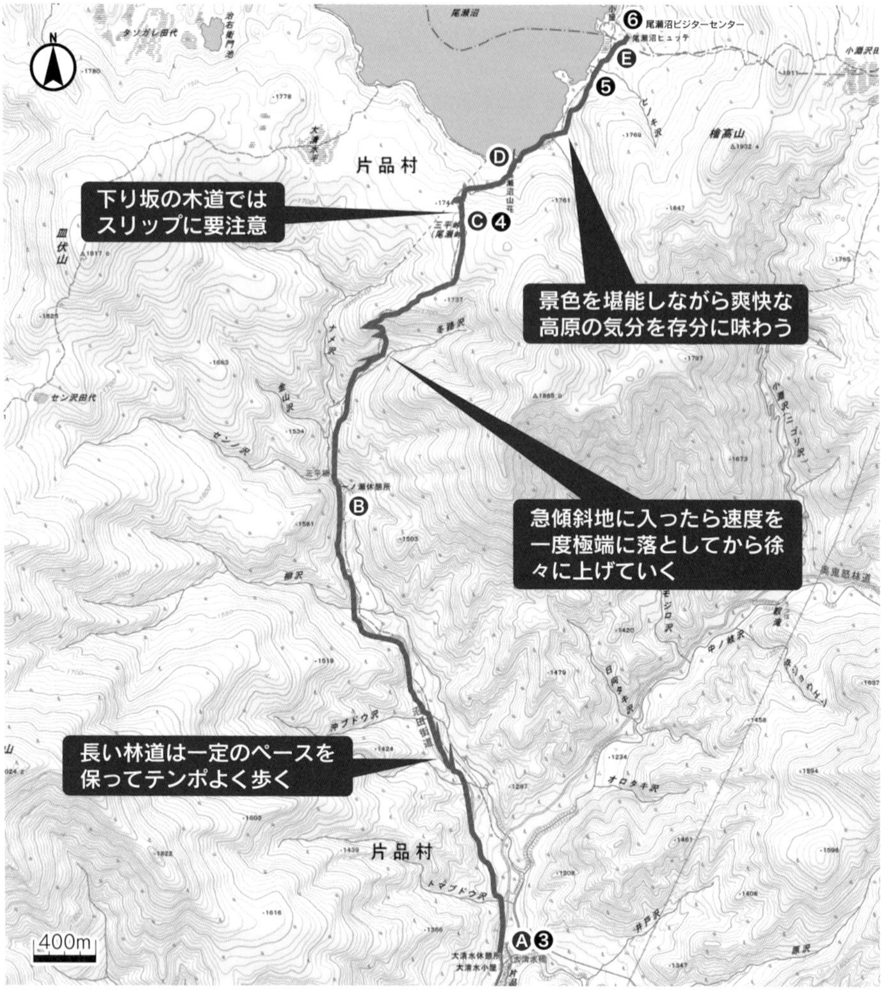

大清水から林道を歩く ❸

大清水から一ノ瀬までは未舗装林道歩きが3.5kmありますⒶ❸。傾斜はさほどないので、森林浴を楽しみながら歩けば、それほど気になる距離ではありません。林道の沢側には散策用の登山道も平行してつくられているので、このコースを往復する場合は、行きか帰りの片方は登山道を利用して気分を変えてもいいでしょう。ただし、林道ほど足場はよくないので、時間は多少余分にかかります。

一ノ瀬から林道を離れ、登山道に入ります🅑。尾瀬らしく、木道や木階段がしっかり付られていて、地面を歩くところは半分以下です。ここから傾斜が少しずつきつくなるので、林道歩きのペースの半分程度に歩速を落としましょう。森の中をしばらく歩くと、沢を渡り、この辺りから傾斜がもう一段きつくなります。廃道になった林道を横切るとさらに傾斜がきつくなり、電光型に木階段が取り付けられています。心拍数が上がり過ぎないようにペースを落とし、立ち止まらずに歩きましょう。尾根に出ると傾斜が緩みますが、三平峠まではもう少し上ります🅒❹。ほとんど木道の上なので、上りでは足元の不安はほとんどないでしょう。

本コース最高地点の三平峠 ❹

ビジターセンター手前の湿原 ❺

宿泊できる長蔵小屋 ❻

三平峠からは沼まで90m下ります。木道の下りでは足を滑らせて大転倒する恐れがあるので、決して急がずに一歩一歩確実に着地することを心がけましょう。特に雨の後や霜が降りている時は厳重な注意が必要です。三平峠下に下りると沼の向こうに燧ヶ岳が大きくそびえます🅓。沼だけ見るのであれば、ここから帰路に就くことでもよいのですが、燧ヶ岳の展望スポットはもう少し先にあり、ビジターセンターまでの木道脇には湿原植物が咲く池塘もあるので、あと1.2km先の尾瀬沼ビジターセンターまで行くことをお勧めします🅔❺❻。時間に余裕があれば、尾瀬沼を１周してから戻るのも楽しいでしょう。ただし、沼の西側は季節が早いと荒れていることもあるので、事前にコースの状況をビジターセンターで確認しておきましょう。尾瀬沼１周は約6.5kmあり、２時間程度は余分に時間がかかります。

58. 日光白根山【にっこうしらねさん】丸沼ロープウェイ山頂駅から

群馬県と栃木県の県境に位置する日光白根山は2,577mの標高があり、両県の最高地点となっています。関東エリアでは最も高山気分を味わえる山です。国道120号や丸沼ロープウェイのおかげで、登山口の標高が高く、比較的少ない標高差で山頂に立てることも魅力です❶。

ロープウェイ山頂駅から山頂・座禅山周回

体への影響度
心肺機能：✚＋＋（傾斜）
筋骨格系：✚✚＋（傾斜）
バランス：✚✚✚（足場の不安定さ）

● コースデータ … 日光白根山ロープウェイ山頂駅から西面経由山頂＝片道：距離 3.0km、標高差 580m、所要時間 150分
ロープウェイ山頂駅から西面経由山頂、山頂から座禅山、血ノ池地獄を経てロープウェイ山頂駅へ＝周回：距離 6.8km、累積標高差 600m、所要時間 250分

● アプローチ …… 国道120号　日光白根山ロープウェイ山頂駅脇に登山口

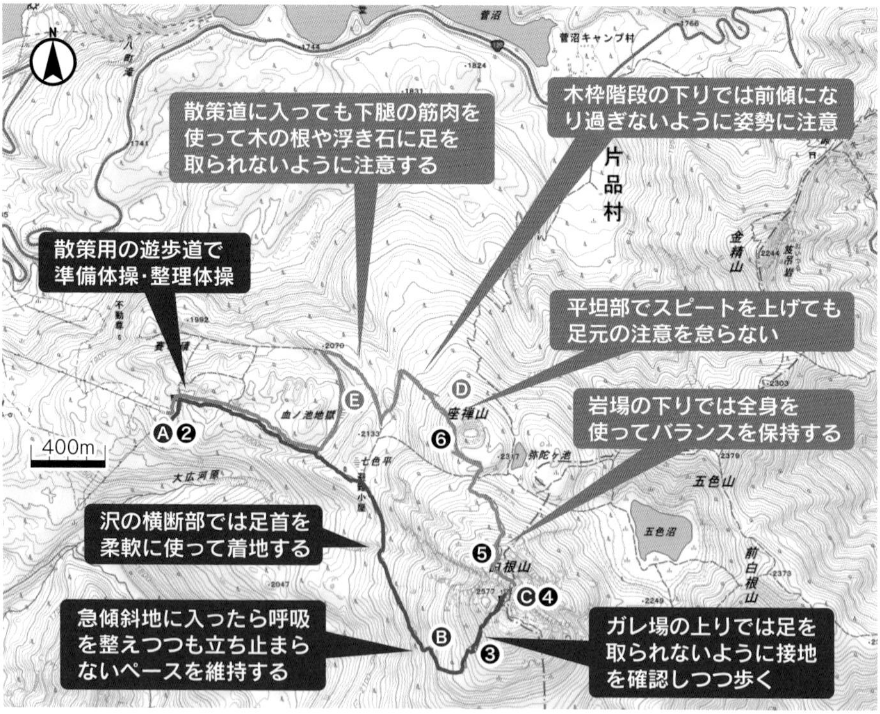

高山の雰囲気が漂う弥陀ヶ池からの日光白根山 ❶

コースの特徴

日光白根山ロープウェイの山頂駅は標高2,000mに位置し、山頂までの登山道もよく整備されているので、四季を通じて多くの登山者が訪れます。コンパクトながら高山の地形を楽しむことができ、足元も遊歩道、樹林帯、ガレ場と変化します。本格的な登山の入門コースとして、よいトレーニングができるでしょう。ロープウェイの始業時間がやや遅いので、早朝からは活動できませんが、天候が変わりやすいエリアなので午前中の活動を心がけましょう。

日光白根山ロープウェイ山頂駅Ⓐ …80〜120分…▶ **森林限界Ⓑ** …30〜70分…▶ **山頂Ⓒ** …30〜70分…▶ **座禅山Ⓓ** …20〜40分…▶ **血ノ池地獄Ⓔ** …10〜30分…▶ **日光白根山ロープウェイ山頂駅Ⓐ**

日光白根山ロープウェイの山頂駅を出ると、白根山の西面がそびえ立つように見渡せますⒶ。山頂の雲行きもしっかり確認しておきましょう。左手の二荒山神社のすぐ前に遊歩道の入り口があり、鹿の防護柵になっています。ここからしばらくは観光客の散策用に整備された立派な遊歩道です。足元の不安もないので、上りは準備体操、下りは整理体操をしながら体を馴らしましょう。不動岩の下を通り過ぎる辺りから山道らしくなってきますが、通行者も多いため、登山道としてはかなり立派です。七色平への分岐点を左に分けると、少しずつ傾斜がついてきますが、山体の西面を広くトラバースするので、しばらくは傾斜のきついところはありません。「地獄ナギ」など沢筋を横断する部分が出てきたら、浮き石で足首をひねらないように、一歩一歩着地を確実にすることが大切です。傾斜がきつくなり、足元も大岩が目立つようになると森林限界までわずかです。ペースを一段落として、脈が速くなり過ぎないようにして、立ち止まらずに歩くことを心がけましょう。

森林限界の道標に着くと、風景は一変して岩とガレ場で構成された高山の雰囲気になります🅑❸。山頂までの距離は長くはありませんが、足元は浮き石の多い砂礫の斜面になります。不用意な着地は足が滑り歩行のロスになります。無駄なく足を進めるためには、着地が確実になってから重心を移動します。標高も2,500mに達するので、敏感な人は酸素不足を感じるかもしれません。呼吸を整えながら少しずつ標高を稼ぎましょう。窪地から尾根に上がり、小さな神社の社殿が見えれば、山頂はそのすぐ先です🅒❹。

下りは北方向の座禅山側に進みましょう。山頂直下の岩場では手でしっかりと岩をつかみ、バランスを取りながら下りることが大切です❺。上半身をうまく曲げ伸ばしして、体全体を柔軟に使うと体勢が整い、足元も安定します。岩場が終わっても、しばらくは不安定な急坂なので、足元の浮き石で転倒しないように十分注意しましょう。弥陀ヶ池西の十字路からは急坂でロープウェイ山頂駅へ下る道とさらに北側の座禅山、座禅山噴火口を経由する道に分かれます。距離的には多少長くなりますが、安定しているのは座禅山経由です。特に、膝に不安のある人は傾斜の緩い座禅山経由が有利です。

座禅山山頂は低木の薮になっていて、ロープの張られた立派な登山道

標高 2,000m の登山口 ❷

森林限界を超えると一変する ❸

山頂から眺める北の山々 ❹

で脇を通り過ぎますⒹ。林間を少し進むと、火口を右に見下ろしながらロープウェイ駅への下りが始まります❻。木枠の階段がしっかりと付けられていて、崩れているところもほとんどないので、快適に標高を落とすことができます。階段を下りる際は、次の段を見下ろそうと前傾姿勢が強くなりがちですが、膝を軽く曲げて、重心を少し下げると姿勢が安定し、着地時の衝撃も緩和されます。150mほど標高を下げると平坦になり、すぐに七色平方面、六地蔵方面の分岐になります。ここから先は観光客の散策路になっていて、ほぼ平坦な地形で、道標も豊富に付けられています。ロープウェイの山頂駅まで複数のコースが設定されているので、時間、体力の余裕に合わせて適宜選択することができます。それぞれ仏教系の地名が付けられた観光ポイントになっていますが、登山道としてはどれも大差はありません。最も平坦なのは2,070m地点、血ノ池地獄を経由するコースです。「血ノ池地獄」のイメージとはかけ離れた、森の中の可愛い池の脇を通って、ロープウェイ山頂駅に戻れますⒶ。

急な岩場の下り ❺

火口脇の登山道 ❻

59. 日光白根山 菅沼【にっこうしらねさん すげぬま】から

菅沼から弥陀ヶ池経由
山頂・五色沼周回

体への影響度
心肺機能：＋＋＋（傾斜）
筋骨格系：＋＋＋（傾斜）
バランス：＋＋＋（足場の不安定さ）

- コースデータ … 菅沼登山口から弥陀ヶ池経由山頂＝片道：距離 4.3km、標高差 850m、所要時間 240分
  菅沼登山口から弥陀ヶ池経由山頂、山頂から避難小屋、五色沼経由弥陀ヶ池を経て菅沼登山口へ＝周回：距離 10.2km、累積標高差 950m、所要時間 480分
- アプローチ …… 国道120号　菅沼バス停脇に登山口

コースの特徴

菅沼登山口は国道120号金精峠の群馬県側にあり、標高も1,730mあるので、無雪期は比較的容易に山頂まで到達できます。積雪期には国道も閉鎖になり、山頂北側は雪壁状になるので、本格的な冬山です。弥陀ヶ池や五色沼は美しい水をたたえ、山頂付近では岩場の多い高山的風景が広がるので、新緑や紅葉の時期には素晴らしい写真素材を提供してくれます。菅沼登山口からのルートは浮き石が目立ち、急傾斜地が多いので、初心者向きではありませんが、ある程度山歩きに慣れてきた人には充実した筋力強化の場になります❶。

弥陀ヶ池への上り返しから眺める山頂 ❶

菅沼登山口Ⓐ …120〜240分…▶ 弥陀ヶ池Ⓑ …30〜90分…▶ 山頂Ⓒ …30〜90分…▶ 避難小屋Ⓓ …20〜40分…▶ 五色沼Ⓔ …20〜40分…▶ 弥陀ヶ池Ⓑ …90〜150分…▶ 菅沼登山口Ⓐ

菅沼登山口からの歩き始めは気持ちのよい平坦な草原ですⒶ❷。歩きながらも準備体操をして、体の各関節をよく動かしておきましょう。森に入ると浮き石の目立つ沢状の登山道になります。足首を柔軟に曲げ伸ばしして、靴

菅沼登山口の草原 ❷

底の摩擦を最大限に引き出します。斜面を電光型に上り始めると一気に傾斜がきつくなります。ここから弥陀ヶ池までは、ごく一部の平坦地はあるものの、ずっときつい傾斜と思って間違いありません。足元も浮き石、木の根、岩の段差と着地点の状態が一定せず、気の抜けない上りです。いったん、遅過ぎるぐらいのペースにして、そこから徐々にペースを上げていきましょう。心拍数を時々気にして、心臓に無理のない程よいペースが維持できているか確認することをお勧めします。落ち葉の多いシーズンや残雪のあるシーズンは、交錯する踏み跡や獣道に惑わされて登山道を外さないように注意が必要です。

弥陀ヶ池が近づくと緩傾斜で座禅山の北東斜面を横断するルートになり、視界が開けると、すぐ前方に弥陀ヶ池、その先に山頂のある岩塊が俯瞰できます🅑❸。池の西側を木道で渡り、池の南端で五色沼からの道と合流します。右に折れて、緩傾斜を上りながら呼吸と心拍を整えましょう。ロープウェイへの道を前方に見ながら、道標に従って左に折れると山頂へ向かう急斜面が始まります。50mほど登るといったん傾斜は緩みますが、そこからはどんどん傾斜が増し、足元もガレ場状態になります。前方には岩のルンゼが見え、本格的な岩山登山の風景となります❹。傾斜に合わせて歩行速度を調節し、息が上がり過ぎないようにします。また、斜度は太ももまで大きく振り上げる急さなので、筋肉が酸素不足にならないように、一歩一歩ゆっくり、しっかり足を進めるように心がけましょう。山頂からの稜線に出る手前はちょっとした岩場なので、手がかりとする岩をしっかりホールドし、体勢を安定させながら足を蹴り出すことが大切です。

弥陀ヶ池から頂上付近を望む ❸

頂上稜線手前のルンゼ ❹

山頂から南西方向を望む ❺

稜線に出ても、もう一段浮き石の多い急傾斜が続きます。電光型に道が付けられているので、少し脚の筋肉への負荷は減りますが、火山礫の浮き石に足を取られないように重心と足の位置が離れ過ぎないよう心がけます。平坦地に出れば向かい側の岩の上に山頂が見えます。一度下って岩場をよいしょと上り返せば、岩場のてっぺんに狭い山頂があります🅒❺。

山頂から上りと同じルートを戻る

正面に中禅寺湖、左に五色沼を見下ろしながら下る❻

山陵に囲まれた五色沼 ❼

場合は急傾斜地でバランスを崩さないように注意が必要です。しっかり重心を落とし、手も積極的に使って慎重に弥陀ヶ池まで下りましょう。

五色沼の風景を楽しみながら下るには、いったん北側の避難小屋を目指します。山頂の一段下に小さな神社社殿があり、そこでロープウェイ方面の道と分かれます。しばらくは山頂平坦地の砂礫の道ですが、すぐに火山らしい不安定な砂礫の急傾斜になります。五色沼を左手に見下ろしながら、南東方向に高度を下げていきます❻。浮き石に乗って足を取られないように、スピードを控えめにして歩きましょう。森に入り、浅い沢の源頭地に出ると左手に、前白根山の山腹に寄り添うように建てられた避難小屋が見えますⒹ。

避難小屋からは道が北向きに代わり、森の中の緩傾斜を散歩気分で進めばすぐに五色沼が見えてきますⒺ❼。しかし、この付近は傾斜がないので、視界不良時や残雪で道が埋まっている時には方向を見失いやすい場所です。天候不良の時には地形と方向を確認しながら慎重に行動することが必要です。五色沼は西側に道が付けられています。完全に平坦で足場も良好なので、風景を楽しみながら爽快なペースで歩くことができます。沼の北端に着いたら、ほぼ左に直角に折れ、弥陀ヶ池まで上り返します。標高差は100m弱ですが、下りの途中の上り返しは疲労感が強く出ます。一度、遅過ぎるぐらいのペースに歩速を落とし、そこからだんだんペースを上げていきましょう。傾斜が緩み平坦地に出ると、わずかな下りで見覚えのある弥陀ヶ池南端の三叉路に到着ですⒷ。ここからは上りと同じコースで菅沼登山口に戻ります。森の中の足場の悪い登山道が約３km続くので、時間に余裕を持って足場を確認しながら下りましょう。濡れた木の根や浮き石が繰り返し出てくるので、重心を落とし、膝に余裕を持たせて大転倒しないように細心の注意を払うことが大切です。

60. 上州武尊山【じょうしゅうほたかやま】

武尊神社登山口から
川場剣ヶ峰、山頂、
手小屋沢避難小屋経由周回

体への影響度

心肺機能：+++（傾斜）
筋骨格系：+++（傾斜）
バランス：+++（足場の不安定さ）

- コースデータ … 武尊神社・裏見の滝駐車場から川場剣ヶ峰、山頂、手小屋沢避難小屋経由＝周回：距離 11.4km、累積標高差 1,100m、所要時間 350分
- アプローチ …… 武尊神社・裏見の滝駐車場から未舗装林道終点まで 2.2km

コースの特徴

上州武尊山はもともと修験道の修練場であり、急な尾根、深い谷など険しい様相を秘めています。一方、山頂付近の稜線は展望のきく笹の草原となっていて、現在はトレイルランニングの名門コースとしても人気があります。山体を取り巻く各集落から登山道が付けられていますが、ここに紹介する武尊神社からの周回コースが交通の利便性もよく、最もよく歩かれています。しかし、このコースでも急峻な場所は少なくなく、下山時の転倒には十分な注意が必要です。

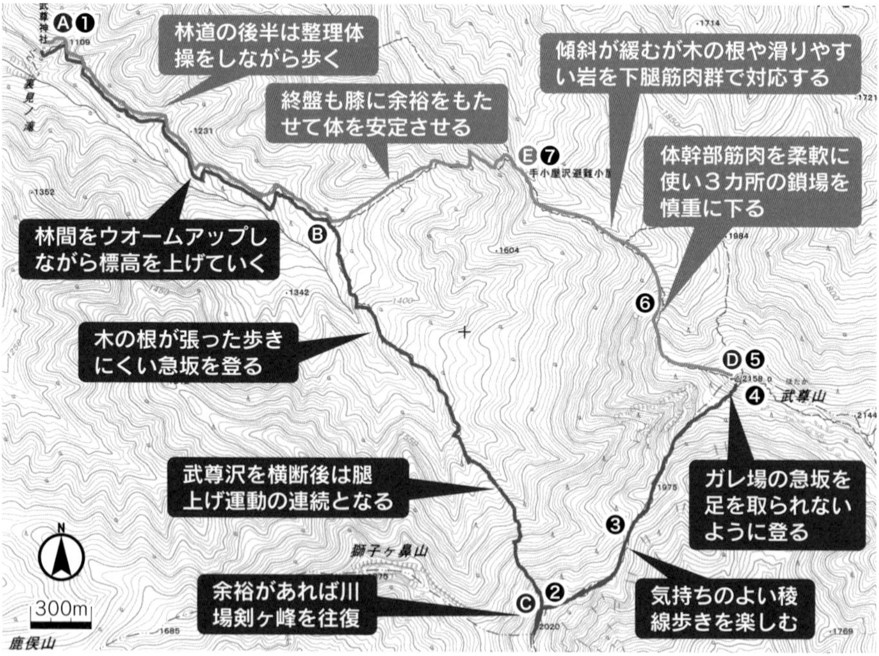

武尊神社・裏見の滝駐車場Ⓐ …30〜50分…▶ 林道終点Ⓑ …90〜150分…▶ 川場剣ヶ峰分岐Ⓒ …30〜50分…▶ 上州武尊山 山頂Ⓓ …50〜90分…▶ 手小屋沢避難小屋Ⓔ …40〜60分…▶ 林道終点Ⓑ …20〜40分…▶ 武尊神社・裏見の滝駐車場Ⓐ

武尊神社手前の駐車場はトイレや登山届け入れが設置されており、裏見の滝への散策路の入り口にもなっていますⒶ❶。この先の未舗装林道は一般車両通行止めで、全般的には歩きやすいですが、林道終盤部は雨水で荒れています。2km程度なので、準備体操や下山後の整理体操をしながら歩くと、あまり長さは気になりません。林道終点で山頂へ向かう2ルートが分岐しますⒷ。

スタート地点の武尊神社 ❶

岩場の上に川場剣ヶ峰の山頂 ❷

山頂から眺める展望のよいスカビュートレイル ❹

川場剣ヶ峰方向に進むといくつかの小沢を横断します。傾斜も次第にきつくなり、足元も木の根の張った歩きにくい道になります。武尊沢の標識のある水流を渡るとさらに傾斜がきつくなります。立派な木の根が覆いかぶさるように連続していて、この辺りから川場剣ヶ峰の分岐直前までは終始腿上げ運動を強制されます。段差の大きい上りの格好の練習場ですが、スピードを落とさないと後半部で大腿、下腿の筋肉がつるかもしれません。また、木の根や岩に付いたコケ、湿った粘土質の土はいずれも非常に滑りやすく、足のスリップで体力を消耗しないためにも一歩一歩を確実に着地させることが肝心です。木の根をつかんでバランスを取る場所も多いので、ストックをしまって手を開けておいた方がよいでしょう。

川場剣ヶ峰の分岐直前で傾斜が一気に緩み、獅子ヶ鼻方向の展望もきくようになります。岩の重なった短い急坂の途中に川場剣ヶ峰への分岐があります Ⓒ。分岐点から剣ヶ峰山頂まで10分程度なので、体力に余裕があれば往復しておきましょう❷。川場剣ヶ峰分岐から山頂まではスカイビュートレイルと呼ばれるとおり、展望のよい笹の草原のトレイルです。ここまでの急坂のような下肢筋肉への大きな負荷はなくなるので、少し筋肉を休ませながら快適なペースを保ちましょう❸。上州武尊山山頂の手前はガレ場の急坂になっていますが、電光型に道が付けられています。浮き石でバランスを崩さないように一歩一歩を確実に着地させて歩きましょう。頂上稜線に合流すれば、すぐ北側に山頂がありますⒹ❹❺。

山岳信仰碑も立てられている山頂 ❺

山頂からは北に向かいます。30m程度の鎖場が３カ所ありますが、いずれも足場の多いバランスの取りやすい岩場です❻。鎖に頼り過ぎず、岩のホールドもうまく使って体を安定させましょう。鎖場が終わると木の根の張った尾根道になります。しかし、上りで使用した尾根よりは傾斜も緩く、道幅にも余裕があるので、すれ違いでもあまり困らないでしょう。とはいえ、濡れた木の根で足を滑らせないような注意は必要です。手小屋沢避難小屋は稜線から１段下がった沢沿いにありますⒺ❼。主に積雪期に使用されるので、夏季の登山ではお世話になることはないでしょう。小屋のすぐ北で上ノ原方向への道が分岐します。武尊神社側への登山道に入ると、しばらくは電光型に森の中を下ります。所々、浮き石があるので膝に余裕を持たせて転

鎖の付けられた岩場を下る ❻

手小屋沢避難小屋 ❼

山頂に続く展望のよいスカビュートレイル❸

倒しにくい体勢を維持しましょう。傾斜が緩むと沢沿いの直線道になります。大腿部の筋肉への負荷はグッと少なくなりますが、気を緩めて木の根に足を取られることのないように注意しましょう。

林道に合流したら、あとは武尊神社まで行きと同じ未舗装林道を下ります🅑。足元が安定してきたら、整理体操で体をほぐしながら歩きましょう。なお、鎖場が苦手な人は鎖場が上りになる逆回りの方が安全ですが、その場合は川場剣ヶ峰分岐からの急な下りでの転倒に注意が必要です。また、山頂の往復だけを考える場合は手小屋沢避難小屋経由ルートの往復が最短です（林道2.2kmを含め片道５km）。

掲載コース位置図

赤丸数字は本書掲載の山を示しています。
なお、11は大沼を囲む多ピークとなります。

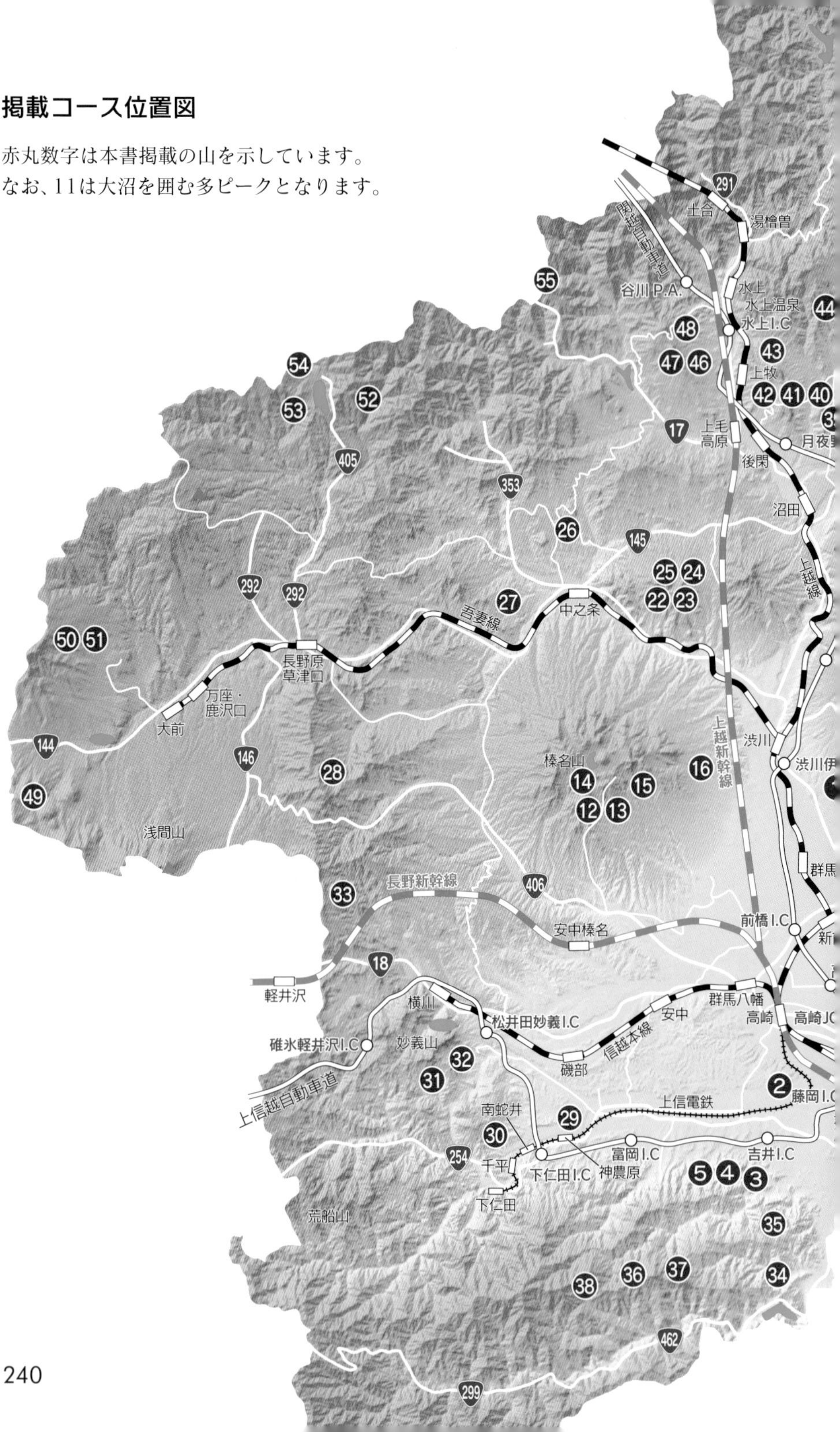

日光白根山から燧ヶ岳を望む

雲海の浅間山

赤城黒檜山から眺める地蔵岳と小沼

掲載コースの特徴

前著『登山を楽しむための健康トレーニング』も含めたコース一覧です。色付き部分は本著で紹介しているコースです。なお、掲載頁の最初の１、２の数字は、それぞれ１＝前著、２＝本著を示します。

エリア	掲載頁	紹介コース	対象の山など
前橋近郊エリア	1- 38	10階建てビルコース	居住時のビル群
	1- 39	前橋公園周回コース	前橋公園
	2- 42	1. 橘山周回コース	橘山
高崎近郊エリア	1- 41	清水寺コース	高崎観音山丘陵
	2- 45	2. 金井沢碑から山上碑コース	根小屋丘陵
	2- 48	3. 山頂北登山口コース	牛伏山
	2- 51	4. 神戸登山口から蚕神社口コース	城山(八束山)
	2- 54	5. 中間道尾根から東登山口1コース	吉井朝日岳
太田近郊エリア	1- 44	東山＋西山コース	太田金山
	2-105	20. 菅塩沼から往復コース	唐沢山
	2-107	21. 東毛自然の家から周回コース	茶臼山
赤城エリア	1- 49	大沼からの直登コース	赤城黒檜山
	1- 52	駒ケ岳経由コース	赤城黒檜山
	1- 56	小沼側八丁峠コース	地蔵岳
	1- 57	大沼側コース	地蔵岳
	1- 58	見晴山側コース	地蔵岳
	1- 61	新坂平コース	鈴ケ岳
	1- 65	五輪峠・出張峠周回コース	大沼北尾根
	1- 68	獅子ケ鼻コース	鍋割山
	1- 70	前不動コース	鍋割山
	1- 71	荒山高原コース	鍋割山
	1- 75	宮城(群馬県立森林公園)コース	荒山
	1- 77	姫百合コース	荒山
	1- 79	小沼周回コース	長七郎山
	1- 81	鳥居峠と利平茶屋コース	鳥居峠と利平茶屋
	2- 58	6. 深山から鈴ケ岳周回コース	鈴ケ岳
	2- 61	7. 新坂平から鈴ケ岳、見晴山周回コース	鈴ケ岳
	2- 64	8. 旧道をたどる駒ケ岳・覚満淵周回コース	駒ケ岳
	2- 67	9. 花見ケ原コース	黒檜山
	2- 69	10. 大猿川周回コース	茶ノ木畑峠
	2- 72	11. 大沼外輪山大周回コース	黒檜山ほか
榛名エリア	1- 86	水沢寺から往復コース	水沢山
	1- 89	二ツ岳コース	二ツ岳
	1- 92	相馬山コース	相馬山
	1- 96	硯岩コース	掃部ケ岳
	1- 97	湖畔の宿公園コース	掃部ケ岳
	1- 99	烏帽子ケ岳コース	烏帽子ケ岳と鬢櫛山
	1-103	ロープウェイ駅西コース	榛名富士
	1-105	榛名湖温泉「ゆうすげ」コース	榛名富士
	1-107	水沢山＋二ツ岳コース	榛名山
	1-112	榛名湖周辺外輪山半周コース	榛名山
	2- 78	12. 天狗山 榛名神社側コース	天狗山
	2- 81	13. 天狗山 林道南榛名線側コース	天狗山
	2- 84	14. 大鐘原ケ岳 榛名神社から周回コース	大鐘原ケ岳
	2- 87	15. 林道前の沢線から山頂往復コース	鐘撞山・音羽山
	2- 90	16. 富士見峠愛宕神社から往復コース	吾妻山
妙義エリア	1-118	表妙義の白雲山コース	妙義山 白雲山
	1-125	中之岳西コース	妙義山 金銅山
	1-127	鷹戻しコース	妙義山 金銅山
	1-132	(旧) 国民宿舎コース	妙義山 相馬岳
	1-136	籠沢コース	妙義山 丁須の頭
	1-142	不動の滝コース	妙義山 丁須の頭
	1-145	御岳コース	妙義山 丁須の頭
	1-148	三方境コース	妙義山 丁須の頭
	1-152	山急山コース	山急山
	2-136	29. 富岡市西中学校から新堀神社コース	神成山

距離	標高差	時間目安	コースの特徴
1階当たり10m	1階当たり 4～5m	1階当たり片道 2分	上り下りの日々のトレーニング
1周約 800m	25m	1周　10分	散歩時の標高差を使ったエクササイズ
周回 1.3km	40-70m	片道　40分	前橋・渋川からの近郊お手軽コース
片道 400m	90m	片道　10分	ハイキング感覚で往復20分のエクササイズ
片道 3.0km	100m	片道　60分	高崎・藤岡からの近郊お手軽コース
片道 1.5km	290m	片道　45分	急階段での大腿部筋力強化コース
周回 4.0km	280m	周回 110分	歴史伝説の残る里山総合的トレーニングコース
周回 2.8km	250m	周回　90分	急坂・岩場の体験できる里山トレーニングコース
周回 3.0km	200m	周回　60分	1時間程度の歴史散策兼軽いエクササイズ
片道 1.6km	170m	片道　60分	公園歩きから山道トレーニングへの導入コース
周回 2.7km	150m	周回 120分	里山でのバランス能力トレーニングコース
片道 1.2km	450m	片道　70分	足場の不安定な急斜面を上り下りするコース
片道 2.2km	450m	片道　90分	きつすぎないアップダウンと草原尾根コース
片道 500m	150m	片道　30分	傾斜が苦手な人の足腰鍛錬入門コース
片道 800m	320m	片道　40分	コンパクトながら急傾斜歩行のトレーニング
片道 2.2km	320m	片道　60分	傾斜と心肺機能への負荷を体感するコース
片道 1.6km	累積 350m	片道　90分	きつい傾斜もある上り体力のトレーニング
片道 3.9km	累積 230m	片道 110分	繰り返す上下降で体力負荷が変化するコース
片道 1.3km	530m	片道　80分	傾斜変化による体への影響を実感するコース
片道 1.0km	500m	片道　85分	急傾斜歩行でバランス力を強化するコース
片道 1.4km	100m	片道　40分	緩傾斜と小ピークのほぼ平らな高原散策路
片道 2.9km	600m	片道　80分	スピードアップした歩き方のトレーニング
片道 1.7km	570m	片道 100分	初心者が通年で利用できる安定したコース
周回 2.0km	110m	周回　60分	歩行スピードと体への影響を実測するコース
周回 2.3km	400m	周回　90分	貴重な腿上げのトレーニングサイト
周回 6.0km	600m	周回 210分	森の中の静かなトレーニングコース
周回 8.2km	580m	周回 250分	上り下りを繰り返す長距離コース
周回 3.5km	340m	周回 110分	草原と湿原散策が楽しめるお手軽コース
片道 3.8km	650m	片道 150分	赤城東面の静かなトレーニングコース
周回 6.0km	650m	周回 180分	足場の安定した登高筋力強化コース
周回 17.0km	累積 1645m	周回 570分	大沼周囲の全ピークを回るトレラン的コース
片道 1.5km	580m	片道　70分	上りに必要な心肺機能と腓腹筋鍛錬のコース
周回 2.5km	累積400m	周回　90分	短い上りや下りを繰り返す体調調整コース
片道 1.3km	240m	片道　40分	急傾斜地や鎖場のバランストレーニング
片道 1.0km	340m	片道　50分	ルートの明瞭な全天候型の調整用コース
片道 1.0km	340m	片道　50分	お手軽な急傾斜上下降エクササイズ
片道 1.0km	260m	片道　40分	急階段歩行と薮漕ぎの練習コース
片道 600m	290m	片道　40分	急な斜面に付けられた電光型登山コース
片道 660m	300m	片道　45分	ほぼ一定傾斜の心肺機能の鍛錬コース
周回 9.1km	累積 1100m	周回 330分	緩急交えた斜面と取り組む持久力養成コース
片道7.8km	累積895m	片道300分	繰り返すアップダウンで体力強化を図るコース
片道 2.4km	400m	片道　90分	山岳信仰参詣路体験コース
片道 1.5km	480m	片道　80分	心肺機能・大腿筋肉群強化コース
周回 4.7km	400m	周回 150分	コンパクトな登山の基本トレーニングコース
片道 1.9km	250m	片道　50分	森林浴気分の軽いエクササイズコース
片道 0.6km	130m	片道　40分	里山でのルートファインディング能力養成コース
周回 3.0km	620m	周回 280分	心肺機能とバランス鍛錬の高難度コース
片道 1.7km	350m	片道　80分	腕力やバランスを強化するやや高難度コース
周回 3.0km	450m	周回 240分	岩場でのバランス強化向き高難度コース
片道 3.8km	600m	片道 150分	急な上り下りのための筋力増強向きコース
片道 3.8km	600m	片道 120分	登山に必要な体力全般を鍛えるコース
片道 2.6km	670m	片道 150分	終始ペースを変えずに歩く練習向きコース
片道 3.0km	700m	片道 200分	急な上り下りや鎖場で総合力を鍛えるコース
片道 4.0km	700m	片道 180分	緩斜面を一定スピードでひたすら歩くコース
片道 1.5km	400m	片道 120分	ルートファインディング力を養成するコース
片道 2.5km	200m	片道　90分	丘陵地帯のピークを繋いだハイキングコース

エリア	掲載頁	紹介コース	対象の山など
	2-138	30. 千平駅北 林道脇登山口コース	鍬柄岳
妙義エリア	2-141	31. 妙義石門めぐりコース	妙義石門群
	2-144	32. 妙義神社・中之岳神社・一本杉コース	妙義中間道
	2-148	33. 碓氷茶屋から熊野神社・めがね橋コース	碓氷峠旧道
渋川・吾妻エリア	1-156	屏風岩コース	子持山
	1-161	南面ワイドコース	子持山
	1-163	小峠コース	子持山
	1-166	ぐんま天文台コース	子持山
	2-112	22. 旧小野上村側登山口コース	小野子山
	2-115	23. 赤柴登山口から小野子山コース	小野子山
	2-118	24. 入道坊主登山口から十二ヶ岳	十二ヶ岳
	2-121	25. 結婚の森登山口コース	十二ヶ岳
	2-123	26. 道の駅「たけやま」から周回コース	嵩山
	2-127	27. 平沢口から密岩口・赤岩口周回コース	岩櫃山
	2-131	28. 二度上峠倉渕側登山口コース	浅間隠山
桐生・大間々エリア	1-170	吾妻山往復または1周コース	桐生市郊外の吾妻山
	1-173	鳴神山梅田口コース	鳴神山
	1-175	鳴神山川内口コース	鳴神山
	1-178	鳴神山南部尾根コース	鳴神山
	1-181	郡界尾根コース	袈裟丸山
	1-184	折場口コース	袈裟丸山
	1-186	寝釈迦：塔ノ沢コース（賽の河原まで）	袈裟丸山
	2- 94	17. 栗生神社から山頂往復コース	栗生山
	2- 97	18. 中尾根コースから石鴨林道コース	根本山
	2-101	19. 根本沢コース	根本山
多野エリア	2-153	34. 飯塚翁銅像脇から山頂コース	鬼石桜山
	2-155	35. 二千階段から山頂経由遊歩道コース	子王山
	2-158	36. 中央登山口から西登山口周回コース	西御荷鉾山
	2-161	37. 西登山口から山頂往復コース	東御荷鉾山
	2-163	38. 北登山口から山頂経由西登山口コース	赤久縄山
沼田エリア	2-166	39. ふれあい広場から戸神山・高王山コース	戸神山・高王山
	2-169	40. 河内神社から三峰山頂コース	三峰山
	2-172	41. 西山麓中央ルートから三峰沼周回コース	三峰山
	2-175	42. 望郷ライン登山口から山頂往復コース	三峰山
	2-178	43. 穴切地区登山口から八束脛神社コース	月夜野石尊山
	2-181	44. 弥勒寺駐車場から迦葉山往復コース	迦葉山
	2-186	45. 玉原湿原・鹿俣山・キャンプ場周回コース	玉原高原・鹿俣山
	2-189	46. 大峰沼から山頂周回コース	大峰山
	2-192	47. サイクルスポーツセンターから周回コース	大峰山・吾妻耶山
	2-196	48. 仏岩トンネル東側登山口から往復コース	吾妻耶山
番外　県境付近エリア	1-191	天神尾根コース	谷川岳
	1-196	西黒尾根コース	谷川岳
	1-201	白毛門コース	白毛門山
	2-200	49. 地蔵峠から山頂・角間峠周回コース	湯ノ丸山
	2-204	50. 鳥居峠から華童子の院跡・的岩周回コース	四阿山
	2-207	51. 嬬恋スキー場・野地平・茨木山周回コース	四阿山
	2-211	52. 富士見峠から山頂往復コース	八間山
	2-213	53. 富士見峠から弁天山・野反湖畔コース	恵比山
	2-216	54. 野反湖を囲む全ピーク周回コース	高沢山・八間山
	2-220	55. 三国トンネル群馬県側から往復コース	三国山
	2-223	56. 鳩待峠から尾瀬ヶ原往復コース	尾瀬ヶ原
	2-225	57. 大清水から尾瀬沼往復コース	尾瀬沼
	2-228	58. ロープウェイから山頂・座禅山周回コース	日光白根山
	2-232	59. 菅沼から山頂・五色沼周回コース	日光白根山
	2-236	60. 武尊神社から川場剣ヶ峰経由周回コース	上州武尊山

距離	標高差	時間目安	コースの特徴
片道 0.8km	250m	片道　50分	鎖場でのバランス訓練コース
周回 1.3km	150m	周回　40分	短時間鎖場歩き練習コース
周回 8.0km	400m	周回 230分	妙義の地質の特性を理解するトレッキングコース
周回 15.0km	670m	周回 300分	「安政遠足」マラソン山道コース
周回 4.2km	570m	周回 180分	さまざまな要素が入った総合力トレーニング
周回 5.7km	650m	周回 230分	持久力強化向きの緩傾斜尾根コース
片道 2.4km	400m	片道　60分	木枠の道でバランス能力のエクササイズ
片道 3.9km	490m	片道　90分	季節を通じて全天候型坂道歩行トレーニング
片道 2.6km	600m	片道 120分	長い尾根道での持久力トレーニングコース
片道 2.0km	420m	片道　80分	小野子山山頂へのお手軽コース
片道 1.2km	400m	片道　60分	繰り返し通って体の弱点克服コース
片道 2.5km	500m	片道　80分	緩傾斜の里山尾根歩きコース
周回 1.6km	250m	片道　70分	鎖場でのバランス訓練コース
周回 4.0km	500m	周回 150分	急傾斜の上り下りと鎖場トレーニングコース
片道 2.2km	400m	片道　90分	心肺機能への斜度の影響確認コース
片道 1.3km 周回 3.0km	340m	片道　60分 周回 120分	毎日往復も可能な絶好の健康増進コース
片道 2.0km	588m	片道　70分	脚力、持久力が付く林道コース
片道 2.2km	550m	片道　90分	足場の不安定なバランス強化向きコース
片道 9.5km	840m	片道 360分	里山の稜線をたどる体力強化コース
片道 4.5km	725m	片道 120分	明瞭な尾根をたどる体力トレーニング
片道 5.0km	650m	片道 140分	緩傾斜部の長い下肢持久力トレーニング
片道 2.9km	690m	片道　90分	足首の柔軟性を鍛える沢沿いコース
片道 0.9km	360m	片道　50分	急傾斜の上り下りトレーニングコース
周回 6.0km	650m	周回 280分	登行能力強化と林道歩行コース
片道 4.0km	650m	片道 170分	山岳信仰史探訪と修験道体験コース
片道 0.3km	80m	片道　15分	公園散歩から山歩きへ脱皮コース
周回 2.2km	250m	周回　60分	階段と坂道歩きのトレーニングコース
周回 2.7km	220m	周回　70分	修験道石碑と不動像堪能コース
片道 1.4km	200m	片道　40分	一定の傾斜の林間道歩きトレーニングコース
周回 1.5km	120m	周回　60分	ドライブついでの坂道歩行エクササイズコース
周回 5.0km	350m	周回 120分	平坦な尾根道を歩くコンパクトコース
片道 5.5km	380m	片道 120分	三峰山山頂台地トレラン的縦走コース
周回 5.1km	500m	周回　90分	三峰山側面の急傾斜地を上り下りする体力増強コース
片道 3.5km	500m	片道　80分	ルートファインディング能力養成、山頂最短コース
片道 0.6km	230m	片道　60分	洞窟遺跡経由、短時間エクササイズコース
片道 1.1km	400m	片道　60分	参拝と森林浴を兼ねたのんびりトレーニングコース
周回 9.0km	450m	周回 180分	平坦地と緩傾斜道の自然探訪コース
周回 6.0km	380m	周回 150分	静かな大峰沼を大回りする森の中の散策コース
周回 10.4km	累積 590m	周回 270分	林道を交えて長い距離を歩くトレーニングコース
片道 2.4km	500m	片道　90分	鬱蒼とした森の尾根を歩く森林浴コース
片道 2.7km	640m	片道 100分	コンパクトで整備された人気の展望コース
片道 3.0km	1200m	片道 200分	1200mを一気に上る心肺機能強化コース
片道 2.8km	1000m	片道 180分	上り下りの適性がわかる急傾斜尾根コース
周回 8.2km	630m	周回 210分	手軽に高山散策が楽しめる快適トレイルコース
周回 8.1km	730m	周回 330分	山岳信仰史跡をたどる高原散策コース
周回 17.5km	累積 1100m	周回 430分	スキー場ゴンドラで標高差300mに圧縮可能なコース
片道 2.0km	400m	片道 100分	季節の変化を楽しめる登山の初心者入門コース
周回 9.1km	累積 360m	周回 250分	笹の草原を楽しむ湖畔ハイキングコース
周回 13.0km	累積 1150m	周回 400分	眺望のきく登山道での体力強化コース
片道 1.7km	550m	片道 100分	上越県境のお気軽トレーニングコース
片道 3.2km	180m	片道　90分	高層湿原を楽しむ自然愛好コース
片道 7.4km	累積 630m	片道 180分	静かな尾瀬を楽む坂道歩きのトレーニングコース
周回 6.8km	累積 600m	周回 250分	高山気分を味わえる本格登山の入門コース
周回 10.2km	累積 950m	周回 480分	写真スポットの多い筋力強化コース
周回 11.4km	累積 1100m	周回 350分	修験の道とスカイビュートレイルを含む本格鍛錬コース

謝　辞

本書の制作にあたって、健康登山塾を主催する日本山岳会群馬支部のメンバー、群馬大学医学部附属病院麻酔科蘇生科ならびに集中治療部の医師・看護師、高崎健康福祉大学健康福祉学部健康栄養学科の大家千枝子先生、上毛新聞社編集局文化生活部の皆さまに多くのご助言、ご支援をいただきました。

また、編集・制作の諸作業では上毛新聞社デジタルビジネス局出版部の富澤隆夫氏、凡工房エディトリアルデザイナーの大井田久氏にきめ細かいご配慮をいただいています。本書の刊行にあたっては、「ウェルネス」を開催テーマとした日本臨床麻酔学会第39回大会運営事務局、群馬麻酔研究会からも支援を受けています。

ご協力いただいた皆さま、各団体に心より御礼申し上げます。

2021年 春　　齋藤　繁

齋藤　繁（さいとう しげる）

1961年群馬県高崎市生まれ。群馬大学大学院医学系研究科教授。大学での教職に加え、同大附属病院で病院長を兼務する。専門は麻酔、集中治療、ペインクリニック。大学生時代にワンダーフォーゲル部に所属し、国内各地で登山に励む。1992年日本ヒマラヤ協会クラウン峰 登山隊に参加し、高所登山に関する医学研究に取り組む。その後、山岳イベントの医療支援活動や一般登山者の健康管理に関する啓蒙活動などを行っている。群馬県山岳連盟、日本山岳会、日本ヒマラヤ協会、日本登山医学会などに所属。登山関連著作に『登山を楽しむための健康トレーニング』（上毛新聞社）、『病気に負けない健康登山』『「体の力」が登山を変える』『山登りでつくる感染症に強い体』（ともに山と渓谷社）など。

登山で病気に負けない体をつくる

健康トレーニング

発行日　2021年4月26日　初版第1刷

著　者　齋藤　繁

発　行　上毛新聞社デジタルビジネス局出版部

〒371-8666 前橋市古市町1-50-21

Tel 027-254-9966　Fax 027-254-9965

ISBN978-4-86352-278-7 C0075

■健康チェックシート（例）

日　　付	目的地	ルート	天候（山麓）	天候（山頂）	山麓気温（℃）	山頂気温（℃）	山麓湿度（%）	山頂湿度（%）	山麓風（m/秒）	山頂風（m/秒）	メンバー

地点											
時刻											
ポイント間所要時間（分）											
体調（血圧：収縮期／拡張期 mmHg）											
体調（脈拍　回／分）											
体調（動脈血酸素飽和度%）											
栄養摂取内容											
飲料摂取内容											
その他メモ											